TRANZLATY
La lingua è per tutti

زبان برای همه است

Il richiamo della foresta

آوای وحش

Jack London

جک لندن

Italiano / فارسی

Nel primitivo
به سوی بدویت

Buck non leggeva i giornali.

باک روزنامه‌ها را نمی‌خواند.

Se avesse letto i giornali avrebbe saputo che i guai si stavano avvicinando.

اگر روزنامه‌ها را خوانده بود، حتماً متوجه می‌شد که دردسری در راه است.

Non erano guai solo per lui, ma per tutti i cani da caccia.

نه تنها برای خودش، بلکه برای هر سگ تایدواتر دردسر وجود داشت.

Ogni cane con muscoli forti e pelo lungo e caldo sarebbe stato nei guai.

هر سگی با عضلات قوی و موهای بلند و گرم، به دردسر می‌افتاد.

Da Puget Bay a San Diego nessun cane poteva sfuggire a ciò che stava per accadere.

از خلیج پوجت تا سن دیگو هیچ سگی نمی‌توانست از آنچه در پیش بود فرار کند.

Gli uomini, brancolando nell'oscurità artica, avevano trovato un metallo giallo.

مردانی که در تاریکی قطب شمال کورمال کورمال دنبال چیزی می‌گشتند، فلزی زرد رنگ پیدا کرده بودند.

Le compagnie di navigazione a vapore e di trasporto erano alla ricerca della scoperta.

شرکت‌های کشتیرانی و حمل و نقل در حال پیگیری این کشف بودند.

Migliaia di uomini si riversarono nel Nord.

هزاران مرد به سمت سرزمین شمالی هجوم آوردند.

Questi uomini volevano dei cani, e i cani che volevano erano cani pesanti.

این مردها سگ می‌خواستند، و سگ‌هایی که می‌خواستند، سگ‌های سنگین‌وزن بودند.

Cani dotati di muscoli forti per lavorare duro.

سگ‌هایی با عضلات قوی که با آنها می‌توان کار کرد.

Cani con il pelo folto che li protegge dal gelo.

سگ‌هایی با پوشش پشمالو که آنها را از سرما محافظت می‌کند.

Buck viveva in una grande casa nella soleggiata Santa Clara Valley.

باک در خانه‌ای بزرگ در دره‌ی آفتاب‌گیر سانتا کلارا زندگی می‌کرد.

La casa del giudice Miller era chiamata così.

به خانه قاضی میلر، به خانه‌اش زنگ زدند.

La sua casa era nascosta tra gli alberi, lontana dalla strada.

خانه‌اش از جاده فاصله داشت و تا حدودی در میان درختان پنهان بود.

Si poteva intravedere l'ampia veranda che circondava la casa.

می‌شد نگاهی اجمالی به ایوان وسیعی که دور تا دور خانه کشیده شده بود، انداخت.

Si accedeva alla casa tramite vialetti ghiaiosi.

خانه از طریق راه‌های شن‌ریزی شده به حیاط راه داشت.

I sentieri si snodavano attraverso ampi prati.

مسیرها از میان چمنزارهای وسیع پیچ می‌خوردند.

In alto si intrecciavano i rami degli alti pioppi.

بالای سرشان شاخه‌های در هم تنیده‌ی درختان سپیدار بلند خودنمایی می‌کردند.

Nella parte posteriore della casa le cose erano ancora più spaziose.

در قسمت عقب خانه، وسایل حتی جادارتر بودند.

C'erano grandi scuderie, dove una dozzina di stallieri chiacchieravano

اصطبل‌های بزرگی وجود داشت که در آنها دوازده داماد مشغول گپ زدن بودند.

C'erano file di cottage per i servi ricoperti di vite

ردیف‌هایی از کلبه‌های خدمتکاران پوشیده از تاک وجود داشت

E c'era una serie infinita e ordinata di latrine

ومجموعه‌ای بی‌پایان و منظم از خانه‌های کناری وجود داشت

Lunghi pergolati d'uva, pascoli verdi, frutteti e campi di bacche.

تاکستان‌های بلند انگور، مراتع سبز، باغ‌ها و مزارع توت.

Poi c'era l'impianto di pompaggio per il pozzo artesiano.

سپس ایستگاه پمپاژ برای چاه آرتزین وجود داشت.

E c'era la grande cisterna di cemento piena d'acqua.

ومخزن بزرگ سیمانی پر از آب هم آنجا بود .

Qui i ragazzi del giudice Miller hanno fatto il loro tuffo mattutino.

اینجا پسرهای قاضی میلر شیرجه‌ی صبحگاهی‌شان را زدند.

E lì si rinfrescavano anche nel caldo pomeriggio.

وآنها در بعدازظهر گرم هم آنجا خنک شدند .

E su questo grande dominio, Buck era colui che lo governava tutto.

ودر این قلمرو وسیع، باک کسی بود که بر تمام آن حکومت می‌کرد .

Buck nacque su questa terra e visse qui tutti i suoi quattro anni.

باک در این سرزمین به دنیا آمد و تمام چهار سال عمرش را اینجا زندگی کرد.

C'erano effettivamente altri cani, ma non avevano molta importanza.

در واقع سگ‌های دیگری هم بودند، اما واقعاً اهمیتی نداشتند.

In un posto vasto come questo ci si aspettava la presenza di altri cani.

انتظار می‌رفت سگ‌های دیگری هم در مکانی به این وسعت وجود داشته باشند.

Questi cani andavano e venivano oppure vivevano nei canili affollati.

این سگ‌ها می‌آمدند و می‌رفتند، یا در لانه‌های شلوغ زندگی می‌کردند.

Alcuni cani vivevano nascosti in casa, come Toots e Ysabel.

بعضی از سگ‌ها مثل توتس و ایزابل، مخفیانه در خانه زندگی می‌کردند.

Toots era un carlino giapponese, Ysabel una cagnolina messicana senza pelo.

توتس یک پاگ ژاپنی بود، ایزابل یک سگ بی‌موی مکزیکی.

Queste strane creature raramente uscivano di casa.

این موجودات عجیب و غریب به ندرت از خانه بیرون می‌رفتند.

Non toccarono terra né annusarono l'aria esterna.

آنها نه زمین را لمس می‌کردند و نه هوای آزاد بیرون را استشمام می‌کردند.

C'erano anche i fox terrier, almeno una ventina.

همچنین سگ‌های فاکس تریر، حداقل بیست تا، آنجا بودند.

Questi terrier abbaiavano ferocemente a Toots e Ysabel in casa.

این تریرها در داخل خانه به شدت به توتس و ایزابل پارس می‌کردند.

Toots e Ysabel rimasero dietro le finestre, al sicuro da ogni pericolo.

توتس و ایزابل پشت پنجره‌ها ماندند تا از آسیب در امان باشند.

Erano sorvegliati da domestiche armate di scope e stracci.

آنها توسط خدمتکارانی با جارو و تی محافظت می‌شدند.

Ma Buck non era un cane da casa e nemmeno da canile.

اما باک نه سگ خانگی بود و نه سگ پرورشگاهی.

L'intera proprietà apparteneva a Buck come suo legittimo regno.

کـل ملک به عنوان قلمرو قانونی باک به او تعلق داشت.

Buck nuotava nella vasca o andava a caccia con i figli del giudice.

باک در مخزن شنا می‌کرد یا با پسران قاضی به شکار می‌رفت.

Camminava con Mollie e Alice nelle prime ore del mattino o tardi.

او در ساعات اولیه یا پایانی شب با مالی و آلیس قدم می‌زد.

Nelle notti fredde si sdraiava davanti al fuoco della biblioteca insieme al giudice.

در شب‌های سرد، او به همراه قاضی، کنار آتش کتابخانه دراز می‌کشید.

Buck accompagnava i nipoti del giudice sulla sua robusta schiena.

باک نوه‌های قاضی را سوار بر اسب قوی‌اش سوار می‌کرد.

Si rotolava nell'erba insieme ai ragazzi, sorvegliandoli da vicino.

او با پسرها در چمن غلت می‌زد و از نزدیک از آنها محافظت می‌کرد.

Si avventurarono fino alla fontana e addirittura oltre i campi di bacche.

آنها به سمت فواره رفتند و حتی از کنار مزارع توت هم گذشتند.

Tra i fox terrier, Buck camminava sempre con orgoglio regale.

باک در میان سگ‌های فاکس تریر، همیشه با غرور سلطنتی راه می‌رفت.

Ignorò Toots e Ysabel, trattandoli come se fossero aria.

او توتس و ایزابل را نادیده گرفت و با آنها مثل هوا رفتار کرد.

Buck governava tutte le creature viventi sulla terra del giudice·Miller.

باک بر تمام موجودات زنده در سرزمین قاضی میلر حکومت می‌کرد.

Dominava gli animali, gli insetti, gli uccelli e perfino gli esseri umani.

او بر حیوانات، حشرات، پرندگان و حتی انسان‌ها حکومت می‌کرد۔

Il padre di Buck, Elmo, era un enorme e fedele San Bernardo.

پدر باک، المو، یک سگ سنت برنارد تنومند و وفادار بود۔

Elmo non si allontanò mai dal Giudice e lo servì fedelmente.

المو هرگز قاضی را ترک نکرد و با وفاداری به او خدمت کرد۔

Buck sembrava pronto a seguire il nobile esempio del padre.

به نظر می‌رسید باک آماده است تا از الگوی والای پدرش پیروی کند۔

Buck non era altrettanto grande: pesava sessanta chili.

باک به آن اندازه بزرگ نبود و صد و چهل پوند وزن داشت۔

Sua madre, Shep, era una splendida cagnolina da pastore scozzese.

مادرش، شپ، یک سگ چوپان اسکاتلندی خوب بود۔

Ma nonostante il suo peso, Buck camminava con una presenza regale.

اما حتی با آن وزن، باک با حضوری باشکوه قدم می‌زد۔

Ciò derivava dal buon cibo e dal rispetto che riceveva sempre.

این از غذای خوب و احترامی که همیشه دریافت می‌کرد، ناشی می‌شد۔

Per quattro anni Buck aveva vissuto come un nobile viziato.

باک چهار سال مثل یک اشراف‌زاده‌ی لوس زندگی کرده بود۔

Era orgoglioso di sé stesso e perfino un po' egocentrico.

او به خودش افتخار می‌کرد، و حتی کمی خودخواه بود۔

Quel tipo di orgoglio era comune tra i signori delle campagne remote.

این نوع غرور در میان اربابان روستاهای دورافتاده رایج بود۔

Ma Buck si salvò dal diventare un cane domestico viziato.

اما باک خودش را از تبدیل شدن به یک سگ خانگی نازپرورده نجات داد۔

Rimase snello e forte grazie alla caccia e all'esercizio fisico.

او از طریق شکار و ورزش لاغر و قوی ماند۔

Amava profondamente l'acqua, come chi si bagna nei laghi freddi.

او عمیقاً عاشق آب بود، مثل آدم‌هایی که در دریاچه‌های سرد حمام می‌کنند۔

Questo amore per l'acqua mantenne Buck forte e molto sano.

این عشق به آب، باک را قوی و بسیار سالم نگه داشت.

Questo era il cane che Buck era diventato nell'autunno del 1897.

این همان سگی بود که باک در پاییز ۱۸۹۷ به آن تبدیل شده بود.

Quando lo sciopero del Klondike spinse gli uomini verso il gelido Nord.

وقتی حمله کلوندایک، مردان را به شمال یخزده کشاند.

Da ogni parte del mondo la gente accorse in massa verso la fredda terra.

مردم از سراسر جهان به سرزمین سرد هجوم آوردند.

Buck, tuttavia, non leggeva i giornali e non capiva le notizie.

با این حال، باک نه روزنامه می‌خواند و نه اخبار را می‌فهمید.

Non sapeva che Manuel fosse una persona cattiva con cui stare.

او نمی‌دانست که مانوئل آدم بدی برای معاشرت است.

Manuel, che aiutava in giardino, aveva un grosso problema.

مانوئل، که در باغ کمک می‌کرد، مشکل بزرگی داشت.

Manuel era dipendente dal gioco d'azzardo alla lotteria cinese.

مانوئل به قمار در لاتاری چین معتاد بود.

Credeva fermamente anche in un sistema fisso per vincere.

او همچنین به شدت به یک سیستم ثابت برای پیروزی اعتقاد داشت.

Questa convinzione rese il suo fallimento certo e inevitabile.

آن باور، شکست او را قطعی و اجتناب‌ناپذیر کرد.

Per giocare con un sistema erano necessari soldi, soldi che a Manuel mancavano.

بازی کردن با سیستم، پول می‌خواهد، چیزی که مانوئل نداشت.

Il suo stipendio bastava a malapena a sostenere la moglie e i numerosi figli.

حقوق او به سختی کفاف همسر و فرزندان زیادش را می‌داد.

La notte in cui Manuel tradì Buck, tutto era normale.

شبی که مانوئل به باک خیانت کرد، اوضاع عادی بود.

Il giudice si trovava a una riunione dell'Associazione dei coltivatori di uva passa.

قاضی در جلسه انجمن کشمش‌کاران بود.

A quel tempo i figli del giudice erano impegnati a fondare un club sportivo.

پسران قاضی در آن زمان مشغول تشکیل یک باشگاه ورزشی بودند.

Nessuno vide Manuel e Buck uscire dal frutteto.

هیچ‌کس مانوئل و باک را در حال خروج از باغ ندید.

Buck pensava che questa fosse solo una semplice passeggiata notturna.

باک فکر می‌کرد این پیاده‌روی فقط یک پرسه‌زنی ساده‌ی شبانه است.

Incontrarono un solo uomo alla stazione della bandiera, a College Park.

آنها فقط یک مرد را در ایستگاه پرچم، در کالج پارک، ملاقات کردند.

Quell'uomo parlò con Manuel e si scambiarono i soldi.

آن مرد با مانوئل صحبت کرد و آنها پول رد و بدل کردند.

"Imballa la merce prima di consegnarla", suggerì.

او پیشنهاد داد: «قبلِ از تحویل، کالاها را بسته‌بندی کن.»

La voce dell'uomo era roca e impaziente mentre parlava.

صدای مرد موقع صحبت کردن خشن و بی‌صبر بود.

Manuel legò con cura una corda spessa attorno al collo di Buck.

مانوئل با دقت طناب ضخیمی را دور گردن باک بست.

"Se giri la corda, lo strangolerai di brutto"

«طناب را بپیچان، و او را به شدت خفه خواهی کرد»

Lo straniero emise un grugnito, dimostrando di aver capito bene.

غریبه ناله‌ای کرد که نشان می‌داد خوب متوجه شده است.

Quel giorno Buck accettò la corda con calma e silenziosa dignità.

باک آن روز با آرامش و متانتِ خاموش، طناب را پذیرفت.

Era un atto insolito, ma Buck si fidava degli uomini che conosceva.

این یک عمل غیرمعمول بود، اما باک به مردانی که می‌شناخت اعتماد داشت.

Credeva che la loro saggezza andasse ben oltre il suo pensiero.

او معتقد بود که خرد آنها بسیار فراتر از تفکر خودش است.

Ma poi la corda venne consegnata nelle mani dello straniero.

اما سپس طناب به دست غریبه داده شد.

Buck emise un ringhio basso che suonava come un avvertimento e una minaccia silenziosa.

باک غرشی آرام و تهدیدآمیز سر داد۔

Era orgoglioso e autoritario e intendeva mostrare il suo disappunto.

او مغرور و آمرانه رفتار می‌کرد و قصد داشت نارضایتی خود را نشان دهد۔

Buck credeva che il suo avvertimento sarebbe stato interpretato come un ordine.

باک معتقد بود که هشدارش به عنوان یک دستور تلقی خواهد شد۔

Con suo grande stupore, la corda si strinse rapidamente attorno al suo grosso collo.

در کمال تعجب، طناب دور گردن کلفتش محکم‌تر شد۔

Gli mancò l'aria e cominciò a lottare in preda a una rabbia improvvisa.

نفسش بند آمد و با خشمی ناگهانی شروع به دعوا کرد۔

Si lanciò verso l'uomo, che si lanciò rapidamente contro Buck a mezz'aria.

او به سمت مرد پرید که به سرعت با باک در هوا روبرو شد۔

L'uomo afferrò Buck per la gola e lo fece ruotare abilmente in aria.

مرد گلوی باک را گرفت و ماهرانه او را در هوا چرخاند۔

Buck venne scaraventato a terra con violenza, atterrando sulla schiena.

باک به شدت به زمین پرتاب شد و به پشت فرود آمد۔

La corda ora lo strangolava crudelmente mentre lui scalciava selvaggiamente.

طناب حالا بی‌رحمانه او را خفه می‌کرد، در حالی که او وحشیانه لگد می‌زد۔

La sua lingua cadde fuori, il suo petto si sollevò, ma non riprese fiato.

زبانش بیرون افتاد، سینه‌هاش به شدت بالا و پایین می‌رفت، اما نفسش بند نمی‌آمد۔

Non era mai stato trattato con tanta violenza in vita sua.

در تمام عمرش با چنین خشونتی با او رفتار نشده بود۔

Non era mai stato così profondamente invaso da una rabbia così profonda.

او همچنین قبلاً هرگز چنین خشم عمیقی را تجربه نکرده بود.

Ma il potere di Buck svanì e i suoi occhi diventarono vitrei.

اما قدرت باک رو به زوال گذاشت و چشمانش بی‌فروغ شد.

Svenne proprio mentre un treno veniva fermato lì vicino.

درست زمانی که قطاری در همان نزدیکی توقف کرد، او از حال رفت.

Poi i due uomini lo caricarono velocemente nel vagone bagagli.

سپس آن دو مرد او را به سرعت به داخل واگن بار انداختند.

La cosa successiva che Buck sentì fu dolore alla lingua gonfia.

چیز بعدی که باک احساس کرد، درد در زبان متورمش بود.

Si muoveva su un carro traballante, solo vagamente cosciente.

او در حالی که فقط کمی هوشیار بود، در یک گاری لرزان حرکت می‌کرد.

Il fischio acuto di un treno rivelò a Buck la sua posizione.

صدای جیغ تیز سوت قطار، باک را از موقعیت مکانی‌اش مطلع کرد.

Aveva spesso cavalcato con il Giudice e conosceva quella sensazione.

او اغلب با قاضی اسب سواری کرده بود و این حس را می‌شناخت.

Fu un'esperienza unica viaggiare di nuovo in un vagone bagagli.

این شوک منحصر به فرد سفر دوباره با ماشین حمل بار بود.

Buck aprì gli occhi e il suo sguardo ardeva di rabbia.

باک چشمانش را باز کرد و نگاهش از خشم شعله‌ور شد.

Questa era l'ira di un re orgoglioso detronizzato.

این خشم پادشاهی مغرور بود که از تخت سلطنت پایین کشیده شده بود.

Un uomo allungò la mano per afferrarlo, ma Buck colpì per primo.

مردی دستش را دراز کرد تا او را بگیرد، اما باک به جای آن، اول ضربه زد.

Affondò i denti nella mano dell'uomo e la strinse forte.

دندان‌هایش را در دست مرد فرو کرد و محکم گرفت.

Non mi lasciò andare finché non svenne per la seconda volta.

او رهایش نکرد تا اینکه برای بار دوم از هوش رفت.

"Sì, ha degli attacchi", borbottò l'uomo al facchino.

مرد زیر لب به باربر گفت: «بله، تشنج کرده.»

Il facchino aveva sentito la colluttazione e si era avvicinato.

باربر صدای درگیری را شنیده بود و نزدیک شده بود.

"Lo porto a Frisco per conto del capo", spiegò l'uomo.

مرد توضیح داد: «دارم او را برای رئیس به فریسکو می‌برم.»

"C'è un bravo dottore per cani che dice di poterli curare."

«یه دکتر سگ خوب اونجا هست که میگه می‌تونه درمانشون کنه.»

Più tardi quella notte l'uomo raccontò la sua versione completa.

بعداً در همان شب، آن مرد شرح حال کامل خود را ارائه داد.

Parlava da un capannone dietro un saloon sul molo.

او از آلونکی پشت یک میخانه در اسکله صحبت می‌کرد.

"Mi hanno dato solo cinquanta dollari", si lamentò con il gestore del saloon.

او به متصدی بار شکایت کرد: «تنها چیزی که به من دادند پنجاه دلار بود.»

"Non lo rifarei, nemmeno per mille dollari in contanti."

«دیگه این کارو نمی‌کنم، حتی اگه هزار دلار پول نقد هم داشته باشم.»

La sua mano destra era strettamente avvolta in un panno insanguinato.

دست راستش در پارچه‌ای خونین پیچیده شده بود.

La gamba dei suoi pantaloni era completamente strappata dal ginocchio al piede.

پاچه شلوارش از زانو تا نوک پا کاملاً پاره شده بود.

"Quanto è stato pagato l'altro tizio?" chiese il gestore del saloon.

م«تصدی بار پرسید»: «به لیوان دیگر چقدر دستمزد داده شده؟

«Cento», rispose l'uomo, «non ne accetterebbe uno in meno».

مرد پاسخ داد: «صد، او یک سنت هم کمتر نمی‌گیرد.»

"Questo fa centocinquanta", disse il gestore del saloon.

متصدی بار گفت: «این می‌شود صد و پنجاه تا.»

"E lui li merita tutti, altrimenti non sono meglio di uno stupido."

«و او ارزش همه اینها را دارد، وگرنه من از یک احمق هم بهتر نیستم.»

L'uomo aprì gli involucri per esaminarsi la mano.

مرد بسته‌بندی را باز کرد تا دستش را بررسی کند.

La mano era gravemente graffiata e ricoperta di croste di sangue secco.

دستش به شدت پاره شده بود و خون خشک شده روی آن پوسته پوسته شده بود.

"Se non mi viene l'idrofobia..." cominciò a dire.

«اگر دچار آبگریزی نشوم..شروع کرد به گفتن «.

"Sarà perché sei nato per impiccarti", giunse una risata.

خنده‌ای بلند شد« :به این خاطر است که تو برای دار زدن به دنیا آمده‌ای-.«

"Aiutami prima di partire", gli chiesero.

از او خواسته شد« :قبل از اینکه راه بیفتی، بیا به من کمک کن.«

Buck era stordito dal dolore alla lingua e alla gola.

باک از درد زبان و گلویش گیج شده بود.

Era mezzo strangolato e riusciva a malapena a stare in piedi.

او نیمه خفه شده بود و به سختی می‌توانست صاف بایستد.

Ciononostante, Buck cercò di affrontare gli uomini che lo avevano ferito così duramente.

با این حال، باک سعی کرد با مردانی که او را اینقدر آزار داده بودند، روبرو شود.

Ma lo gettarono a terra e lo strangolarono ancora una volta.

اما آنها او را به زمین انداختند و دوباره خفه‌اش کردند.

Solo allora riuscirono a segargli il pesante collare di ottone.

تنها در آن صورت می‌توانستند قلاده برنجی سنگینش را اره کنند.

Tolsero la corda e lo spinsero in una cassa.

طناب را برداشتند و او را داخل یک جعبه انداختند.

La cassa era piccola e aveva la forma di una gabbia di ferro grezza.

جعبه کوچک و به شکل یک قفس آهنی ناهموار بود.

Buck rimase lì per tutta la notte, pieno di rabbia e di orgoglio ferito.

باک تمام شب آنجا دراز کشید، پر از خشم و غرور جریحه‌دار شده.

Non riusciva nemmeno a capire cosa gli stesse succedendo.

او نمی‌توانست شروع به درک آنچه بر او می‌گذرد، کند.

Perché quegli strani uomini lo tenevano in quella piccola cassa?

چرا این مردان عجیب او را در این جعبه کوچک نگه می‌داشتند؟

Cosa volevano da lui e perché questa crudele prigionia?

آنها با او چه می‌خواستند، و چرا این اسارت ظالمانه را تحمل می‌کردند؟

Sentì una pressione oscura e la sensazione che il disastro si avvicinasse.

او فشار تاریکی را احساس کرد؛ حسی از فاجعه که نزدیک‌تر می‌شد.

Era una paura vaga, ma si impadronì pesantemente del suo spirito.

ترس مبهمی بود، اما به شدت بر روحش نشست.

Diverse volte sobbalzò quando la porta del capanno sbatteva.

چندین بار وقتی در انباری به صدا درآمد، از جا پرید.

Si aspettava che il giudice o i ragazzi apparissero e lo salvassero.

او انتظار داشت قاضی یا پسرها ظاهر شوند و او را نجات دهند.

Ma ogni volta solo la faccia grassa del gestore del saloon faceva capolino all'interno.

اما هر بار فقط صورت چاق متصدی بار به داخل نگاه می‌کرد.

Il volto dell'uomo era illuminato dalla debole luce di una candela di sego.

صورت مرد با نور ضعیف شمع پیه سوز روشن شده بود.

Ogni volta, il latrato gioioso di Buck si trasformava in un ringhio basso e arrabbiato.

هر بار، پارس شادمانه‌ی باک به به غرشی آرام و خشمگین تبدیل می‌شد.

Il gestore del saloon lo ha lasciato solo per la notte nella cassa

متصدی بار او را برای شب در قفس تنها گذاشت

Ma quando si svegliò la mattina seguente, altri uomini stavano arrivando.

اما وقتی صبح از خواب بیدار شد، مردان بیشتری داشتند می‌آمدند.

Arrivarono quattro uomini e, con cautela, sollevarono la cassa senza dire una parola.

چهار مرد آمدند و با احتیاط و بدون هیچ حرفی جعبه را برداشتند.

Buck capì subito in quale situazione si trovava.

باک فوراً متوجه موقعیتی شد که در آن قرار گرفته بود.

Erano ulteriori tormentatori che doveva combattere e temere.

آنها شکنجه‌گران بیشتری بودند که او مجبور بود با آنها بجنگد و از آنها بترسد.

Questi uomini apparivano malvagi, trasandati e molto mal curati.

این مردان شرور، ژنده‌پوش و بسیار بدلباس به نظر می‌رسیدند.

Buck ringhiò e si lanciò contro di loro con furia attraverso le sbarre.

باک غرید و با خشم از میان میله‌ها به سمت آنها حمله‌ور شد.

Si limitarono a ridere e a colpirlo con lunghi bastoni di legno.

آنها فقط می‌خندیدند و با چوب‌های بلند به او ضربه می‌زدند.

Buck morse i bastoncini, poi capì che era quello che gli piaceva.

باک چوب‌ها را گاز گرفت، بعد فهمید که این چیزی است که آنها دوست دارند.

Così si sdraiò in silenzio, imbronciato e acceso da una rabbia silenziosa.

پس او آرام دراز کشید، عبوس و در حالی که از خشم خاموش می‌سوخت.

Caricarono la cassa su un carro e se ne andarono con lui.

آنها جعبه را بلند کردند و داخل گاری گذاشتند و او را با خود بردند.

La cassa, con Buck chiuso dentro, cambiò spesso proprietario.

جعبه، که باک درون آن قفل شده بود، اغلب دست به دست می‌شد.

Gli impiegati dell'ufficio espresso presero in mano la situazione e si occuparono di lui per un breve periodo.

کارمندان دفتر اکسپرس مسئولیت را به عهده گرفتند و برای مدت کوتاهی به او رسیدگی کردند.

Poi un altro carro trasportò Buck attraverso la rumorosa città.

سپس گاری دیگری باک را از میان شهر پر سر و صدا عبور داد.

Un camion lo portò con sé scatole e pacchi su un traghetto.

یک کامیون او را با جعبه‌ها و بسته‌ها به داخل یک قایق مسافربری برد.

Dopo l'attraversamento, il camion lo scaricò presso un deposito ferroviario.

پس از عبور، کامیون او را در یک ایستگاه راه‌آهن پیاده کرد.

Alla fine Buck venne fatto salire a bordo di un vagone espresso in attesa.

بالاخره، باک را داخل یک واگن اکسپرس که منتظرش بود، گذاشتند.

Per due giorni e due notti i treni trascinarono via il vagone espresso.

دو شبانه‌روز، قطارها واگن سریع‌السیر را از آنجا دور می‌کردند۔

Buck non mangiò né bevve durante tutto il doloroso viaggio.

باک در تمام طول سفر دردناک نه چیزی خورد و نه چیزی نوشید۔

Quando i messaggeri cercarono di avvicinarlo, lui ringhiò.

وقتی پیک‌های سریع‌السیر سعی کردند به او نزدیک شوند، غرغر کرد۔

Risposero prendendolo in giro e prendendolo in giro crudelmente.

آن‌ها با مسخره کردن و آزار و اذیت بی‌رحمانه او پاسخ دادند۔

Buck si gettò contro le sbarre, schiumando e tremando

باک در حالی که کف کرده بود و می‌لرزید، خودش را به سمت میله‌ها انداخت۔

risero sonoramente e lo presero in giro come i bulli della scuola.

آن‌ها با صدای بلند می‌خندیدند و مثل قلدرهای مدرسه او را مسخره می‌کردند۔

Abbaiavano come cani finti e agitavano le braccia.

آن‌ها مثل سگ‌های قلابی پارس می‌کردند و دست‌هایشان را تکان می‌دادند۔

Arrivarono persino a cantare come galli, solo per farlo arrabbiare ancora di più.

آن‌ها حتی مثل خروس بانگ می‌زدند تا او را بیشتر ناراحت کنند۔

Era un comportamento sciocco e Buck sapeva che era ridicolo.

رفتار احمقانه‌ای بود و باک می‌دانست که مسخره است۔

Ma questo non fece altro che accrescere il suo senso di indignazione e vergogna.

اما این فقط احساس خشم و شرم او را تشدید کرد۔

Durante il viaggio la fame non lo disturbò molto.

در طول سفر گرسنگی زیاد اذیتش نکرد۔

Ma la sete portava con sé dolori acuti e sofferenze insopportabili.

اما تشنگی درد شدید و رنج غیرقابل تحملی به همراه داشت۔

La sua gola secca e infiammata e la lingua bruciavano per il calore.

گلو و زبان خشک و ملتهبش از شدت گرما می‌سوخت۔

Questo dolore alimentava la febbre che cresceva nel suo corpo orgoglioso.

این درد، تبی را که در بدن مغرورش بالا می‌گرفت، تشدید می‌کرد۔

Durante questa prova Buck fu grato per una sola cosa.

باک در طول این محاکمه فقط برای یک چیز سپاسگزار بود۔

Gli avevano tolto la corda dal grosso collo.

طناب از دور گردن کلفتش باز شده بود۔

La corda aveva dato a quegli uomini un vantaggio ingiusto e crudele.

طناب به آن مردان برتری ناعادلانه و ظالمانه‌ای داده بود۔

Ora la corda non c'era più e Buck giurò che non sarebbe mai più tornata.

حالا طناب رفته بود و باک قسم خورد که دیگر هرگز برنمی‌گردد۔

Decise che nessuna corda gli sarebbe mai più passata intorno al collo.

او تصمیم گرفت که دیگر هیچ طنابی دور گردنش نیفتد۔

Per due lunghi giorni e due lunghe notti soffrì senza cibo.

دو شبانه‌روز طولانی، او بدون غذا رنج کشید۔

E in quelle ore, accumulò dentro di sé una rabbia enorme.

ودر آن ساعات، خشم عظیمی را در درونش انباشته کرد ۔

I suoi occhi diventarono iniettati di sangue e selvaggi per la rabbia costante.

چشمانش از خشم مداوم، خونین و وحشی شده بود۔

Non era più Buck, ma un demone con le fauci che schioccavano.

او دیگر باک نبود، بلکه دیوی با آرواره‌های تیز بود۔

Nemmeno il Giudice avrebbe potuto riconoscere questa folle creatura.

حتی قاضی هم این موجود دیوانه را نمی‌شناخت۔

I messaggeri espressi tirarono un sospiro di sollievo quando giunsero a Seattle

پیک‌های سریع‌السیر وقتی به سیاتل رسیدند، نفس راحتی کشیدند۔

Quattro uomini sollevarono la cassa e la portarono in un cortile sul retro.

چهار مرد جعبه را بلند کردند و به حیاط خلوت بردند۔

Il cortile era piccolo, circondato da mura alte e solide.

حیاط کوچک بود و دیوارهای بلند و محکمی دور تا دور آن را احاطه
کرده بود.

Un uomo corpulento uscì dalla stanza con una scollatura
larga e una camicia rossa.

مردی هیکلی با پیراهن ژاکت قرمز گشاد از ماشین بیرون آمد.

Firmò il registro delle consegne con una calligrafia spessa e
decisa.

او با دستی کلفت و جسورانه دفتر تحویل را امضا کرد.

Buck intuì subito che quell'uomo era il suo prossimo
aguzzino.

باک فوراً احساس کرد که این مرد شکنجه‌گر بعدی اوست.

Si lanciò violentemente contro le sbarre, con gli occhi rossi
di rabbia.

او با چشمانی قرمز از خشم، با خشونت به سمت میله‌ها حمله کرد.

L'uomo si limitò a sorridere amaramente e andò a prendere
un'ascia.

مرد فقط لبخند تلخی زد و رفت تا یک تبر بیاورد.

Teneva anche una mazza nella sua grossa e forte mano
destra.

او همچنین یک چماق در دست راست ضخیم و قوی خود آورد.

"Lo porterai fuori adesso?" chiese l'autista preoccupato.

ر «راننده با نگرانی پرسید» :الان می‌خوای ببریش بیرون؟

"Certo", disse l'uomo, infilando l'ascia nella cassa come se
fosse una leva.

مرد گفت» :البته‌و تبر را به عنوان اهرم داخل جعبه فرو کرد «.

I quattro uomini si dileguarono all'istante, saltando sul
muro del cortile.

چهار مرد فوراً پراکنده شدند و روی دیوار حیاط پریدند.

Dai loro punti sicuri in alto, aspettavano di ammirare lo
spettacolo.

از نقاط امن خود در بالا، منتظر تماشای این منظره بودند.

Buck si lanciò contro il legno scheggiato, mordendolo e
scuotendolo violentemente.

باک به سمت چوب خرد شده حمله کرد، گاز گرفت و به شدت لرزید.

Ogni volta che l'ascia colpiva la gabbia, Buck era lì pronto ad
attaccarla.

هر بار که تبر به قفس می‌خورد، باک آنجا بود تا به آن حمله کند.

Ringhiò e schioccò le dita in preda a una rabbia selvaggia, desideroso di essere liberato.

او با خشمی وحشیانه غرید و فریاد زد، مشتاق آزادی بود۔

L'uomo all'esterno era calmo e fermo, concentrato sul suo compito.

مردی که بیرون بود، آرام و متین، مصمم به کارش بود۔

"Bene allora, diavolo dagli occhi rossi", disse quando il buco fu grande.

«وقتی سوراخ بزرگ شد، گفت: »پس، ای شیطان چشمقرمز۔

Lasciò cadere l'ascia e prese la mazza nella mano destra.

تبر را انداخت و چماق را در دست راستش گرفت۔

Buck sembrava davvero un diavolo: aveva gli occhi iniettati di sangue e fiammeggianti.

باک واقعاً شبیه یک شیطان بود؛ چشمانی خون گرفته و شعله‌ور۔

Il suo pelo si rizzò, la schiuma gli salì alla bocca e gli occhi brillarono.

موهایش سیخ شده بود، کف از دهانش بیرون زده بود و چشمانش برق می‌زد۔

Lui tese i muscoli e si lanciò dritto verso il maglione rosso.

عضلاتش را منقبض کرد و مستقیم به سمت ژاکت قرمز پرید۔

Centoquaranta libbre di furia si riversarono sull'uomo calmo.

صد و چهل پوند خشم به سمت مرد آرام هجوم آورد۔

Un attimo prima che le sue fauci si chiudessero, un colpo terribile lo colpì.

درست قبل از اینکه فکش بسته شود، ضربه وحشتناکی به او وارد شد۔

I suoi denti si schioccarono insieme solo sull'aria

دندان‌هایش فقط با هوا به هم می‌خوردند

una scossa di dolore gli risuonò nel corpo

موجی از درد در بدنش پیچید

Si capovolse a mezz'aria e cadde sulla schiena e su un fianco.

او در هوا غلتید و به پشت و پهلو به زمین خورد۔

Non aveva mai sentito prima un colpo di mazza e non riusciva a sostenerlo.

او قبلاً هرگز ضربه‌ی چماق را حس نکرده بود و نمی‌توانست آن را درک کند۔

Con un ringhio acuto, in parte abbaio, in parte urlo, saltò di nuovo.

با غرشی گوشخراش، که نیمی پارس و نیمی جیغ بود، دوباره پرید.

Un altro colpo violento lo colpì e lo scaraventò a terra.

ضربه محکم دیگری به او وارد شد و او را به زمین انداخت.

Questa volta Buck capì: era la pesante clava dell'uomo.

این بار باک فهمید—این ضربه از چماق سنگین مرد بود.

Ma la rabbia lo accecò e non pensò minimamente di ritirarsi.

اما خشم کورش کرده بود و خیال عقب‌نشینی نداشت.

Dodici volte si lanciò e dodici volte cadde.

دوازده بار خودش را به آب انداخت و دوازده بار هم افتاد.

La mazza di legno lo colpiva ogni volta con una forza spietata e schiacciante.

چماق چوبی هر بار با نیرویی بی‌رحمانه و خردکننده او را له می‌کرد.

Dopo un colpo violento, si rialzò barcollando, stordito e lento.

پس از یک ضربه‌ی سهمگین، او تلوتلوخوران، گیج و آهسته، از جایش بلند شد.

Il sangue gli colava dalla bocca, dal naso e perfino dalle orecchie.

خون از دهان، بینی و حتی گوش‌هایش جاری بود.

Il suo mantello, un tempo bellissimo, era imbrattato di schiuma insanguinata.

کتِ زمانی زیبایش، حالا با کفِ خونین آغشته شده بود.

Poi l'uomo si fece avanti e gli sferrò un violento colpo al naso.

سپس مرد جلو آمد و ضربه‌ی محکمی به بینی‌اش زد.

L'agonia fu più acuta di qualsiasi cosa Buck avesse mai provato.

درد و رنج از هر چیزی که باک تا به حال احساس کرده بود، شدیدتر بود.

Con un ruggito più da bestia che da cane, balzò di nuovo all'attacco.

با غرشی که بیشتر شبیه غرش یک حیوان بود تا یک سگ، دوباره برای حمله پرید.

Ma l'uomo gli afferrò la mascella inferiore e la torse all'indietro.

اما مرد فک پایینش را گرفت و آن را به عقب چرخاند.

Buck si girò a testa in giù e cadde di nuovo violentemente al suolo.

باک سرش را از روی پاشنه‌هایش برگرداند و دوباره محکم به زمین خورد.

Un'ultima volta, Buck si lanciò verso di lui, ormai a malapena in grado di reggersi in piedi.

برای آخرین بار، باک به سمت او حمله کرد، حالا به سختی می‌توانست بایستد.

L'uomo colpì con sapiente tempismo, sferrando il colpo finale.

مرد با زمان‌بندی ماهرانه ضربه زد و ضربه آخر را وارد کرد.

Buck crollò a terra, privo di sensi e immobile.

باک بی‌هوش و بی‌حرکت روی زمین افتاد.

"Non è uno stupido ad addestrare i cani, ecco cosa dico io", urlò un uomo.

مردی فریاد زد» :اون تو سگ‌شکنی بی‌عرضه نیست، این چیزیه که من می‌گم.«

"Druther può spezzare la volontà di un segugio in qualsiasi giorno della settimana."

«دروتر می‌تواند اراده‌ی یک سگ شکاری را در هر روزی از هفته بشکند.«

"E due volte di domenica!" aggiunse l'autista.

راننده اضافه کرد» :و دو بار هم یکشنبه‌ها.«

Salì sul carro e tirò le redini per partire.

او سوار گاری شد و افسار را فشرد تا برود.

Buck riprese lentamente il controllo della sua coscienza

باک به آرامی کنترل هوشیاری خود را به دست آورد

ma il suo corpo era ancora troppo debole e rotto per muoversi.

اما بدنش هنوز خیلی ضعیف و شکسته بود و نمی‌توانست حرکت کند.

Rimase lì dove era caduto, osservando l'uomo con il maglione rosso.

همان جایی که افتاده بود دراز کشیده بود و مرد ژاکت قرمزپوش را تماشا می‌کرد.

"Risponde al nome di Buck", disse l'uomo, leggendo ad alta voce.

مرد در حالی که با صدای بلند می‌خواند گفت» :او به نام باک پاسخ می‌دهد.«

Citò la nota inviata con la cassa di Buck e i dettagli.

او از یادداشتی که همراه جعبه باک و جزئیات آن ارسال شده بود، نقل قول کرد.

"Bene, Buck, ragazzo mio", continuò l'uomo con tono amichevole,

م«،رد با لحنی دوستانه ادامه داد» :خب، باک، پسرم

"Abbiamo avuto il nostro piccolo litigio, e ora tra noi è finita."

»ما دعوای کوچک خودمان را کردیم، و حالا دیگر بین ما تمام شده است.«

"Tu hai imparato qual è il tuo posto, e io ho imparato qual è il mio", ha aggiunto.

او اضافه کرد» :تو جایگاه خودت را یاد گرفته‌ای، و من هم جایگاه خودم را.«

"Sii buono e tutto andrà bene e la vita sarà piacevole."

»خوب باش، همه چیز خوب پیش خواهد رفت و زندگی دلپذیر خواهد بود.«

"Ma se sei cattivo, ti spaccherò a morte, capito?"

»«اما بد باش، و من لهت می‌کنم، فهمیدی؟«

Mentre parlava, allungò la mano e accarezzò la testa dolorante di Buck.

همین‌طور که حرف می‌زد، دستش را دراز کرد و سر دردناک باک را نوازش کرد.

I capelli di Buck si rizzarono al tocco dell'uomo, ma lui non oppose resistenza.

با لمس مرد، موهای باک سیخ شد، اما مقاومتی نکرد.

L'uomo gli portò dell'acqua e Buck la bevve a grandi sorsi.

مرد برایش آب آورد که باک آن را جرعه جرعه نوشید.

Poi arrivò la carne cruda, che Buck divorò pezzo per pezzo.

بعد گوشت خام از راه رسید، که باک تکه تکه آن را بلعید.

Sapeva di essere stato sconfitto, ma sapeva anche di non essere distrutto.

او می‌دانست که شکست خورده است، اما این را هم می‌دانست که نشکسته است.

Non aveva alcuna possibilità contro un uomo armato di manganello.

او در برابر مردی که مسلح به چماق بود، هیچ شانسی نداشت.

Aveva imparato la verità e non dimenticò mai quella lezione.

او حقیقت را آموخته بود و هرگز آن درس را فراموش نکرد.

Quell'arma segnò l'inizio della legge nel nuovo mondo di Buck.

آن سلاح، آغاز قانون در دنیای جدید باک بود.

Fu l'inizio di un ordine duro e primitivo che non poteva negare.

این آغاز یک نظم خشن و بدوی بود که او نمی‌توانست آن را انکار کند.

Accettò la verità: i suoi istinti selvaggi erano ormai risvegliati.

او حقیقت را پذیرفت؛ غرایز وحشی‌اش حالا بیدار شده بودند.

Il mondo era diventato più duro, ma Buck lo affrontò coraggiosamente.

دنیا خشن‌تر شده بود، اما باک شجاعانه با آن روبرو شد.

Affrontò la vita con una nuova cautela, astuzia e una forza silenziosa.

او با احتیاط، حیله‌گری و قدرتی آرام، زندگی را از نو پذیرفت.

Arrivarono altri cani, legati con corde o gabbie, come era successo a Buck.

سگ‌های بیشتری رسیدند، مثل باک که با طناب یا جعبه بسته شده بودند.

Alcuni cani procedevano con calma, altri si infuriavano e combattevano come bestie feroci.

بعضی از سگ‌ها آرام می‌آمدند، بعضی دیگر خشمگین بودند و مثل حیوانات وحشی می‌جنگیدند.

Tutti loro furono sottoposti al dominio dell'uomo con il maglione rosso.

همه آنها تحت حکومت مرد ژاکت قرمز قرار گرفتند.

Ogni volta Buck osservava e vedeva svolgersi la stessa lezione.

هر بار، باک تماشا می‌کرد و می‌دید که همان درس عبرت از او گرفته می‌شود.

L'uomo con la clava era la legge: un padrone a cui obbedire.

مردی که چماق به دست داشت، قانون بود؛ اربابی که باید از او اطاعت می‌شد.

Non era necessario che gli piacesse, ma che gli si obbedisse.

او نیازی به دوست داشته شدن نداشت، اما باید از او اطاعت می‌شد.

Buck non si è mai mostrato adulatore o scodinzolante come facevano i cani più deboli.

باک هیچ‌وقت مثل سگ‌های ضعیف‌تر تملق نمی‌گفت یا دست تکان نمی‌داد.

Vide dei cani che erano stati picchiati e che continuavano a leccare la mano dell'uomo.

او سگ‌هایی را دید که کتک خورده بودند و همچنان دست مرد را لیس می‌زدند.

Vide un cane che non obbediva né si sottometteva affatto.

او سگی را دید که به هیچ وجه اطاعت نمی‌کرد و تسلیم نمی‌شد.

Quel cane ha combattuto fino alla morte nella battaglia per il controllo.

آن سگ آنقدر جنگید تا در نبرد برای کنترل کشته شد.

A volte degli sconosciuti venivano a trovare l'uomo con il maglione rosso.

گاهی غریبه‌ها به دیدن مرد ژاکت قرمز می‌آمدند.

Parlavano con toni strani, supplicando, contrattando e ridendo.

آنها با لحن‌های عجیبی صحبت می‌کردند، التماس می‌کردند، چانه می‌زدند و می‌خندیدند.

Dopo aver scambiato i soldi, se ne andavano con uno o più cani.

وقتی پول رد و بدل می‌شد، آنها با یک یا چند سگ آنجا را ترک می‌کردند.

Buck si chiese dove andassero questi cani, perché nessuno faceva mai ritorno.

باک از خود پرسید که این سگ‌ها کجا رفتند، چون هیچ‌کدامشان دیگر برنگشتند.

la paura dell'ignoto riempiva Buck ogni volta che un uomo sconosciuto si avvicinava

هر بار که مرد غریبه‌ای می‌آمد، ترس از ناشناخته‌ها باک را فرا می‌گرفت.

era contento ogni volta che veniva preso un altro cane, al posto suo.

او هر بار که سگ دیگری به جای خودش گرفته می‌شد، خوشحال می‌شد.

Ma alla fine arrivò il turno di Buck con l'arrivo di uno strano uomo.

اما سرانجام، نوبت باک با ورود مردی عجیب فرا رسید۔

Era piccolo, nervoso e parlava un inglese stentato e imprecava.

او ریزنقش و لاغر اندام بود و به انگلیسی دست و پا شکسته صحبت می‌کرد و فحش می‌داد۔

"Sacredam!" urlò quando vide il corpo di Buck.

وقتی چشمش به هیکل باک افتاد، فریاد زد» :مقدس۔«

"Che cane maledetto e prepotente! Eh? Quanto costa?" chiese ad alta voce.

با صدای بلند پرسید» :این یه سگ قلدر لعنتیه۔«ها؟ چقدر؟

"Trecento, ed è un regalo a quel prezzo",

»سیصد، و او با این قیمت یک هدیه است۔«

"Dato che sono soldi del governo, non dovresti lamentarti, Perrault."

»چون پول دولته، نباید شکایت کنی، پرو۔«

Perrault sorrise pensando all'accordo che aveva appena concluso con quell'uomo.

پرو به معامله‌ای که تازه با آن مرد کرده بود، پوزخندی زد۔

Il prezzo dei cani è salito alle stelle a causa della domanda improvvisa.

قیمت سگ‌ها به دلیل تقاضای ناگهانی، سر به فلک کشیده بود۔

Trecento dollari non erano ingiusti per una bestia così bella.

سیصد دلار برای چنین جانور زیبایی ناعادلانه نبود۔

Il governo canadese non perderebbe nulla dall'accordo

دولت کانادا در این معامله چیزی از دست نخواهد داد

Né i loro comunicati ufficiali avrebbero subito ritardi nel trasporto.

همچنین ارسال‌های رسمی آنها در حین حمل و نقل به تأخیر نمی‌افتاد۔

Perrault conosceva bene i cani e capì che Buck era una rarità.

پرو سگ‌ها را خوب می‌شناخت و متوجه شد که باک موجود نادری است۔

"Uno su dieci diecimila", pensò, mentre studiava la corporatura di Buck.

او در حالی که هیکل باک را بررسی می‌کرد، با خود فکر کرد» :یک در ده، ده هزار۔«

Buck vide il denaro cambiare di mano, ma non mostrò
alcuna sorpresa.

باک دید که پول دست به دست شد، اما تعجب نکرد.

Poco dopo lui e Curly, un gentile Terranova, furono portati
via.

خیلی زود او و کرلی، یک نیوفاندلندی مهربان، با خود بردند.

Seguirono l'omino dal cortile della casa con il maglione
rosso.

آنها مرد کوچک را از حیاط ژاکت قرمز دنبال کردند.

Quella fu l'ultima volta che Buck vide l'uomo con la mazza
di legno.

آن آخرین باری بود که باک مرد چماق به دست را دید.

Dal ponte del Narwhal guardò Seattle svanire in lontananza.

از عرشه کشتی نارووال، سیاتل را تماشا می‌کرد که در دوردست‌ها محو
می‌شد.

Fu anche l'ultima volta che vide le calde terre del Sud.

همچنین آخرین باری بود که او سرزمین گرم جنوب را دید.

Perrault li portò sottocoperta e li lasciò con François.

پرو آنها را به زیر عرشه برد و پیش فرانسوا گذاشت.

François era un gigante con la faccia nera e le mani ruvide e
callose.

فرانسوا غولی سیاه چهره با دستانی خشن و پینه بسته بود.

Era un uomo dalla carnagione scura e dalla carnagione scura,
un meticcio franco-canadese.

او سبزه و سبزه بود؛ یک دورگه فرانسوی-کانادایی.

Per Buck, quegli uomini erano come non li aveva mai visti
prima.

از نظر باک، این مردان از نوعی بودند که او قبلاً هرگز ندیده بود.

Nei giorni a venire avrebbe avuto modo di conoscere molti
di questi uomini.

او در روزهای آینده با بسیاری از این مردان آشنا خواهد شد.

Non cominciò ad affezionarsi a loro, ma finì per rispettarli.

او به آنها علاقه‌ای پیدا نکرد، اما کم‌کم به آنها احترام گذاشت.

Erano giusti e saggi e non si lasciavano ingannare facilmente
da nessun cane.

آنها عادل و خردمند بودند و به راحتی فریب هیچ سگی را نمی‌خوردند.

Giudicavano i cani con calma e punivano solo quando meritavano.

آنها سگ‌ها را با آرامش قضاوت می‌کردند و فقط زمانی که سزاوار بودند، آنها را تنبیه می‌کردند.

Sul ponte inferiore del Narwhal, Buck e Curly incontrarono due cani.

در عرشه پایینی کشتی ناروال، باک و کرلی با دو سگ آشنا شدند.

Uno era un grosso cane bianco proveniente dalle lontane e gelide isole Spitzbergen.

یکی از آنها سگ سفید بزرگی از اسپیتزبرگنِ یخیِ دوردست بود.

In passato aveva navigato su una baleniera e si era unito a un gruppo di ricerca.

او زمانی با یک صیاد نهنگ سفر دریایی کرده و به یک گروه نقشه‌برداری پیوسته بود.

Era amichevole, ma astuto, subdolo e subdolo.

او به شیوه‌ای زیرکانه، پنهانی و حیله‌گرانه دوستانه رفتار می‌کرد.

Al loro primo pasto, rubò un pezzo di carne dalla padella di Buck.

در اولین وعده غذایی‌شان، او تکه‌ای گوشت از تابه باک دزدید.

Buck saltò per punirlo, ma la frusta di François colpì per prima.

باک از جا پرید تا او را تنبیه کند، اما شلاق فرانسوا اول از همه به او ضربه زد.

Il ladro bianco urlò e Buck reclamò l'osso rubato.

دزد سفید پوست فریاد زد و باک استخوان دزدیده شده را پس گرفت.

Questa correttezza colpì Buck e François si guadagnò il suo rispetto.

این انصاف باک را تحت تأثیر قرار داد و فرانسوا احترام او را جلب کرد.

L'altro cane non lo salutò e non volle nessuno in cambio.

سگ دیگر هیچ سلامی نکرد و در عوض هم سلامی نخواست.

Non rubava il cibo, né annusava con interesse i nuovi arrivati.

او نه غذا می‌دزدید و نه با علاقه تازه‌واردها را بو می‌کشید.

Questo cane era cupo e silenzioso, cupo e lento nei movimenti.

این سگ، عبوس و ساکت، غمگین و کند حرکت بود.

Avvertì Curly di stargli lontano semplicemente lanciandole un'occhiata fulminante.

او با نگاه خیره به کرلی، به او هشدار داد که از او دور بماند.

Il suo messaggio era chiaro: lasciatemi in pace o saranno guai.

پیام او واضح بود؛ مرا تنها بگذارید وگرنه دردسر درست می‌شود.

Si chiamava Dave e non faceva quasi caso a ciò che lo circondava.

او را دیو صدا می‌زدند و به سختی متوجه اطرافش می‌شد.

Dormiva spesso, mangiava tranquillamente e sbadigliava di tanto in tanto.

او اغلب می‌خوابید، آرام غذا می‌خورد و هر از گاهی خمیازه می‌کشید.

La nave ronzava costantemente con il rumore dell'elica sottostante.

کشتی با صدای ملخ در حال حرکتِ زیرینش، مدام زمزمه می‌کرد.

I giorni passarono senza grandi cambiamenti, ma il clima si fece più freddo.

روزها با کمی تغییر می‌گذشتند، اما هوا سردتر می‌شد.

Buck se lo sentiva nelle ossa e notò che anche gli altri lo sentivano.

باک می‌توانست این را با تمام وجودش حس کند و متوجه شد که دیگران هم همین حس را دارند.

Poi una mattina l'elica si fermò e tutto rimase immobile.

سپس یک روز صبح، پروانه از کار افتاد و همه چیز آرام گرفت.

Un'energia percorse la nave: qualcosa era cambiato.

انرژی‌ای سراسر کشتی را فرا گرفت؛ چیزی تغییر کرده بود.

François scese, li mise al guinzaglio e li portò su.

فرانسوا پایین آمد، قلاده‌هایشان را بست و بالا آورد.

Buck uscì e trovò il terreno morbido, bianco e freddo.

باک بیرون آمد و زمین را نرم، سفید و سرد یافت.

Lui fece un balzo indietro allarmato e sbuffò in preda alla confusione più totale.

او با وحشت به عقب پرید و با گیجی کامل پوزخندی زد.

Una strana sostanza bianca cadeva dal cielo grigio.

چیزهای سفید عجیبی از آسمان خاکستری در حال سقوط بودند.

Si scosse, ma i fiocchi bianchi continuavano a cadergli addosso.

خودش را تکان داد، اما دانه‌های سفید همچنان رویش فرود می‌آمدند.

Annusò attentamente la sostanza bianca e ne leccò alcuni pezzetti ghiacciati.

او ماده سفید را با دقت بو کشید و چند تکه یخی را لیس زد.

La polvere bruciò come il fuoco e poi svanì subito dalla sua lingua.

باروت مثل آتش سوخت، سپس از روی زبانش ناپدید شد.

Buck ci riprovò, sconcertato dallo strano freddo che svaniva.

باک دوباره امتحان کرد، از سردیِ عجیب و غریبِ رو به زوال گیج شده بود.

Gli uomini intorno a lui risero e Buck si sentì in imbarazzo.

مردان اطرافش خندیدند و باک خجالت کشید.

Non sapeva perché, ma si vergognava della sua reazione.

نمی دانست چرا، اما از واکنش خودش شرمنده بود.

Era la sua prima esperienza con la neve e la cosa lo confuse.

این اولین تجربه او با برف بود و همین موضوع او را گیج کرد.

La legge del bastone e della zanna
قانون چماق و نیش

Il primo giorno di Buck sulla spiaggia di Dyea è stato un terribile incubo.

اولین روز باک در ساحل دیئا مثل یک کابوس وحشتناک بود.

Ogni ora portava con sé nuovi shock e cambiamenti inaspettati per Buck.

هر ساعت شوک‌های جدید و تغییرات غیرمنتظره‌ای برای باک به همراه داشت.

Era stato strappato alla civiltà e gettato nel caos più totale.

او از تمدن بیرون کشیده شده و به هرج و مرج و وحشیانه‌ای پرتاب شده بود.

Questa non era una vita soleggiata e pigra, fatta di noia e riposo.

این زندگی، زندگی شاد و آرامی نبود که در آن کسالت و استراحت موج بزند.

Non c'era pace, né riposo, né momento senza pericolo.

هیچ آرامشی، هیچ استراحتی و هیچ لحظه‌ای بدون خطر نبود.

La confusione regnava su tutto e il pericolo era sempre vicino.

آشفتگی بر همه چیز حاکم بود و خطر همیشه نزدیک بود.

Buck doveva stare attento perché quegli uomini e quei cani erano diversi.

باک مجبور بود هوشیار بماند، چون این مردها و سگ‌ها با هم فرق داشتند.

Non provenivano da città; erano selvaggi e spietati.

آنها اهل شهر نبودند؛ وحشی و بی‌رحم بودند.

Questi uomini e questi cani conoscevano solo la legge del bastone e della zanna.

این مردان و سگ‌ها فقط قانون چماق و دندان نیش را می‌دانستند.

Buck non aveva mai visto dei cani combattere come questi feroci husky.

باک هرگز ندیده بود که سگ‌ها مثل این هاسکی‌های وحشی با هم دعوا کنند.

La sua prima esperienza gli insegnò una lezione che non avrebbe mai dimenticato.

اولین تجربه‌اش درسی به او داد که هرگز فراموش نخواهد کرد.

Fu una fortuna che non fosse lui, altrimenti sarebbe morto anche lui.

شانس آورد که خودش نبود، وگرنه او هم می‌مرد.

Curly era quello che soffriva, mentre Buck osservava e imparava.

کـرلی کسی بود که رنج می‌کشید در حالی که باک تماشا می‌کرد و درس می‌گرفت.

Si erano accampati vicino a un deposito costruito con tronchi.

آنها نزدیک انباری که از کنده‌های درخت ساخته شده بود، اردو زده بودند.

Curly cercò di essere amichevole con un grosso husky simile a un lupo.

کـرلی سعی کرد با یک سگ هاسکی بزرگ و گرگ مانند دوستانه رفتار کند.

L'husky era più piccolo di Curly, ma aveva un aspetto selvaggio e cattivo.

هاسکی از کرلی کوچک‌تر بود، اما وحشی و بدجنس به نظر می‌رسید.

Senza preavviso, lui saltò su e le tagliò il viso.

بـدون هیچ هشداری، پرید و صورتش را شکافت.

Con un solo movimento i suoi denti le tagliarono l'occhio fino alla mascella.

دندان‌هایش با یک حرکت از چشم او تا فکش را برید.

Ecco come combattevano i lupi: colpivano velocemente e saltavano via.

گـرگ‌ها این‌طور می‌جنگیدند—سریع حمله می‌کردند و می‌پریدند.

Ma c'era molto di più da imparare da quell'unico attacco.

اما چیزهای بیشتری برای یادگیری از آن حمله وجود داشت.

Decine di husky si precipitarono dentro e formarono un cerchio silenzioso.

ده‌ها سگ هاسکی به سرعت وارد شدند و در سکوت دایره‌ای تشکیل دادند.

Osservavano attentamente e si leccavano le labbra per la fame.

آنها با دقت تماشا می‌کردند و لب‌هایشان را از روی ولع می‌لیسیدند.

Buck non capiva il loro silenzio né i loro occhi ansiosi.

بــاک نه سکوت آنها را درک می‌کرد و نه نگاه مشتاقشان را.

Curly si lanciò ad attaccare l'husky una seconda volta.

کــرلی برای بار دوم به هاسکی حمله کرد.

Usò il suo petto per buttarla a terra con un movimento violento.

او با یک حرکت قوی از سینه‌اش استفاده کرد تا او را سرنگون کند.

Cadde su un fianco e non riuscì più a rialzarsi.

او به پهلو افتاد و دیگر نتوانست بلند شود.

Era proprio quello che gli altri aspettavano da tempo.

این همان چیزی بود که بقیه مدت‌ها منتظرش بودند.

Gli husky le saltarono addosso, guaindo e ringhiando freneticamente.

سگ‌های هاسکی در حالی که دیوانه‌وار جیغ می‌زدند و خرناس می‌کشیدند، به سمتش پریدند.

Lei urlò mentre la seppellivano sotto una pila di cani.

او جیغ می‌کشید وقتی که او را زیر انبوهی از سگ‌ها دفن می‌کردند.

L'attacco fu così rapido che Buck rimase immobile per lo shock.

حمله آنقدر سریع بود که باک از شدت شوک در جایش خشکش زد.

Vide Spitz tirare fuori la lingua in un modo che sembrava una risata.

او دید که اسپیتز زبانش را به شکلی که شبیه خنده بود، بیرون آورد.

François afferrò un'ascia e corse dritto verso il gruppo di cani.

فــرانسوا تبری برداشت و مستقیماً به سمت گروه سگ‌ها دوید.

Altri tre uomini hanno usato dei manganelli per allontanare gli husky.

سه مرد دیگر با چماق به هاسکی‌ها کمک کردند تا آنها را دور کنند.

In soli due minuti la lotta finì e i cani se ne andarono.

تنها در عرض دو دقیقه، دعوا تمام شد و سگ‌ها رفتند.

Curly giaceva morta nella neve rossa calpestata, con il corpo fatto a pezzi.

کــرلی در برف قرمز و لگدمال شده، مرده افتاده بود و بدنش تکه تکه شده بود.

Un uomo dalla pelle scura era in piedi davanti a lei, maledicendo la scena brutale.

مردی تیر‌هپوست بالای سر او ایستاده بود و به آن صحنه‌ی وحشیانه فحش می‌داد۔

Il ricordo rimase con Buck e ossessionò i suoi sogni notturni.

این خاطره با باک ماند و شب‌ها خواب‌هایش را تسخیر می‌کرد۔

Ecco come funzionava: niente equità, niente seconda possibilità.

اینجا اوضاع همین بود؛ نه انصافی، نه شانس دوباره‌ای۔

Una volta caduto un cane, gli altri lo uccidevano senza pietà.

به محض اینکه سگی از پا درمی‌آمد، بقیه بی‌رحمانه او را می‌کشتند۔

Buck decise allora che non si sarebbe mai lasciato cadere.

باک آن موقع تصمیم گرفت که هرگز اجازه ندهد زمین بخورد۔

Spitz tirò fuori di nuovo la lingua e rise guardando il sangue.

اسپیتز دوباره زبانش را بیرون آورد و به خون خندید۔

Da quel momento in poi, Buck odiò Spitz con tutto il cuore.

از آن لحظه به بعد، باک با تمام وجود از اسپیتز متنفر شد۔

Prima che Buck potesse riprendersi dalla morte di Curly, accadde qualcosa di nuovo.

قبل از اینکه باک بتواند از مرگ کرلی بهبود یابد، اتفاق جدیدی افتاد۔

François si avvicinò e legò qualcosa attorno al corpo di Buck.

فرانسوا آمد و چیزی را دور بدن باک بست۔

Era un'imbracatura simile a quelle usate per i cavalli al ranch.

این یک افسار بود، مثل افسارهایی که در مزرعه برای اسب‌ها استفاده می‌شد۔

Così come Buck aveva visto lavorare i cavalli, ora era costretto a lavorare anche lui.

همان‌طور که باک دیده بود اسب‌ها کار می‌کنند، حالا خودش هم مجبور به کار کردن بود۔

Dovette trascinare François su una slitta nella foresta vicina.

او مجبور شد فرانسوا را با سورتمه به جنگل نزدیک بکشد۔

Poi dovette trascinare indietro un pesante carico di legna da ardere.

سپس مجبور شد بار سنگینی از هیزم را عقب بکشد۔

Buck era orgoglioso e gli faceva male essere trattato come un animale da lavoro.

باک مغرور بود، بنابراین از اینکه با او مثل یک حیوان کار رفتار می‌شد، ناراحت می‌شد.

Ma era saggio e non cercò di combattere la nuova situazione.

اما او عاقل بود و سعی نکرد با شرایط جدید بجنگد.

Accettò la sua nuova vita e diede il massimo in ogni compito.

او زندگی جدیدش را پذیرفت و در هر وظیفه‌ای نهایت تلاشش را کرد.

Tutto di quel lavoro gli risultava strano e sconosciuto.

همه چیز در مورد کار برایش عجیب و ناآشنا بود.

François era severo e pretendeva obbedienza senza indugio.

فرانسوا سختگیر بود و اطاعت بی‌درنگ را مطالبه می‌کرد.

La sua frusta garantiva che ogni comando venisse eseguito immediatamente.

شلاق او تضمین می‌کرد که هر دستوری فوراً اجرا شود.

Dave era il timoniere, il cane più vicino alla slitta dietro Buck.

دیو چرخزن بود، سگی که پشت سر باک به سورتمه نزدیک‌تر بود.

Se commetteva un errore, Dave mordeva Buck sulle zampe posteriori.

اگر باک اشتباه می‌کرد، دیو پاهای عقبش را گاز می‌گرفت.

Spitz era il cane guida, abile ed esperto nel ruolo.

اسپیتز سگ راهنما بود، در این نقش ماهر و باتجربه.

Spitz non riusciva a raggiungere Buck facilmente, ma lo corresse comunque.

اسپیتز نتوانست به راحتی به باک برسد، اما با این حال او را اصلاح کرد.

Ringhiava aspramente o tirava la slitta in modi che insegnavano a Buck.

او با خشونت غرغر می‌کرد یا سورتمه را به روش‌هایی می‌کشید که به باک یاد می‌داد.

Grazie a questo addestramento, Buck imparò più velocemente di quanto tutti si aspettassero.

تحت این آموزش، باک سریع‌تر از آنچه که هر یک از آنها انتظار داشتند، یاد گرفت.

Lavorò duramente e imparò sia da François che dagli altri cani.

او سخت کار کرد و از فرانسوا و سگ‌های دیگر چیزهای زیادی یاد گرفت.

Quando tornarono, Buck conosceva già i comandi chiave.

وقتی برگشتند، باک از قبل دستورات کلیدی را می‌دانست.

Imparò a fermarsi al suono della parola "oh" di François.

او یاد گرفت که با شنیدن صدای »هو« از فرانسوا بایستد.

Imparò quando era il momento di tirare la slitta e correre.

او یاد گرفت وقتی که باید سورتمه را بکشد و بدود.

Imparò a svoltare senza problemi nelle curve del sentiero.

او یاد گرفت که در پیچ‌های مسیر، بدون مشکل، به سرعت دور بزند.

Imparò anche a evitare Dave quando la slitta scendeva velocemente.

او همچنین یاد گرفت که وقتی سورتمه با سرعت به سمت پایین سرازیری می‌رفت، از دیو دوری کند.

"Sono cani molto buoni", disse orgoglioso François a Perrault.

فرانسوا با افتخار به پرو گفت: »آنها سگ‌های خیلی خوبی هستند.«

"Quel Buck tira come un dannato, glielo insegno subito."

»اون باک خیلی قویه ــــ من خیلی سریع بهش یاد میدم.«

Più tardi quel giorno, Perrault tornò con altri due husky.

بعداً در همان روز، پرو با دو سگ هاسکی دیگر برگشت.

Si chiamavano Billee e Joe ed erano fratelli.

اسم آنها بیلی و جو بود و برادر بودند.

Provenivano dalla stessa madre, ma non erano affatto simili.

آنها از یک مادر بودند، اما اصلاً شبیه هم نبودند.

Billee era un tipo dolce e molto amichevole con tutti.

بیلی خوش‌خلق و با همه خیلی صمیمی بود.

Joe era l'opposto: silenzioso, arrabbiato e sempre ringhiante.

جو بر عکس بود - ساکت، عصبانی و همیشه غرغرو.

Buck li salutò amichevolmente e si mantenne calmo con entrambi.

باک با رویی دوستانه از آنها استقبال کرد و با هر دو آرام بود.

Dave non prestò loro attenzione e rimase in silenzio come al solito.

دیو به آنها توجهی نکرد و طبق معمول ساکت ماند.

Spitz attaccò prima Billee, poi Joe, per dimostrare la sua superiorità.

اسپیتز ابتدا به بیلی و سپس به جو حمله کرد تا تسلط خود را نشان دهد.

Billee scodinzolava e cercava di essere amichevole con Spitz.

بیلی دمش را تکان داد و سعی کرد با اسپیتز دوستانه رفتار کند.

Quando questo non funzionò, cercò di scappare.

وقتی این کار جواب نداد، سعی کرد فرار کند.

Pianse tristemente quando Spitz lo morse forte sul fianco.

وقتی اسپیتز پهلویش را محکم گاز گرفت، با ناراحتی گریه کرد.

Ma Joe era molto diverso e si rifiutava di farsi prendere in giro.

اما جو خیلی متفاوت بود و حاضر نشد مورد آزار و اذیت قرار بگیرد.

Ogni volta che Spitz si avvicinava, Joe si girava velocemente per affrontarlo.

هر بار که اسپیتز نزدیک می‌شد، جو سریع می‌چرخید تا رو به او بایستد.

La sua pelliccia si drizzò, le sue labbra si arricciarono e i suoi denti schioccarono selvaggiamente.

موهایش سیخ شد، لب‌هایش جمع شد و دندان‌هایش وحشیانه به هم خورد.

Gli occhi di Joe brillavano di paura e rabbia, sfidando Spitz a colpire.

چشمان جو از ترس و خشم برق زد و اسپیتز را به حمله کردن واداشت.

Spitz abbandonò la lotta e si voltò, umiliato e arrabbiato.

اسپیتز از مبارزه دست کشید و تحقیر شده و عصبانی، رویش را برگرداند.

Sfogò la sua frustrazione sul povero Billee e lo cacciò via.

او عصبانیتش را سر بیلی بیچاره خالی کرد و او را از خود راند.

Quella sera Perrault aggiunse un altro cane alla squadra.

آن شب، پرو یک سگ دیگر به تیم اضافه کرد.

Questo cane era vecchio, magro e coperto di cicatrici di battaglia.

این سگ پیر، لاغر و پوشیده از زخم‌های نبرد بود.

Gli mancava un occhio, ma l'altro brillava di potere.

یکی از چشمانش کور بود، اما چشم دیگرش برق می‌زد.

Il nome del nuovo cane era Solleks, che significa "l'Arrabbiato".

اسم سگ جدید سولکس بود، به معنی خشمگین.

Come Dave, Solleks non chiedeva nulla agli altri e non dava nulla in cambio.

سولکس، مانند دیو، چیزی از دیگران نخواست و چیزی هم نداد.

Quando Solleks entrò lentamente nell'accampamento, persino Spitz rimase lontano.

وقتی سولکس به آرامی وارد اردوگاه شد، حتی اسپیتز هم از آنها دوری کرد.

Aveva una strana abitudine che Buck ebbe la sfortuna di scoprire.

او عادت عجیبی داشت که باک بدشانس بود که آن را کشف کرد.

Solleks detestava essere avvicinato dal lato in cui era cieco.

سولکس از اینکه کسی از سمتی که نابینا بود به او نزدیک شود، متنفر بود.

Buck non lo sapeva e commise quell'errore per sbaglio.

باک این را نمی‌دانست و تصادفاً آن اشتباه را مرتکب شد.

Solleks si voltò di scatto e colpì la spalla di Buck in modo profondo e rapido.

سولکس چرخید و ضربه‌ای عمیق و سریع به شانه‌ی باک زد.

Da quel momento in poi, Buck non si avvicinò mai più al lato cieco di Solleks.

از آن لحظه به بعد، باک دیگر هرگز به نقطه کور سولکس نزدیک هم نشد.

Non ebbero mai più problemi per il resto del tempo che trascorsero insieme.

آنها دیگر در تمام مدتی که با هم بودند، هرگز مشکلی نداشتند.

Solleks voleva solo essere lasciato solo, come il tranquillo Dave.

سولکس فقط می‌خواست تنها باشد، مثل دیو آرام.

Ma Buck avrebbe scoperto in seguito che ognuno di loro aveva un altro obiettivo segreto.

اما باک بعداً فهمید که هر کدام از آنها هدف مخفی دیگری هم دارند.

Quella notte Buck si trovò ad affrontare una nuova e preoccupante sfida: come dormire.

آن شب باک با یک چالش جدید و نگران‌کننده روبرو شد - چگونه بخوابد.

La tenda era illuminata caldamente dalla luce delle candele nel campo innevato.

چادر با نور شمع در میان برف‌زار به گرمی می‌درخشید.

Buck entrò, pensando che lì avrebbe potuto riposare come prima.

باک به داخل رفت، با این فکر که می‌تواند مثل قبل آنجا استراحت کند.

Ma Perrault e François gli urlarono contro e gli tirarono delle padelle.

اما پرو و فرانسوا سرش داد زدند و تابه پرتاب کردند.

Sconvolto e confuso, Buck corse fuori nel freddo gelido.

باک، شوکه و گیج، به سمت سرمای شدید دوید.

Un vento gelido gli pungeva la spalla ferita e gli congelava le zampe.

باد تندی شانه‌ی زخمی‌اش را گزید و پنجه‌هایش را یخ زد.

Si sdraiò sulla neve e cercò di dormire all'aperto.

او روی برف دراز کشید و سعی کرد در فضای باز بخوابد.

Ma il freddo lo costrinse presto a rialzarsi, tremando forte.

اما سرما خیلی زود او را مجبور کرد که در حالی که به شدت می‌لرزید، دوباره بلند شود.

Vagò per l'accampamento, cercando di trovare un posto più caldo.

او در اردوگاه پرسه می‌زد و سعی می‌کرد جای گرم‌تری پیدا کند.

Ma ogni angolo era freddo come quello precedente.

اما هر گوشه به همان سردی گوشه‌ی قبل بود.

A volte dei cani feroci gli saltavano addosso dall'oscurità.

گاهی سگ‌های وحشی از تاریکی به سمتش می‌پریدند.

Buck drizzò il pelo, scoprì i denti e ringhiò in tono ammonitore.

باک موهایش را سیخ کرد، دندان‌هایش را نشان داد و با لحنی هشداردهنده غرید.

Lui stava imparando in fretta e gli altri cani si sono subito tirati indietro.

او سریع یاد می‌گرفت و سگ‌های دیگر سریع عقب‌نشینی می‌کردند.

Tuttavia, non aveva un posto dove dormire e non aveva idea di cosa fare.

با این حال، او جایی برای خوابیدن نداشت و نمی‌دانست چه کار کند.

Alla fine gli venne in mente un pensiero: andare a dare un'occhiata ai suoi compagni di squadra.

بالاخره فکری به ذهنش رسید ـ سری به هم‌تیمی‌هایش بزند.

Ritornò nella loro zona e rimase sorpreso nel constatare che non c'erano più.

او به منطقه آن‌ها برگشت و با کمال تعجب دید که آن‌ها رفته‌اند.

Cercò di nuovo nell'accampamento, ma ancora non riuscì a trovarli.

دوباره اردوگاه را جستجو کرد، اما هنوز آنها را پیدا نکرد.

Sapeva che loro non potevano stare nella tenda, altrimenti ci sarebbe stato anche lui.

او می‌دانست که آنها نمی‌توانند در چادر باشند، وگرنه خودش هم آنجا خواهد بود.

E allora, dove erano finiti tutti i cani in quell'accampamento ghiacciato?

پس این همه سگ توی این کمپ یخزده کجا رفته بودند؟

Buck, infreddolito e infelice, girò lentamente intorno alla tenda.

باک، سرد و رنجور، به آرامی دور چادر چرخید.

All'improvviso, le sue zampe anteriori sprofondarono nella neve soffice e lo spaventarono.

ناگهان، پاهای جلویی‌اش در برف نرم فرو رفت و او را از جا پراند.

Qualcosa si mosse sotto i suoi piedi e lui fece un salto indietro per la paura.

چیزی زیر پایش لغزید و از ترس به عقب پرید.

Ringhiava e ringhiava, non sapendo cosa si nascondesse sotto la neve.

او غرید و غرید، بی‌آنکه بداند زیر برف‌ها چه چیزی نهفته است.

Poi udì un piccolo abbaio amichevole che placò la sua paura.

سپس صدای پارس دوستانه و آرامی شنید که ترسش را فرو نشاند.

Annusò l'aria e si avvicinò per vedere cosa fosse nascosto.

هوا را بو کشید و نزدیک‌تر آمد تا ببیند چه چیزی پنهان شده است.

Sotto la neve, rannicchiata in una calda palla, c'era la piccola Billee.

بیلی کوچولو زیر برف، خودش را مثل یک توپ گرم جمع کرده بود.

Billee scodinzolò e leccò il muso di Buck per salutarlo.

بیلی دمش را تکان داد و صورت باک را لیسید تا به او سلام کند.

Buck vide come Billee si era costruito un posto per dormire nella neve.

باک دید که بیلی چطور توی برف‌ها جای خواب درست کرده بود.

Aveva scavato e sfruttato il suo calore per scaldarsi.

او زمین را کنده بود و از گرمای خودش برای گرم ماندن استفاده می‌کرد.

Buck aveva imparato un'altra lezione: ecco come dormivano i cani.

باک درس دیگری هم آموخته بود ـ سگ‌ها این‌طور می‌خوابیدند.

Scelse un posto e cominciò a scavare la sua buca nella neve.

او جایی را انتخاب کرد و شروع به کندن گودالی در برف کرد.

All'inizio si muoveva troppo e sprecava energie.

اولش، خیلی زیاد این‌ور و آن‌ور می‌رفت و انرژی‌اش را هدر می‌داد.

Ma ben presto il suo corpo riscaldò lo spazio e si sentì al sicuro.

اما خیلی زود بدنش فضا را گرم کرد و احساس امنیت کرد.

Si rannicchiò forte e poco dopo si addormentò profondamente.

او محکم در خودش جمع شد و خیلی زود به خواب عمیقی فرو رفت.

La giornata era stata lunga e dura e Buck era esausto.

روز طولانی و سختی بود و باک خسته بود.

Dormì profondamente e comodamente, anche se fece sogni selvaggi.

او عمیق و راحت خوابید، هرچند رویاهایش دیوانه‌وار بودند.

Ringhiava e abbaiava nel sonno, contorcendosi mentre sognava.

او در خواب غرغر می‌کرد و پارس می‌کرد و در خواب به خود می‌پیچید.

Buck non si svegliò finché l'accampamento non cominciò a prendere vita.

باک تا زمانی که اردوگاه دوباره جان نگرفته بود، از خواب بیدار نشد.

All'inizio non sapeva dove si trovasse o cosa fosse successo.

اولش نمی‌دانست کجاست و چه اتفاقی افتاده است.

La neve era caduta durante la notte e aveva seppellito completamente il suo corpo.

برف تمام شب باریده بود و جسد او را کاملاً دفن کرده بود.

La neve lo circondava, fitta su tutti i lati.

برف از هر طرف، دور تا دورش را گرفته بود و به او فشار می‌آورد.

All'improvviso un'ondata di paura percorse tutto il corpo di Buck.

ناگهان موجی از ترس تمام وجود باک را فرا گرفت.

Era la paura di rimanere intrappolati, una paura che proveniva da istinti profondi.

ترس از به دام افتادن بود، ترسی برخاسته از غرایز عمیق.

Sebbene non avesse mai visto una trappola, la paura era viva dentro di lui.

اگرچه او هرگز تله‌ای ندیده بود، اما ترس در درونش زنده بود.

Era un cane addomesticato, ma ora i suoi vecchi istinti selvaggi si stavano risvegliando.

او سگی رام بود، اما حالا غرایز قدیمی‌اش وحشی بیدار شده بودند.

I muscoli di Buck si irrigidirono e il pelo gli si rizzò su tutta la schiena.

عضلات باک منقبض شدند و خز هایش تمام پشتش سیخ شد.

Ringhiò furiosamente e balzò in piedi nella neve.

او با خشم غرید و مستقیماً از میان برف‌ها بالا پرید.

La neve volava in ogni direzione mentre lui irrompeva nella luce del giorno.

وقتی او به روشنایی روز رسید، برف از هر طرف به هوا برخاست.

Ancora prima di atterrare, Buck vide l'accampamento disteso davanti a lui.

باک حتی قبل از فرود آمدن، اردوگاه را دید که پیش رویش گسترده شده بود.

Ricordò tutto del giorno prima, tutto in una volta.

او همه چیز را از روز قبل، همه و همه را یکجا به یاد آورد.

Ricordava di aver passeggiato con Manuel e di essere finito in quel posto.

او قدم زدن با مانوئل و رسیدن به این مکان را به یاد آورد.

Ricordava di aver scavato la buca e di essersi addormentato al freddo.

یادش آمد که گودال را کنده و در سرما خوابش برده است.

Ora era sveglio e il mondo selvaggio intorno a lui era limpido.

حالا او بیدار شده بود و دنیای وحشی اطرافش برایش واضح بود.

Un grido di François annunciò l'improvvisa apparizione di Buck.

فـریادی از فرانسوا، ظهور ناگهانی باک را اعلام کرد.

"Cosa ho detto?" gridò a gran voce il conducente del cane a Perrault.

س«گبان با صدای بلند به پرو فریاد زد» :من چی گفتم؟

"Quel Buck impara sicuramente in fretta", ha aggiunto François.

فرانسوا اضافه کرد» :اون باک مطمئناً خیلی سریع یاد می‌گیره.«

Perrault annuì gravemente, visibilmente soddisfatto del risultato.

پرو با جدیت سر تکان داد، مشخص بود که از نتیجه راضی است.

In qualità di corriere del governo canadese, trasportava dispacci.

او به عنوان پیک دولت کانادا، نامه‌ها را حمل می‌کرد.

Era ansioso di trovare i cani migliori per la sua importante missione.

او مشتاق بود بهترین سگ‌ها را برای ماموریت مهمش پیدا کند.

Ora si sentiva particolarmente contento che Buck facesse parte della squadra.

حالا که باک عضوی از تیم بود، احساس خوشحالی خاصی می‌کرد.

Nel giro di un'ora, alla squadra furono aggiunti altri tre husky.

سه سگ هاسکی دیگر ظرف یک ساعت به تیم اضافه شدند.

Ciò ha portato il numero totale dei cani della squadra a nove.

این تعداد کل سگ‌های تیم را به نه نفر رساند.

Nel giro di quindici minuti tutti i cani erano imbracati.

ظرف پانزده دقیقه همه سگ‌ها قلاده‌هایشان را به گردن آویختند.

La squadra di slitte stava risalendo il sentiero verso Dyea Cañon.

تیم سورتمه‌سواری در حال بالا رفتن از مسیر به سمت دینا کانیون بود.

Buck era contento di andarsene, anche se il lavoro che lo attendeva era duro.

باک از رفتن خوشحال بود، هرچند کار پیش رو سخت بود.

Scoprì di non disprezzare particolarmente né il lavoro né il freddo.

او متوجه شد که از کار یا سرما به طور خاص بیزار نیست.

Fu sorpreso dall'entusiasmo che pervadeva tutta la squadra.

او از اشتیاقی که کل تیم را پر کرده بود، شگفت‌زده شد.

Ancora più sorprendente fu il cambiamento avvenuto in Dave e Solleks.

حتی تعجب‌آورتر، تغییری بود که در دیو و سولکس ایجاد شده بود.

Questi due cani erano completamente diversi quando venivano imbrigliati.

این دو سگ وقتی مهار شدند کاملاً متفاوت بودند.

La loro passività e la loro disattenzione erano completamente scomparse.

انفعال و بی‌توجهی آنها کاملاً از بین رفته بود.

Erano attenti e attivi, desiderosi di svolgere bene il loro lavoro.

آنها هوشیار و فعال بودند و مشتاق بودند که کارشان را به خوبی انجام دهند.

Si irritavano ferocemente per qualsiasi cosa provocasse ritardi o confusione.

آنها از هر چیزی که باعث تأخیر یا سردرگمی می‌شد، به شدت عصبانی می‌شدند.

Il duro lavoro sulle redini era il centro del loro intero essere.

کار سخت روی افسار، تمام وجودشان را در بر گرفته بود.

Sembrava che l'unica cosa che gli piacesse davvero fosse tirare la slitta.

به نظر می‌رسید کشیدن سورتمه تنها چیزی بود که واقعاً از آن لذت می‌بردند.

Dave era in fondo al gruppo, il più vicino alla slitta.

دیو در انتهای گروه، نزدیک‌ترین فاصله به خود سورتمه، بود.

Buck fu messo davanti a Dave e Solleks superò Buck.

باک جلوی دیو قرار گرفت و سولکس از باک جلو زد.

Il resto dei cani era disposto in fila indiana davanti a loro.

بقیه سگ‌ها در یک ردیف جلوتر به دار آویخته شده بودند.

La posizione di testa in prima linea era occupata da Spitz.

جایگاه رهبری در جلو توسط اسپیتز پر شد.

Buck era stato messo tra Dave e Solleks per essere istruito.

باک برای آموزش بین دیو و سولکس قرار داده شده بود.

Lui imparava in fretta e gli insegnanti erano risoluti e capaci.

او خیلی زود یاد می‌گرفت و آنها معلم‌های قاطع و توانمندی بودند.

Non permisero mai a Buck di restare a lungo nell'errore.

آنها هرگز اجازه ندادند باک مدت زیادی در اشتباه بماند.

Quando necessario, impartivano le lezioni con denti affilati.

آنها در صورت نیاز با دندان‌های تیز درس‌هایشان را تدریس می‌کردند.

Dave era giusto e dimostrava una saggezza pacata e seria.

دیو منصف بود و نوعی خردمندی آرام و جدی از خود نشان می‌داد۔

Non mordeva mai Buck senza una buona ragione.

او هیچوقت بدون دلیل موجه باک را گاز نمی‌گرفت۔

Ma non mancava mai di mordere quando Buck aveva
bisogno di essere corretto.

اما وقتی باک به اصلاح نیاز داشت، او هرگز از گاز گرفتن دست نکشید۔

La frusta di François era sempre pronta e sosteneva la loro
autorità.

شلاق فرانسوا همیشه آماده بود و از اقتدار آنها پشتیبانی می‌کرد۔

Buck scoprì presto che era meglio obbedire che reagire.

باک خیلی زود فهمید که اطاعت کردن بهتر از مقابله به مثل کردن
است۔

Una volta, durante un breve riposo, Buck rimase impigliato
nelle redini.

یک بار، در طول یک استراحت کوتاه، باک در افسار اسب گیر کرد۔

Ritardò la partenza e confuse i movimenti della squadra.

او شروع را به تأخیر انداخت و حرکت تیم را گیج کرد۔

Dave e Solleks si avventarono su di lui e lo picchiarono
duramente.

دیو و سولکس به سمتش حمله کردند و حسابی کتکش زدند۔

La situazione peggiorò ulteriormente, ma Buck imparò bene
la lezione.

گره فقط بدتر شد، اما باک درسش را خوب یاد گرفت۔

Da quel momento in poi tenne le redini tese e lavorò con
attenzione.

از آن به بعد، افسار را محکم نگه داشت و با دقت کار کرد۔

Prima che la giornata finisse, Buck aveva portato a termine
gran parte del suo compito.

قبل از پایان روز، باک بخش زیادی از کارش را انجام داده بود۔

I suoi compagni di squadra quasi smisero di correggerlo o di
morderlo.

همتیمی‌هایش تقریباً دیگر او را سرزنش یا سرزنش نمی‌کردند۔

La frusta di François schioccava nell'aria sempre meno
spesso.

صدای شلاق فرانسوا کمتر و کمتر در هوا شنیده می‌شد۔

Perrault sollevò addirittura i piedi di Buck ed esaminò
attentamente ogni zampa.

پرو حتی پاهای باک را بلند کرد و با دقت هر پنجه را بررسی کرد.

Era stata una giornata di corsa dura, lunga ed estenuante per tutti loro.

دویدن روز سختی بود، برای همه آنها طولانی و طاقت فرسا.

Risalirono il Cañon, attraversarono Sheep Camp e superarono le Scales.

آنها از طریق کانیون، از میان کمپ گوسفندان و از کنار فلس‌ها عبور کردند.

Superarono il limite della vegetazione arborea, poi ghiacciai e cumuli di neve alti diversi metri.

آنها از مرز درختان جنگلی، سپس یخچال‌های طبیعی و توده‌های برفی به عمق چندین فوت عبور کردند.

Scalarono il grande e freddo Chilkoot Divide.

آنها از تنگه‌ی بزرگ و سرد و صعب‌العبور چیلکوت بالا رفتند.

Quella cresta elevata si ergeva tra l'acqua salata e l'interno ghiacciato.

آن پشته بلند بین آب شور و قسمت داخلی یخزده قرار داشت.

Le montagne custodivano il triste e solitario Nord con ghiaccio e ripide salite.

کـوه‌ها با یخ و سربالایی‌های تند، از شمال غمگین و تنها محافظت می‌کردند.

Scesero rapidamente lungo una lunga catena di laghi sotto la dorsale.

آنها در امتداد زنجیره‌ای طولانی از دریاچه‌ها، پایین‌تر از مرز، اوقات خوشی را سپری کردند.

Questi laghi riempivano gli antichi crateri di vulcani spenti.

آن دریاچه‌ها دهانه‌های باستانی آتشفشان‌های خاموش را پر می‌کردند.

Quella notte tardi raggiunsero un grande accampamento presso il lago Bennett.

اواخر آن شب، آنها به اردوگاه بزرگی در دریاچه بنت رسیدند.

Migliaia di cercatori d'oro erano lì, intenti a costruire barche per la primavera.

هزاران جوینده طلا آنجا بودند و برای بهار قایق می‌ساختند.

Il ghiaccio si sarebbe presto rotto e dovevano essere pronti.

یخ به زودی آب می‌شد و آنها باید آماده می‌بودند.

Buck scavò la sua buca nella neve e cadde in un sonno profondo.

باک سوراخش را در برف کند و به خواب عمیقی فرو رفت.

Dormiva come un lavoratore, esausto dopo una dura
giornata di lavoro.

او مانند یک کارگر، خسته از یک روز سخت و طاقت‌فرسا، به خواب
رفت.

Ma venne strappato al sonno troppo presto, nell'oscurità.

اما خیلی زود، در تاریکی، او را از خواب بیدار کردند.

Fu nuovamente imbrigliato insieme ai suoi compagni e
attaccato alla slitta.

او دوباره به همراه دوستانش مهار شد و به سورتمه وصل شد.

Quel giorno percorsero quaranta miglia, perché la neve era
ben calpestata.

آن روز آنها چهل مایل پیشروی کردند، زیرا برف به خوبی زیر پا گذاشته
شده بود.

Il giorno dopo, e per molti giorni a seguire, la neve era
soffice.

روز بعد، و تا چند روز بعد، برف نرم بود.

Dovettero farsi strada da soli, lavorando di più e
muovendosi più lentamente.

آنها مجبور بودند خودشان مسیر را بسازند، سخت‌تر کار کنند و آهسته‌تر
حرکت کنند.

Di solito, Perrault camminava davanti alla squadra con le
ciaspole palmate.

معمولاً، پرو با کفش‌های برفی پره‌دار جلوتر از تیم حرکت می‌کرد.

I suoi passi compattavano la neve, facilitando lo
spostamento della slitta.

قدم‌هایش برف را فشرده می‌کرد و حرکت سورتمه را آسان‌تر می‌کرد.

François, che era al timone della barca a vela, a volte
prendeva il comando.

فرانسوا، که از روی دکل هدایت می‌کرد، گاهی اوقات سکان را به
دست می‌گرفت.

Ma era raro che François prendesse l'iniziativa

اما به ندرت پیش می‌آمد که فرانسوا رهبری را به دست بگیرد

perché Perrault aveva fretta di consegnare le lettere e i
pacchi.

زیرا پرو برای رساندن نامه‌ها و بسته‌ها عجله داشت.

Perrault era orgoglioso della sua conoscenza della neve, e in particolare del ghiaccio.

پرو به دانش خود در مورد برف و به خصوص یخ افتخار می‌کرد.

Questa conoscenza era essenziale perché il ghiaccio autunnale era pericolosamente sottile.

این دانش ضروری بود، زیرا یخ پاییزی به طرز خطرناکی نازک بود.

Dove l'acqua scorreva rapidamente sotto la superficie non c'era affatto ghiaccio.

جایی که آب به سرعت در زیر سطح جریان داشت، اصلاً یخی وجود نداشت.

Giorno dopo giorno, la stessa routine si ripeteva senza fine.

روز به روز، همان روال همیشگی و بی‌پایان تکرار می‌شد.

Buck lavorava senza sosta con le redini, dall'alba alla sera.

باک از سپیده دم تا شب بی‌وقفه افسار را در دست داشت و زحمت می‌کشید.

Lasciarono l'accampamento al buio, molto prima che sorgesse il sole.

آنها در تاریکی، مدت‌ها قبل از طلوع خورشید، اردوگاه را ترک کردند.

Quando spuntò l'alba, avevano già percorso molti chilometri.

وقتی هوا روشن شد، کیلومترها از آنها عقب مانده بود.

Si accamparono dopo il tramonto, mangiando pesce e scavando buche nella neve.

آنها بعد از تاریکی هوا اردو زدند، ماهی خوردند و در برف‌ها نقب زدند.

Buck era sempre affamato e non era mai veramente soddisfatto della sua razione.

باک همیشه گرسنه بود و هیچ‌وقت واقعاً از جیره‌اش راضی نبود.

Riceveva ogni giorno mezzo chilo di salmone essiccato.

او هر روز یک و نیم پوند ماهی سالمون خشک دریافت می‌کرد.

Ma il cibo sembrò svanire dentro di lui, lasciandogli solo la fame.

اما به نظر می‌رسید غذا در درونش ناپدید شده و گرسنگی را پشت سر گذاشته است.

Soffriva di continui morsi della fame e sognava di avere più cibo.

او از گرسنگی مداوم رنج می‌برد و رویای غذای بیشتر را در سر می‌پروراند.

Gli altri cani hanno ricevuto solo mezzo chilo di cibo, ma sono rimasti forti.

سگ‌های دیگر فقط یک پوند غذا دریافت کردند، اما قوی ماندند.

Erano più piccoli ed erano nati in una società nordica.

آنها کوچک‌تر بودند و در زندگی شمالی متولد شده بودند.

Perse rapidamente la pignoleria che aveva caratterizzato la sua vecchia vita.

او به سرعت آن وسواس و دقتی را که در زندگی گذشته‌اش داشت، از دست داد.

Fino a quel momento era stato un mangiatore prelibato, ma ora non gli era più possibile.

او قبلاً غذاهای لذیذ می‌خورد، اما حالا دیگر این امکان برایش وجود نداشت.

I suoi compagni arrivarono primi e gli rubarono la razione rimasta.

رفقایش زودتر از بقیه تمام کردند و جیره ناتمامش را دزدیدند.

Una volta cominciati, non c'era più modo di difendere il cibo da loro.

وقتی شروع کردند، دیگر هیچ راهی برای دفاع از غذایش در برابرشان وجود نداشت.

Mentre lui lottava contro due o tre cani, gli altri rubarono il resto.

در حالی که او با دو یا سه سگ درگیر بود، بقیه سگ‌ها بقیه را دزدیدند.

Per risolvere il problema, cominciò a mangiare velocemente come mangiavano gli altri.

برای رفع این مشکل، او شروع کرد به همان سرعتی که بقیه غذا می‌خوردند.

La fame lo spingeva così forte che arrivò persino a prendere del cibo non suo.

گرسنگی آنقدر به او فشار آورد که حتی غذایی غیر از غذای خودش را هم خورد.

Osservò gli altri e imparò rapidamente dalle loro azioni.

او دیگران را تماشا می‌کرد و به سرعت از اعمال آنها درس می‌گرفت.

Vide Pike, un nuovo cane, rubare una fetta di pancetta a Perrault.

او پایک، سگ جدید، را دید که یک تکه بیکن از پرو دزدید.

Pike aveva aspettato che Perrault gli voltasse le spalle per rubare la pagnotta.

پایک صبر کرده بود تا پرالت پشتش را به او کند و بعد بیکن را بدزدد.

Il giorno dopo, Buck copiò Pike e rubò l'intero pezzo.

روز بعد، باک از روی پایک کپی کرد و کل آن تکه را دزدید.

Seguì un gran tumulto, ma Buck non fu sospettato.

غوغای بزرگی به پا شد، اما کسی به باک مظنون نشد.

Al suo posto venne punito Dub, un cane goffo che veniva sempre beccato.

داب، سگ دست و پا چلفتی که همیشه گیر می‌افتاد، به جای او تنبیه شد.

Quel primo furto fece di Buck un cane adatto a sopravvivere al Nord.

آن اولین دزدی، باک را به عنوان سگی مناسب برای زنده ماندن در شمال معرفی کرد.

Ha dimostrato di sapersi adattare alle nuove condizioni e di saper imparare rapidamente.

او نشان داد که می‌تواند به سرعت با شرایط جدید سازگار شود و یاد بگیرد.

Senza tale adattabilità, sarebbe morto rapidamente e gravemente.

بدون چنین سازگاری، او به سرعت و به طرز بدی می‌مرد.

Segnò anche il crollo della sua natura morale e dei suoi valori passati.

همچنین نشانگر فروپاشی طبیعت اخلاقی و ارزش‌های گذشته او بود.

Nel Southland aveva vissuto secondo la legge dell'amore e della gentilezza.

در سرزمین جنوبی، او تحت قانون عشق و مهربانی زندگی کرده بود.

Lì aveva senso rispettare la proprietà e i sentimenti degli altri cani.

در آنجا احترام به مالکیت و احساسات سگ‌های دیگر منطقی بود.

Ma i Northland seguivano la legge del bastone e la legge della zanna.

اما سرزمین شمالی از قانون چماق و قانون نیش پیروی می‌کرد.

Chiunque rispettasse i vecchi valori era uno sciocco e avrebbe fallito.

هر کسی که اینجا به ارزش‌های قدیمی احترام می‌گذاشت، احمق بود و شکست می‌خورد.

Buck non rifletté su tutto questo nella sua mente.

باک همه اینها را در ذهنش استدلال نکرد.

Era in forma e quindi si adattò senza pensarci due volte.

او سرحال بود، و بنابراین بدون نیاز به فکر کردن، خودش را وفق داد.

In tutta la sua vita non era mai fuggito da una rissa.

در تمام عمرش، هرگز از مبارزه فرار نکرده بود.

Ma la mazza di legno dell'uomo con il maglione rosso cambiò la regola.

اما چماق چوبی مرد ژاکت قرمزپوش این قانون را تغییر داد.

Ora seguiva un codice più profondo e antico, inscritto nel suo essere.

حالا او از یک قانون قدیمی‌تر و عمیق‌تر که در وجودش نوشته شده بود، پیروی می‌کرد.

Non rubava per piacere, ma per il dolore della fame.

او از روی لذت دزدی نمی‌کرد، بلکه از درد گرسنگی دزدی می‌کرد.

Non rubava mai apertamente, ma rubava con astuzia e attenzione.

او هرگز آشکارا دزدی نمی‌کرد، بلکه با زیرکی و دقت دزدی می‌کرد.

Agì per rispetto verso la clava di legno e per paura delle zanne.

او از روی احترام به چماق چوبی و ترس از نیش عمل کرد.

In breve, ha fatto ciò che era più facile e sicuro che non farlo.

خلاصه اینکه، او کاری را انجام داد که آسان‌تر و ایمن‌تر از انجام ندادنش بود.

Il suo sviluppo, o forse il suo ritorno ai vecchi istinti, fu rapido.

پیشرفت او ـ یا شاید بازگشتش به غرایز قدیمی ـ سریع بود.

I suoi muscoli si indurirono fino a diventare forti come il ferro.

عضلاتش آنقدر سفت شدند که انگار مثل آهن محکم شده بودند.

Non gli importava più del dolore, a meno che non fosse grave.

او دیگر به درد اهمیتی نمی‌داد، مگر اینکه خیلی جدی بود.

Divenne efficiente dentro e fuori, senza sprecare nulla.

او از درون و بیرون کارآمد شد و هیچ چیز را هدر نداد.

Poteva mangiare cose disgustose, marce o difficili da digerire.

او می‌توانست چیزهایی را بخورد که بد، فاسد یا هضمشان سخت بود.

Qualunque cosa mangiasse, il suo stomaco ne sfruttava ogni singolo pezzetto di valore.

هر چه می‌خورد، معده‌اش تا آخرین ذره‌ی ارزشش را مصرف می‌کرد.

Il suo sangue trasportava i nutrienti in tutto il suo potente corpo.

خون او مواد مغذی را در بدن قدرتمندش به دوردست‌ها منتقل می‌کرد.

Ciò gli ha permesso di sviluppare tessuti forti che gli hanno conferito un'incredibile resistenza.

این باعث ایجاد بافت‌های قوی شد که به او استقامت باورنکردنی بخشید.

La sua vista e il suo olfatto diventarono molto più sensibili di prima.

حس بینایی و بویایی او بسیار حساس‌تر از قبل شد.

Il suo udito diventò così acuto che riusciva a percepire anche i suoni più deboli durante il sonno.

شنوایی او آنقدر تیز شد که می‌توانست صداهای ضعیف را در خواب تشخیص دهد.

Nei sogni sapeva se quei suoni significavano sicurezza o pericolo.

او در خواب‌هایش می‌دانست که آیا صداها به معنای امنیت هستند یا خطر.

Imparò a mordere con i denti il ghiaccio tra le dita dei piedi.

یاد گرفت که یخ بین انگشتان پایش را با دندان گاز بگیرد.

Se una pozza d'acqua si ghiacciava, lui rompeva il ghiaccio con le gambe.

اگر جوی آب یخ می‌زد، او با پاهایش یخ را می‌شکست.

Si impennò e colpì duramente il ghiaccio con gli arti anteriori rigidi.

او دوباره بلند شد و با پاهای جلویی سفتش محکم به یخ کوبید.

La sua abilità più sorprendente era quella di prevedere i cambiamenti del vento durante la notte.

قابل توجه‌ترین توانایی او پیش‌بینی تغییرات باد در طول شب بود.

Anche quando l'aria era immobile, sceglieva luoghi riparati dal vento.

حتی وقتی هوا آرام بود، او نقاطی را انتخاب می‌کرد که از باد در امان باشند.

Ovunque scavasse il nido, il vento del giorno dopo lo superava.

هر جا که لانهاش را حفر می‌کرد، باد روز بعد از کنارش می‌گذشت.

Alla fine si ritrovava sempre al sicuro e protetto, al riparo dal vento.

او همیشه در نهایت دنج و محفوظ، و در پناه نسیم خنک، می‌ماند.

Buck non solo imparò dall'esperienza: anche il suo istinto tornò.

باک نه تنها از طریق تجربه یاد گرفت، بلکه غرایزش نیز بازگشتند.

Le abitudini delle generazioni addomesticate cominciarono a scomparire.

عادات نسل‌های اهلی‌شده شروع به از بین رفتن کرد.

Ricordava vagamente i tempi antichi della sua razza.

او به شیوه‌های مبهمی دوران باستان نژاد خود را به یاد می‌آورد.

Ripensò a quando i cani selvatici correvano in branco nelle foreste.

او به زمانی فکر کرد که سگ‌های وحشی دسته‌جمعی در جنگل‌ها می‌دویدند.

Avevano inseguito e ucciso la loro preda mentre la inseguivano.

آنها طعمه خود را تعقیب کرده و هنگام دویدن کشته بودند.

Per Buck fu facile imparare a combattere con forza e velocità.

برای باک آسان بود که یاد بگیرد چگونه با چنگ و دندان و سرعت بجنگد.

Come i suoi antenati, usava tagli, squarci e schiocchi rapidi.

او درست مانند اجدادش از بریدن، بریدن‌های ناگهانی و ضربات سریع استفاده می‌کرد.

Quegli antenati si risvegliarono in lui e risvegliarono la sua natura selvaggia.

آن اجداد در درون او به جنبش درآمدند و طبیعت وحشی او را بیدار کردند.

Le loro vecchie abilità gli erano state trasmesse attraverso la linea di sangue.

مهارت‌های قدیمی آنها از طریق نسل به او منتقل شده بود.

Ora i loro trucchi erano suoi, senza bisogno di pratica o sforzo.

ترفندهای آنها حالا مال او بود، بدون نیاز به تمرین یا تلاش.

Nelle notti fredde e tranquille, Buck sollevava il naso e ululò.

در شب‌های سرد و بی‌حرکت، باک بینی‌اش را بالا می‌گرفت و زوزه می‌کشید.

Ululò a lungo e profondamente, come facevano i lupi tanto tempo fa.

او زوزه‌های طولانی و عمیقی کشید، همانطور که گرگ‌ها مدت‌ها پیش زوزه می‌کشیدند.

Attraverso di lui, i suoi antenati defunti puntarono il naso e ulularono.

اجداد مرده‌اش از طریق او بینی‌هایشان را به سمتش نشانه گرفتند و زوزه کشیدند.

Hanno ululato attraverso i secoli con la sua voce e la sua forma.

آنها در طول قرن‌ها با صدا و شکل او زوزه می‌کشیدند.

Le sue cadenze erano le loro, vecchi gridi che parlavano di dolore e di freddo.

آهنگ صدایش، صدای خودشان بود، فریادهای قدیمی که از غم و سرما حکایت می‌کردند.

Cantavano dell'oscurità, della fame e del significato dell'inverno.

آنها از تاریکی، از گرسنگی و معنای زمستان آواز خواندند.

Buck ha dimostrato come la vita sia plasmata da forze che vanno oltre noi stessi,

باک ثابت کرد که چگونه زندگی توسط نیروهایی فراتر از خود شکل می‌گیرد،

l'antico canto risuonò nelle vene di Buck e si impadronì della sua anima.

آن آهنگ باستانی در وجود باک طنین انداخت و روحش را تسخیر کرد.

Ritrovò se stesso perché gli uomini avevano trovato l'oro nel Nord.

او خودش را پیدا کرد، چون مردانی در شمال طلا پیدا کرده بودند.

E lo trovò perché Manuel, l'aiutante giardiniere, aveva bisogno di soldi.

وخودش را پیدا کرد چون مانوئل، دستیار باغبان، به پول نیاز داشت ـ

La Bestia Primordiale Dominante
جانور غالب اولیه

La bestia primordiale dominante era più forte che mai in Buck.

هیولای ازلی غالب، در وجود باک، مثل همیشه قوی بود۔

Ma la bestia primordiale dominante era rimasta dormiente in lui.

اما آن هیولای ازلی غالب، در او خفته بود۔

La vita sui sentieri era dura, ma rafforzava la bestia che era in Buck.

زندگی در مسیرهای کوهستانی سخت بود، اما هیولای درون باک را تقویت می‌کرد۔

Segretamente la bestia diventava sempre più forte ogni giorno.

مخفیانه، آن هیولا هر روز قوی‌تر و قوی‌تر می‌شد۔

Ma quella crescita interiore è rimasta nascosta al mondo esterno.

اما آن رشد درونی از دید دنیای بیرون پنهان ماند۔

Una forza primordiale calma e silenziosa si stava formando dentro Buck.

یک نیروی اولیه‌ی آرام و بی‌صدا در درون باک در حال شکل‌گیری بود۔

Una nuova astuzia diede a Buck equilibrio, calma e compostezza.

حیله‌گری جدید به باک تعادل، آرامش و کنترل وقار بخشید۔

Buck si concentrò molto sull'adattamento, senza mai sentirsi completamente rilassato.

باک سخت روی سازگاری تمرکز کرد، و هرگز احساس آرامش کامل نکرد۔

Evitava i conflitti, non iniziava mai litigi e non cercava mai guai.

او از درگیری اجتناب می‌کرد، هرگز دعوا راه نمی‌انداخت و دنبال دردسر هم نمی‌گشت۔

Ogni mossa di Buck era scandita da una riflessione lenta e costante.

اندیشه‌ای آرام و پیوسته، هر حرکت باک را شکل می‌داد۔

Evitava scelte avventate e decisioni improvvise e sconsiderate.

از انتخاب‌های عجولانه و تصمیمات ناگهانی و نسنجیده پرهیز می‌کرد.

Sebbene Buck odiasse profondamente Spitz, non gli mostrò alcuna aggressività.

اگرچه باک عمیقاً از اسپیتز متنفر بود، اما هیچ پرخاشگری به او نشان نداد.

Buck non provocò mai Spitz e mantenne le sue azioni moderate.

باک هرگز اسپیتز را تحریک نکرد و اعمالش را مهار کرد.

Spitz, d'altro canto, percepì il pericolo crescente in Buck.

از طرف دیگر، اسپیتز خطر رو به رشدی را در باک حس کرد.

Vedeva Buck come una minaccia e una seria sfida al suo potere.

او باک را تهدیدی و چالشی جدی برای قدرت خود می دید.

Coglieva ogni occasione per ringhiare e mostrare i suoi denti aguzzi.

او از هر فرصتی برای غریدن و نشان دادن دندان‌های تیزش استفاده می‌کرد.

Stava cercando di dare inizio allo scontro mortale che sarebbe dovuto avvenire.

او سعی داشت نبرد مرگباری را که قرار بود اتفاق بیفتد، آغاز کند.

All'inizio del viaggio, tra loro scoppiò quasi una lite.

در اوایل سفر، نزدیک بود بین آنها دعوایی در بگیرد.

Ma un incidente inaspettato impedì che il combattimento avesse luogo.

اما یک حادثه غیرمنتظره مانع از وقوع این مبارزه شد.

Quella sera si accamparono sul gelido lago Le Barge.

آن شب آنها در کنار دریاچه بسیار سرد لو بارج اردو زدند.

La neve cadeva fitta e il vento era tagliente come una lama.

برف شدیدی می‌بارید و باد مثل چاقو همه جا را می‌برید.

La notte era scesa troppo in fretta e l'oscurità li aveva avvolti.

شب خیلی سریع از راه رسیده بود و تاریکی آنها را احاطه کرده بود.

Difficilmente avrebbero potuto scegliere un posto peggiore per riposare.

آنها به سختی می‌توانستند جای بدتری را برای استراحت انتخاب کنند.

I cani cercavano disperatamente un posto dove sdraiarsi.

سگ‌ها با ناامیدی دنبال جایی برای دراز کشیدن می‌گشتند.

Dietro il piccolo gruppo si ergeva un'alta parete rocciosa.

یک دیوار صخره‌ای بلند با شیب تندی پشت سر گروه کوچک قد علم کرده بود.

Per alleggerire il carico, la tenda era stata lasciata a Dyea.

چباقی مانده بود (Dyea) ادر برای سبک‌تر شدن بار، در دایه.

Non avevano altra scelta che accendere il fuoco direttamente sul ghiaccio.

آنها چاره‌ای جز روشن کردن آتش روی خود یخ نداشتند.

Stendevano i loro accappatoi direttamente sul lago ghiacciato.

آنها لباس خواب خود را مستقیماً روی دریاچه یخ زده پهن کردند.

Qualche pezzo di legno galleggiante dava loro un po' di fuoco.

چند تکه چوب آب آورده کمی آتش به آنها می‌داد.

Ma il fuoco è stato acceso sul ghiaccio e attraverso di esso si è scongelato.

اما آتش روی یخ برپا شده بود و از میان آن آب می‌شد.

Alla fine cenarono al buio.

سرانجام آنها شام خود را در تاریکی خوردند.

Buck si rannicchiò accanto alla roccia, al riparo dal vento freddo.

باک کنار صخره چمباتمه زد، پناه گرفته از باد سرد.

Il posto era così caldo e sicuro che Buck non voleva andarsene.

آن مکان آنقدر گرم و امن بود که باک از رفتن به آنجا بیزار بود.

Ma François aveva scaldato il pesce e stava distribuendo le razioni.

اما فرانسوا ماهی‌ها را گرم کرده بود و داشت جیره غذایی پخش می‌کرد.

Buck finì di mangiare in fretta e tornò a letto.

باک سریع غذایش را تمام کرد و به رختخوابش برگشت.

Ma Spitz ora giaceva dove Buck aveva preparato il suo letto.

اما اسپیتز حالا جایی که باک تختش را پهن کرده بود، دراز کشیده بود.

Un ringhio basso avvertì Buck che Spitz si rifiutava di muoversi.

غرشی آرام به باک هشدار داد که اسپیتز از حرکت خودداری می‌کند.

Finora Buck aveva evitato lo scontro con Spitz.

تا این لحظه، باک، از این مبارزه با اسپیتز اجتناب کرده بود.

Ma nel profondo di Buck la bestia alla fine si liberò.

اما در اعماق وجود باک، هیولا بالاخره آزاد شد.

Il furto del suo posto letto era troppo da tollerare.

دزدیده شدن محل خوابش غیرقابل تحمل بود.

Buck si lanciò contro Spitz, pieno di rabbia e furore.

باک، پر از خشم و غضب، خودش را به سمت اسپیتز پرتاب کرد.

Fino a quel momento Spitz aveva pensato che Buck fosse solo un grosso cane.

تا همین اواخر، اسپیتز فکر نمی‌کرد باک فقط یک سگ بزرگ است.

Non pensava che Buck fosse sopravvissuto grazie al suo spirito.

او فکر نمی‌کرد که باک به لطف روح او زنده مانده باشد.

Si aspettava paura e codardia, non furia e vendetta.

او انتظار ترس و بزدلی داشت، نه خشم و انتقام.

François rimase a guardare mentre entrambi i cani schizzavano fuori dal nido in rovina.

فرانسوا خیره شد به هر دو سگ که از لانه‌ی ویران بیرون پریدند.

Capì subito cosa aveva scatenato quella violenta lotta.

او فوراً فهمید که چه چیزی باعث شروع آن کشمکش وحشیانه شده است.

"Aa-ah!" gridò François in sostegno del cane marrone.

فرانسوا در حمایت از سگ قهوه‌ای فریاد زد: «آآه.»

"Dategli una bella lezione! Per Dio, punite quel ladro furbo!"

«کتکش بزن-تو رو خدا، اون دزد موذی رو مجازات کن .»

Spitz dimostrò altrettanta prontezza e fervore nel combattere.

اسپیتز به همان اندازه آمادگی و اشتیاق وحشی برای جنگیدن نشان داد.

Gridò di rabbia mentre girava velocemente in tondo, cercando un varco.

او در حالی که به سرعت دور خود می‌چرخید و به دنبال روزنه می‌گشت، از خشم فریاد زد.

Buck mostrò la stessa fame di combattere e la stessa cautela.

باک همان عطش مبارزه و همان احتیاط را نشان داد.

Anche lui girò intorno al suo avversario, cercando di avere la meglio nella battaglia.

او حریفش را نیز دور خود حلقه زد و سعی کرد در نبرد دست بالا را داشته باشد.

Poi accadde qualcosa di inaspettato e cambiò tutto.

سپس اتفاقی غیرمنتظره رخ داد و همه چیز را تغییر داد۔

Quel momento ritardò l'eventuale lotta per la leadership.

آن لحظه، مبارزه نهایی برای رهبری را به تأخیر انداخت۔

Ci sarebbero ancora molti chilometri di sentiero e di lotta da percorrere prima della fine.

هنوز کیلومترها راه و سختی در انتظار پایان بود۔

Perrault urlò un'imprecazione mentre una mazza colpiva l'osso.

پرو فریاد زد و فحش داد، در حالی که باتومی به استخوانش خورد۔

Seguì un acuto grido di dolore, poi il caos esplose tutt'intorno.

ناله‌ی تیزی از درد به گوش رسید، سپس هرج و مرج همه جا را فرا گرفت۔

Forme scure si muovevano nell'accampamento: husky selvatici, affamati e feroci.

موجوداتی تاریک در اردوگاه حرکت می‌کردند؛ هاسکی‌های وحشی، گرسنه و درنده۔

Quattro o cinque dozzine di husky avevano fiutato l'accampamento da molto lontano.

چهار یا پنج دوجین سگ هاسکی از دور، اردوگاه را بو کشیده بودند۔

Si erano introdotti furtivamente mentre i due cani litigavano lì vicino.

آنها یواشکی وارد شده بودند در حالی که دو سگ در همان نزدیکی مشغول دعوا بودند۔

François e Perrault si lanciarono all'attacco, colpendo con i manganelli gli invasori.

فرانسوا و پرو با چماق به سمت مهاجمان حمله کردند۔

Gli husky affamati mostrarono i denti e si dibatterono freneticamente.

هاسکی‌های گرسنه دندان‌هایشان را نشان دادند و دیوانه‌وار جنگیدند۔

L'odore della carne e del pane li aveva fatti superare ogni paura.

بوی گوشت و نان آنها را از هر ترسی رها کرده بود۔

Perrault picchiò un cane che aveva nascosto la testa nella buca delle vivande.

پرو سگی را که سرش را در ظرف غذا فرو کرده بود، کتک زد۔

Il colpo fu violento e la scatola si ribaltò, facendo fuoriuscire il cibo.

ضربه محکمی خورد و جعبه واژگون شد و غذا بیرون ریخت۔

Nel giro di pochi secondi, una ventina di bestie feroci si avventarono sul pane e sulla carne.

در عرض چند ثانیه، ده‌ها حیوان وحشی نان و گوشت را پاره کردند۔

I bastoni degli uomini sferrarono un colpo dopo l'altro, ma nessun cane si allontanò.

چماق‌های مردانه پشت سر هم فرود می‌آمدند، اما هیچ سگی رو برنمی‌گرداند۔

Urlavano di dolore, ma continuarono a lottare finché non rimase più cibo.

آنها از درد زوزه می‌کشیدند، اما آنقدر جنگیدند تا دیگر غذایی باقی نماند۔

Nel frattempo i cani da slitta erano saltati giù dalle loro culle innevate.

در همین حال، سگ‌های سورتمه از تخت‌های برفی خود بیرون پریده بودند۔

Furono immediatamente attaccati dai feroci e affamati husky.

آنها فوراً مورد حمله هاسکی‌های گرسنه و وحشی قرار گرفتند۔

Buck non aveva mai visto prima creature così selvagge e affamate.

باک قبلاً هرگز چنین موجودات وحشی و گرسنه‌ای ندیده بود۔

La loro pelle pendeva flaccida, nascondendo a malapena lo scheletro.

پوستشان شل و آویزان بود و به سختی اسکلتشان را پنهان می‌کرد۔

C'era un fuoco nei loro occhi, per fame e follia

آتشی در چشمانشان بود، از گرسنگی و جنون

Non c'era modo di fermarli, di resistere al loro assalto selvaggio.

هیچ چیز جلودارشان نبود؛ هیچ مقاومتی در برابر هجوم وحشیانه‌شان وجود نداشت۔

I cani da slitta vennero spinti indietro e premuti contro la parete della scogliera.

سگ‌های سورتمه به عقب رانده شدند و به دیواره صخره فشرده شدند۔

Tre husky attaccarono Buck contemporaneamente, lacerandogli la carne.

سه سگ هاسکی به یکباره به باک حمله کردند و گوشت بدنش را پاره پاره کردند.

Il sangue gli colava dalla testa e dalle spalle, dove era stato tagliato.

خون از سر و شانه‌هایش، جایی که بریده شده بود، جاری بود.

Il rumore riempì l'accampamento: ringhi, guaiti e grida di dolore.

سر و صدا اردوگاه را پر کرد؛ غرش، زوزه و فریادهای درد.

Billee pianse forte, come al solito, presa dal panico e dalla mischia.

بیلی، مثل همیشه، در میان هیاهو و وحشت، با صدای بلند گریه می‌کرد.

Dave e Solleks rimasero fianco a fianco, sanguinanti ma con aria di sfida.

دیو و سولکس کنار هم ایستاده بودند، خون‌آلود اما جسور.

Joe lottava come un demonio, mordendo tutto ciò che gli si avvicinava.

جو مثل یک دیو می‌جنگید و هر چیزی را که نزدیک می‌شد، گاز می‌گرفت.

Con un violento schiocco di mascelle schiacciò la zampa di un husky.

او با یک ضربه وحشیانه فکش، پای یک سگ هاسکی را له کرد.

Pike saltò sull'husky ferito e gli ruppe il collo all'istante.

پایک روی هاسکی زخمی پرید و فوراً گردنش را شکست.

Buck afferrò un husky per la gola e gli strappò la vena.

باک گلوی یک سگ هاسکی را گرفت و رگش را پاره کرد.

Il sangue schizzò e il sapore caldo mandò Buck in delirio.

خون پاشیده شد و طعم گرم آن، باک را به جنون کشاند.

Si lanciò contro un altro aggressore senza esitazione.

او بدون هیچ تردیدی خودش را به سمت مهاجم دیگری پرتاب کرد.

Nello stesso momento, denti aguzzi si conficcarono nella gola di Buck.

در همان لحظه، دندان‌های تیزی گلوی خود باک را فرو بردند.

Spitz aveva colpito di lato, attaccando senza preavviso.

اسپیتز از پهلو حمله کرده بود و بدون هشدار حمله کرده بود.

Perrault e François avevano sconfitto i cani rubando il cibo.

پرو و فرانسوا سگ‌هایی را که غذا می‌دزدیدند، شکست داده بودند.

Ora si precipitarono ad aiutare i loro cani a respingere gli aggressori.

حالا آنها برای کمک به سگ‌هایشان در مبارزه با مهاجمان شتافتند.

I cani affamati si ritirarono mentre gli uomini roteavano i loro manganelli.

سگ‌های گرسنه عقب‌نشینی کردند، در حالی که مردان باتوم‌هایشان را به اهتزاز در می‌آوردند.

Buck riuscì a liberarsi dall'attacco, ma la fuga fu breve.

باک از حمله جان سالم به در برد، اما فرارش کوتاه بود.

Gli uomini corsero a salvare i loro cani e gli husky tornarono ad attaccarli.

مردها برای نجات سگ‌هایشان دویدند و سگ‌های هاسکی دوباره هجوم آوردند.

Billee, spaventato e coraggioso, si lanciò nel branco di cani.

بیلی که از ترس شجاع شده بود، به میان گله سگ‌ها پرید.

Ma poi fuggì attraverso il ghiaccio, in preda al terrore e al panico.

اما سپس او در وحشت و هراس شدید، از روی یخ فرار کرد.

Pike e Dub li seguirono da vicino, correndo per salvarsi la vita.

پایک و داب، برای نجات جانشان، با فاصله کمی از پشت سر آنها را دنبال می‌کردند.

Il resto della squadra si disperse e li inseguì.

بقیه‌ی اعضای تیم هم متفرق و پراکنده شدند و آنها را دنبال کردند.

Buck raccolse le forze per correre, ma poi vide un lampo.

باک تمام توانش را جمع کرد تا فرار کند، اما ناگهان برقی دید.

Spitz si lanciò verso Buck, cercando di buttarlo a terra.

اسپیتز به پهلوی باک حمله کرد و سعی داشت او را به زمین بیندازد.

Sotto quella banda di husky, Buck non avrebbe avuto scampo.

باک زیر آن جمعیت سگ‌های هاسکی، راه فراری نداشت.

Ma Buck rimase fermo e si preparò al colpo di Spitz.

اما باک محکم ایستاد و خود را برای ضربه اسپیتز آماده کرد.

Poi si voltò e corse sul ghiaccio con la squadra in fuga.

سپس برگشت و به همراه تیم در حال فرار، روی یخ دوید.

Più tardi i nove cani da slitta si radunarono al riparo del bosco.

کـمی بعد، نه سگ سورتمه‌سوار در پناه جنگل جمع شدند.

Nessuno li inseguiva più, ma erano malconci e feriti.

دیگر کسی آنها را تعقیب نکرد، اما آنها کتک خورده و زخمی بودند.

Ogni cane presentava delle ferite: quattro o cinque tagli profondi su ogni corpo.

هر سگ زخم‌هایی داشت؛ چهار یا پنج بریدگی عمیق روی بدن هر کدام.

Dub aveva una zampa posteriore ferita e ora faceva fatica a camminare.

داب پای عقبش آسیب دیده بود و حالا برای راه رفتن تقلا می‌کرد.

Dolly, l'ultimo cane arrivato da Dyea, aveva la gola tagliata.

دالی، جدیدترین سگ دایه، گلویش بریده شده بود.

Joe aveva perso un occhio e l'orecchio di Billee era stato tagliato a pezzi

جو یک چشمش را از دست داده بود و گوش بیلی تکه تکه شده بود

Tutti i cani piansero per il dolore e la sconfitta durante la notte.

تمام سگ‌ها تمام شب از درد و شکست گریه می‌کردند.

All'alba tornarono lentamente all'accampamento, doloranti e distrutti.

سپیده دم، زخمی و شکسته، یواشکی به اردوگاه بازگشتند.

Gli husky erano scomparsi, ma il danno era fatto.

سگ‌های هاسکی ناپدید شده بودند، اما خسارت وارد شده بود.

Perrault e François erano di pessimo umore e osservavano le rovine.

پرو و فرانسوا با عصبانیت بالای سر خرابه ایستاده بودند.

Metà del cibo era sparito, rubato dai ladri affamati.

نیمی از غذا تمام شده بود و دزدان گرسنه آن را ربوده بودند.

Gli husky avevano strappato le corde e la tela della slitta.

سگ‌های هاسکی بندهای سورتمه و پارچه‌های برزنتی را پاره کرده بودند.

Tutto ciò che aveva odore di cibo era stato divorato completamente.

هر چیزی که بوی غذا می‌داد، کاملاً بلعیده شده بود.

Mangiarono un paio di stivali da viaggio in pelle di alce di Perrault.

آنها یک جفت چکمه مسافرتی از پوست گوزن پرو را خوردند.

Hanno masticato le pelli e rovinato i cinturini rendendoli inutilizzabili.

آنها ریس چرمی را می‌جویدند و تسمه‌ها را طوری خراب می‌کردند که دیگر قابل استفاده نبودند.

François smise di fissare la frusta strappata per controllare i cani.

فـرانسوا از خیره شدن به شلاق پاره شده دست کشید تا سگ‌ها را بررسی کند.

«Ah, amici miei», disse con voce bassa e preoccupata.

او با صدایی آرام و پر از نگرانی گفت» :آه، دوستان من.«

"Forse tutti questi morsi vi trasformeranno in bestie pazze."

«شاید همه این گازها تو را به جانوران دیوانه تبدیل کند.«

"Forse tutti cani rabbiosi, sacredam! Che ne pensi, Perrault?"

«شاید همه سگ‌های هار، خدای من.«نظرت چیه، پرو؟

Perrault scosse la testa, con gli occhi scuri per la preoccupazione e la paura.

پرو، در حالی که چشمانش از نگرانی و ترس تیره شده بود، سرش را تکان داد.

C'erano ancora quattrocento miglia tra loro e Dawson.

هنوز چهارصد مایل بین آنها و داوسون فاصله بود.

La follia dei cani potrebbe ormai distruggere ogni possibilità di sopravvivenza.

جنون سگ اکنون می‌تواند هرگونه شانس بقا را از بین ببرد.

Hanno passato due ore a imprecare e a cercare di riparare l'attrezzatura.

آنها دو ساعت فحش دادند و سعی کردند تجهیزات را درست کنند.

La squadra ferita alla fine lasciò l'accampamento, distrutta e sconfitta.

تیم زخمی سرانجام، شکسته و شکست خورده، اردوگاه را ترک کرد.

Questo è stato il sentiero più duro finora e ogni passo è stato doloroso.

این سخت‌ترین مسیر تا آن موقع بود، و هر قدم دردناک بود.

Il fiume Thirty Mile non era ghiacciato e scorreva impetuoso.

رودخانه سی مایلی یخ نزده بود و به طرز وحشیانه‌ای خروشان بود.

Soltanto nei punti calmi e nei vortici il ghiaccio riusciva a resistere.

تنها در نقاط آرام و گردابهای چرخان، یخ میتوانست خود را حفظ کند.

Trascorsero sei giorni di duro lavoro per percorrere le trenta miglia.

شش روز کار طاقتفرسا گذشت تا سی مایل طی شد.

Ogni miglio del sentiero porta con sé pericoli e minacce di morte.

هر مایل از مسیر، خطر و تهدید مرگ را به همراه داشت.

Uomini e cani rischiavano la vita a ogni passo doloroso.

مردان و سگها با هر قدم دردناک، جان خود را به خطر میانداختند.

Perrault riuscì a superare i sottili ponti di ghiaccio una dozzina di volte.

پرو دوازده بار از پلهای یخی نازک عبور کرد.

Prese un palo e lo lasciò cadere nel buco creato dal suo corpo.

او چوبی را حمل کرد و آن را از روی سوراخی که بدنش ایجاد کرده بود، انداخت.

Quel palo salvò Perrault più di una volta dall'annegamento.

آن تیرک بیش از یک بار پرو را از غرق شدن نجات داد.

L'ondata di freddo persisteva, la temperatura era di cinquanta gradi sotto zero.

سرمای ناگهانی پابرجا بود، هوا پنجاه درجه زیر صفر بود.

Ogni volta che cadeva, Perrault era costretto ad accendere un fuoco per sopravvivere.

هر بار که در آب میافتاد، پرو مجبور بود برای زنده ماندن آتش روشن کند.

Gli abiti bagnati si congelavano rapidamente, perciò li faceva asciugare vicino al calore cocente.

لباسهای خیس سریع یخ میزدند، بنابراین او آنها را نزدیک به حرارت سوزان خشک کرد.

Perrault non provava mai paura, e questo faceva di lui un corriere.

پرو هرگز ترسی نداشت و همین او را به یک پیک تبدیل کرد.

Fu scelto per affrontare il pericolo e lo affrontò con silenziosa determinazione.

او برای خطر انتخاب شده بود، و با عزمی راسخ با آن روبرو شد.

Si spinse in avanti controvento, con il viso raggrinzito e congelato.

او در حالی که صورت چروکیده‌اش از سرما یخ زده بود، به سمت باد هجوم آورد.

Perrault li guidò in avanti dall'alba al tramonto.

از سپیده دم تا شامگاه، پرو آنها را به پیش راند.

Camminava sul ghiaccio sottile che scricchiolava a ogni passo.

او روی یخ‌های باریکی که با هر قدم ترک می‌خوردند، راه می‌رفت.

Non osavano fermarsi: ogni pausa rischiava di provocare un crollo mortale.

آنها جرات توقف نداشتند ـ هر مکثی خطر سقوط مرگباری را به همراه داشت.

Una volta la slitta si ruppe, trascinando dentro Dave e Buck.

یک بار سورتمه از میان شکافت و دیو و باک را به داخل کشید.

Quando furono liberati, entrambi erano quasi congelati.

زمانی که آنها را آزاد کردند، هر دو تقریباً یخ زده بودند.

Gli uomini accesero rapidamente un fuoco per salvare Buck e Dave.

مردان به سرعت آتشی روشن کردند تا باک و دیو را زنده نگه دارند.

I cani erano ricoperti di ghiaccio dal naso alla coda, rigidi come legno intagliato.

سگ‌ها از بینی تا دم با یخ پوشانده شده بودند، سفت و سخت مثل چوب کنده‌کاری شده.

Gli uomini li fecero correre in cerchio vicino al fuoco per scongelarne i corpi.

مردها آنها را دور آتش می‌چرخاندند تا یخ بدنشان آب شود.

Si avvicinarono così tanto alle fiamme che la loro pelliccia rimase bruciacchiata.

آنها آنقدر به شعله‌های آتش نزدیک شدند که موهایشان سوخت.

Spitz ruppe poi il ghiaccio, trascinando dietro di sé la squadra.

اسپیتز نفر بعدی بود که یخ را شکست و تیم را به دنبال خود کشید.

La frenata arrivava fino al punto in cui Buck stava tirando.

این شکستگی تا جایی که باک داشت طناب را می‌کشید، رسیده بود.

Buck si appoggiò bruscamente allo schienale, con le zampe che scivolavano e tremavano sul bordo.

باک محکم به عقب تکیه داد، پنجه‌هایش روی لبه‌ی دیوار می‌لغزیدند و می‌لرزیدند.

Anche Dave si sforzò all'indietro, proprio dietro Buck sulla linea.

دیو هم به عقب خم شد، درست پشت سر باک روی طناب.

François tirava la slitta e i suoi muscoli scricchiolavano per lo sforzo.

فرانسوا سورتمه را به دنبال خود می‌کشید، عضلاتش از شدت تلاش منقبض می‌شدند.

Un'altra volta, il ghiaccio del bordo si è crepato davanti e dietro la slitta.

بار دیگر، یخ‌های لبه‌ی سورتمه، چه در جلو و چه در پشت آن، ترک خوردند.

Non avevano altra via d'uscita se non quella di arrampicarsi su una parete ghiacciata.

آنها هیچ راه فراری نداشتند جز اینکه از دیواره‌ی صخره‌ای یخزده بالا بروند.

In qualche modo Perrault riuscì a scalare il muro: un miracolo lo tenne in vita.

پرو به نحوی از دیوار بالا رفت؛ معجزه‌ای او را زنده نگه داشت.

François rimase sottocoperta, pregando che gli capitasse la stessa fortuna.

فرانسوا پایین ماند و برای همان نوع شانس دعا کرد.

Legarono ogni cinghia, legatura e tirante in un'unica lunga corda.

آنها هر بند، طناب و ردپا را به یک طناب بلند گره زدند.

Gli uomini trascinarono i cani uno alla volta fino in cima.

مردها هر سگ را یکی یکی به بالا کشیدند.

François salì per ultimo, dopo la slitta e tutto il carico.

فرانسوا آخرین نفر، بعد از سورتمه و کل بار، بالا رفت.

Poi iniziò una lunga ricerca di un sentiero che scendesse dalle scogliere.

سپس جستجوی طولانی برای یافتن مسیری به پایین از صخره‌ها آغاز شد.

Alla fine scesero utilizzando la stessa corda che avevano costruito.

آنها سرانجام با استفاده از همان طنابی که ساخته بودند، فرود آمدند.

Scese la notte mentre tornavano al letto del fiume, esausti e doloranti.

شب فرا رسید و آنها خسته و کوفته به بستر رودخانه بازگشتند.

Avevano impiegato un giorno intero per percorrere solo un quarto di miglio.

آنها یک روز کامل را صرف پیمودن تنها یک چهارم مایل کرده بودند.

Quando giunsero all'Hootalinqua, Buck era sfinito.

زمانی که به هوتالینکوا رسیدند، باک دیگر از پا افتاده بود.

Anche gli altri cani soffrivano le stesse condizioni del sentiero.

سگ‌های دیگر هم به همان اندازه از شرایط مسیر رنج می‌بردند.

Ma Perrault aveva bisogno di recuperare tempo e li spingeva avanti giorno dopo giorno.

اما پرو نیاز به بازیابی زمان داشت و هر روز آنها را به جلو هل می‌داد.

Il primo giorno percorsero trenta miglia fino a Big Salmon.

روز اول آنها سی مایل تا بیگ سالمون سفر کردند.

Il giorno dopo percorsero trentacinque miglia fino a Little Salmon.

روز بعد آنها سی و پنج مایل تا لیتل سالمون سفر کردند.

Il terzo giorno percorsero quaranta miglia ghiacciate.

در روز سوم، آنها چهل مایل یخزده را طی کردند.

A quel punto si stavano avvicinando all'insediamento di Five Fingers.

در آن زمان، آنها به آبادی فایو فینگرز نزدیک شده بودند.

I piedi di Buck erano più morbidi di quelli duri degli husky autoctoni.

پاهای باک نرم‌تر از پاهای سفت هاسکی‌های بومی بود.

Le sue zampe erano diventate tenere nel corso di molte generazioni civilizzate.

پنجه‌هایش در طول نسل‌های متمدن بسیاری، نرم و لطیف شده بودند.

Molto tempo fa, i suoi antenati erano stati addomesticati dagli uomini del fiume o dai cacciatori.

مدت‌ها پیش، اجداد او توسط مردان رودخانه یا شکارچیان رام شده بودند.

Ogni giorno Buck zoppicava per il dolore, camminando con le zampe screpolate e doloranti.

باک هر روز از درد می‌لنگید و روی پنجه‌های زخمی و دردناک راه می‌رفت.

Giunto all'accampamento, Buck cadde come un corpo senza vita sulla neve.

در اردوگاه، باک مانند جسمی بی‌جان روی برف افتاد.

Sebbene fosse affamato, Buck non si alzò per consumare il pasto serale.

باک با اینکه خیلی گرسنه بود، برای خوردن شامش بلند نشد.

François portò la sua razione a Buck, mettendogli del pesce vicino al muso.

فرانسوا جیره غذایی باک را برایش آورد و ماهی‌ها را از پوزه‌اش بیرون گذاشت.

Ogni notte l'autista massaggiava i piedi di Buck per mezz'ora.

هر شب راننده نیم ساعت پاهای باک را ماساژ می‌داد.

François arrivò persino a tagliare i suoi mocassini per farne delle calzature per cani.

فرانسوا حتی کفش‌های پاشنه‌بلند خودش را هم می‌برید تا برایش پاپوش سگ درست کند.

Quattro scarpe calde diedero a Buck un grande e gradito sollievo.

چهار کفش گرم به باک آرامشی فراوان و خوشایند بخشید.

Una mattina François dimenticò le scarpe e Buck si rifiutò di alzarsi.

یک روز صبح، فرانسوا کفش‌ها را فراموش کرد و باک از خواب بیدار نشد.

Buck giaceva sulla schiena, con i piedi in aria, e li agitava in modo pietoso.

باک به پشت دراز کشیده بود، پاهایش را در هوا گرفته بود و با ترحم آنها را تکان می‌داد.

Persino Perrault sorrise alla vista dell'appello drammatico di Buck.

حتی پرو هم با دیدن التماس باک دراماتیک پوزخندی زد.

Ben presto i piedi di Buck diventarono duri e le scarpe poterono essere tolte.

خیلی زود پاهای باک سفت شدند و کفش‌ها را می‌شد دور انداخت.

A Pelly, durante il periodo in cui veniva imbrigliata, Dolly emise un ululato terribile.

در پلی، در زمان مهار اسب، دالی زوزه وحشتناکی کشید.

Il grido era lungo e pieno di follia, e fece tremare tutti i cani.

فـریاد طولانی و پر از جنون بود و هر سگی را به لرزه می‌انداخت.

Ogni cane si rizzava per la paura, senza capirne il motivo.

هر سگی از ترس مو به تن می‌پیچید، بی‌آنکه دلیلش را بداند.

Dolly era impazzita e si era scagliata contro Buck.

دالی دیوانه شده بود و خودش را مستقیماً به سمت باک پرتاب کرد.

Buck non aveva mai visto la follia, ma l'orrore gli riempì il cuore.

باک هرگز دیوانگی ندیده بود، اما وحشت قلبش را پر کرده بود.

Senza pensarci due volte, si voltò e fuggì in preda al panico più assoluto.

بـدون هیچ فکری، برگشت و با وحشت مطلق فرار کرد.

Dolly lo inseguì, con gli occhi selvaggi e la saliva che le colava dalle fauci.

دالی با چشمانی وحشی و بزاق دهانی که از دهانش جاری بود، او را تعقیب کرد.

Si tenne sempre dietro a Buck, senza mai guadagnare terreno e senza mai indietreggiare.

او درست پشت سر باک حرکت می‌کرد، نه جلو می‌رفت و نه عقب می‌نشست.

Buck corse attraverso i boschi, giù per l'isola, sul ghiaccio frastagliato.

باک از میان جنگل‌ها، پایین جزیره، و روی یخ‌های ناهموار دوید.

Attraversò un'isola, poi un'altra, per poi tornare indietro verso il fiume.

او از یک جزیره عبور کرد، سپس به جزیره دیگری رفت و دوباره به سمت رودخانه برگشت.

Dolly continuava a inseguirlo, ringhiando sempre più forte a ogni passo.

دالی همچنان او را تعقیب می‌کرد و با هر قدم غرغرکنان از پشت سرش می‌آمد.

Buck poteva sentire il suo respiro e la sua rabbia, anche se non osava voltarsi indietro.

باک می‌توانست صدای نفس‌ها و خشم او و را بشنود، هرچند جرأت نداشت به عقب نگاه کند.

François gridò da lontano e Buck si voltò verso la voce.

فــرانسوا از دور فریاد زد و باک به سمت صدا برگشت.

Ancora senza fiato, Buck corse oltre, riponendo ogni speranza in François.

باک که هنوز نفس نفس می‌زد، از کنارش گذشت و تمام امیدش را به فرانسوا بست.

Il conducente del cane sollevò un'ascia e aspettò che Buck gli passasse accanto.

سگبان تبری بلند کرد و منتظر ماند تا باک از آنجا عبور کند.

L'ascia calò rapidamente e colpì la testa di Dolly con forza mortale.

تبر به سرعت پایین آمد و با نیرویی مرگبار به سر دالی برخورد کرد.

Buck crollò vicino alla slitta, ansimando e incapace di muoversi.

باک در نزدیکی سورتمه از حال رفت، خس خس می‌کرد و قادر به حرکت نبود.

Quel momento diede a Spitz la possibilità di colpire un nemico esausto.

آن لحظه به اسپیتز فرصتی داد تا به دشمن خسته‌اش ضربه بزند.

Morse Buck due volte, strappandogli la carne fino all'osso bianco.

دو بار باک را گاز گرفت و گوشت را تا استخوان سفیدش پاره پاره کرد.

La frusta di François schioccò, colpendo Spitz con tutta la sua forza, con furia.

شلاق فرانسوا با صدای ترق تروق، با تمام قدرت و شدت به اسپیتز ضربه زد.

Buck guardò con gioia Spitz mentre riceveva il pestaggio più duro fino a quel momento.

باک با شادی تماشا می‌کرد که اسپیتز سخت‌ترین کتک عمرش را خورد.

«È un diavolo, quello Spitz», borbottò Perrault tra sé e sé.

پرو با لحنی تیره با خودش زمزمه کرد: «اون اسپیتز یه شیطانه.»

"Un giorno o l'altro, quel cane maledetto ucciderà Buck, lo giuro."

«به زودی، آن سگ نفرین‌شده باک را خواهد کشت ـ قسم می‌خورم.»

«Quel Buck ha due diavoli dentro di sé», rispose François annuendo.

فـرانسوا با تکان دادن سر پاسخ داد» :آن باک دو شیطان در درونش دارد.»

"Quando osservo Buck, so che dentro di lui si cela qualcosa di feroce."

«وقتی باک را تماشا می‌کنم، می‌دانم که چیزی درنده در او منتظر است.»

"Un giorno, si infurierà come il fuoco e farà a pezzi Spitz."

«یه روزی، مثل آتیش عصبانی میشه و اسپیتز رو تیکه تیکه می‌کنه.»

"Masticherà quel cane e lo sputerà sulla neve ghiacciata."

«اون سگ رو گاز میگیره و روی برف یخ زده تفش می‌کنه.»

"Certo, lo so fin nel profondo."

«مطمئناً، من این را از اعماق وجودم می‌دانم.»

Da quel momento in poi, i due cani furono in guerra tra loro.

از آن لحظه به بعد، دو سگ درگیر جنگ شدند.

Spitz guidava la squadra e deteneva il potere, ma Buck lo sfidava.

اسپیتز تیم را رهبری می‌کرد و قدرت را در دست داشت، اما باک این را به چالش می‌کشید.

Spitz si rese conto che il suo rango era minacciato da questo strano straniero del Sud.

اسپیتز جایگاه خود را در معرض خطر این غریبه‌ی عجیب و غریب اهل جنوب می‌دید.

Buck era diverso da tutti i cani del sud che Spitz aveva conosciuto fino ad allora.

باک با هیچ یک از سگ‌های جنوبی که اسپیتز قبلاً می‌شناخت، فرق داشت.

La maggior parte di loro fallì: troppo deboli per sopravvivere al freddo e alla fame.

بیشتر آنها شکست خوردند——آنقدر ضعیف بودند که نمی‌توانستند در سرما و گرسنگی دوام بیاورند.

Morirono rapidamente a causa del lavoro, del gelo e del lento bruciare della carestia.

آنها به سرعت زیر کار طاقت‌فرسا، یخبندان و قحطي تدریجی جان باختند.

Buck si distingueva: ogni giorno più forte, più intelligente e più selvaggio.

باک متمایز بود——هر روز قوی‌تر، باهوش‌تر و وحشی‌تر.

Ha prosperato nonostante le difficoltà, crescendo al pari degli husky del nord.

او با سختی‌ها رشد کرد و به اندازه هاسکی‌های شمالی بزرگ شد.

Buck era dotato di forza, abilità straordinaria e un istinto paziente e letale.

باک قدرت، مهارت وحشی و غریزه‌ای صبور و مرگبار داشت.

L'uomo con la mazza aveva annientato Buck per fargli perdere la temerarietà.

مردی که چماق به دست داشت، عجول بودن را از باک بیرون کرده بود.

La furia cieca se n'era andata, sostituita da un'astuzia silenziosa e dal controllo.

خشم کورکورانه از بین رفته بود و جای خود را به حیله‌گری و کنترل آرام داده بود.

Attese, calmo e primordiale, in attesa del momento giusto.

او منتظر ماند، آرام و با صلابت، منتظر لحظه مناسب.

La loro lotta per il comando divenne inevitabile e chiara.

مبارزه آنها برای فرماندهی اجتناب‌ناپذیر و آشکار شد.

Buck desiderava la leadership perché il suo spirito la richiedeva.

باک رهبری را آرزو داشت زیرا روحیه‌اش آن را ایجاب می‌کرد.

Era spinto da quello strano orgoglio che nasceva dal sentiero e dall'imbracatura.

غرور عجیبی که از مسیر و مهار اسب سرچشمه می‌گرفت، او را به حرکت در می‌آورد.

Quell'orgoglio faceva sì che i cani tirassero fino a crollare sulla neve.

آن غرور باعث می‌شد سگ‌ها آنقدر برف را بکشند تا روی برف بیفتند.

L'orgoglio li spinse a dare tutta la forza che avevano.

غرور آنها را فریب داد تا تمام قدرتی را که داشتند، به کار گیرند.

L'orgoglio può trascinare un cane da slitta fino al punto di ucciderlo.

غرور می‌تواند یک سگ سورتمه را حتی تا سرحد مرگ فریب دهد.

Perdere l'imbracatura rendeva i cani deboli e senza scopo.

از دست دادن افسار، سگ‌ها را شکسته و بی‌هدف رها می‌کرد.

Il cuore di un cane da slitta può essere spezzato dalla vergogna quando va in pensione.

قلب یک سگ سورتمه‌سوار می‌تواند وقتی بازنشسته می‌شود از شرم خرد شود.

Dave viveva con questo orgoglio mentre trascinava la slitta da dietro.

دیو با غروری که داشت سورتمه را از پشت می‌کشید، زندگی می‌کرد.

Anche Solleks diede il massimo con cupa forza e lealtà.

سولکس نیز با قدرت و وفاداری و وصف‌ناپذیر، تمام توان خود را به کار گرفت.

Ogni mattina l'orgoglio li trasformava da amareggiati a determinati.

هر روز صبح، غرور، آنها را از تلخکامی به عزم و اراده تبدیل می‌کرد.

Spinsero per tutto il giorno, poi tacquero una volta giunti alla fine dell'accampamento.

آنها تمام روز را به سختی تلاش کردند، سپس در انتهای اردوگاه سکوت کردند.

Quell'orgoglio diede a Spitz la forza di mettere in riga i fannulloni.

آن غرور به اسپیتز قدرت می‌داد تا کسانی را که از زیر کار شانه خالی می‌کردند، شکست دهد و به صف برساند.

Spitz temeva Buck perché Buck nutriva lo stesso profondo orgoglio.

اسپیتز از باک می‌ترسید، چون باک هم همان غرور عمیق را داشت.

L'orgoglio di Buck ora si agitò contro Spitz, ma lui non si fermò.

غرور باک حالا علیه اسپیتز به جوش آمده بود و او دست بردار نبود.

Buck sfidò il potere di Spitz e gli impedì di punire i cani.

باک قدرت اسپیتز را به چالش کشید و مانع از تنبیه سگ‌ها توسط او شد.

Quando gli altri fallivano, Buck si frapponeva tra loro e il loro capo.

وقتی دیگران شکست خوردند، باک بین آنها و رهبرشان قرار گرفت.

Lo fece con intenzione, rendendo la sua sfida aperta e chiara.

او این کار را با قصد و نیت انجام داد و چالش خود را آشکار و واضح ساخت.

Una notte una forte nevicata coprì il mondo in un profondo silenzio.

یک شب برف سنگینی دنیا را در سکوتی عمیق فرو برد.

La mattina dopo, Pike, pigro come sempre, non si alzò per andare al lavoro.

صبح روز بعد، پایک، تنبل‌تر از همیشه، برای کار از خواب بیدار نشد.

Rimase nascosto nel suo nido sotto uno spesso strato di neve.

او در لانه‌اش زیر لایه‌ای ضخیم از برف پنهان ماند.

François gridò e cercò, ma non riuscì a trovare il cane.

فرانسوا فریاد زد و جستجو کرد، اما سگ را پیدا نکرد.

Spitz si infuriò e si scagliò contro l'accampamento coperto di neve.

اسپیتز خشمگین شد و به اردوگاه پوشیده از برف یورش برد.

Ringhiò e annusò, scavando freneticamente con gli occhi fiammeggianti.

او غرید و بو کشید و با چشمانی شعله‌ور، دیوانه‌وار زمین را کاوید.

La sua rabbia era così violenta che Pike tremava sotto la neve per la paura.

خشم او چنان شدید بود که پایک از ترس زیر برف می‌لرزید.

Quando finalmente Pike fu trovato, Spitz si lanciò per punire il cane nascosto.

وقتی بالاخره پایک پیدا شد، اسپیتز برای تنبیه سگ پنهان شده به سمتش خیز برداشت.

Ma Buck si scagliò tra loro con una furia pari a quella di Spitz.

اما باک با خشمی برابر با خشم اسپیتز به میان آنها پرید.

L'attacco fu così improvviso e astuto che Spitz cadde a terra.

این حمله آنقدر ناگهانی و هوشمندانه بود که اسپیتز از پا افتاد.

Pike, che tremava, trasse coraggio da questa sfida.

پایک که می‌لرزید، از این سرپیچی شجاعت گرفت.

Seguendo l'audace esempio di Buck, saltò sullo Spitz caduto.

او با پیروی از الگوی جسورانه‌ی باک، روی اسپیتز افتاده پرید.

Buck, non più vincolato dall'equità, si unì allo sciopero di Spitz.

باک، که دیگر پایبند انصاف نبود، به حمله به اسپیتز پیوست.

François, divertito ma fermo nella disciplina, agitò la sua pesante frusta.

فرانسوا، سرگرم و در عین حال قاطع در انضباط، شلاق سنگینش را چرخاند.

Colpì Buck con tutta la sua forza per interrompere la rissa.

او با تمام قدرت به باک ضربه زد تا دعوا را تمام کند.

Buck si rifiutò di muoversi e rimase in groppa al capo caduto.

باک از حرکت خودداری کرد و بالای سر رهبر افتاده ماند.

François allora usò il manico della frusta e colpì Buck con violenza.

سپس فرانسوا از دسته شلاق استفاده کرد و ضربه محکمی به باک زد.

Barcollando per il colpo, Buck cadde all'indietro sotto l'assalto.

باک که از شدت ضربه تلوتلو می‌خورد، زیر ضربه به عقب افتاد.

François colpì più volte mentre Spitz puniva Pike.

فرانسوا بارها و بارها ضربه زد در حالی که اسپیتز پایک را تنبیه می‌کرد.

Passarono i giorni e Dawson City si avvicinava sempre di più.

روزها می‌گذشت و شهر داوسون هر لحظه نزدیک‌تر می‌شد.

Buck continuava a intromettersi, infilandosi tra Spitz e gli altri cani.

باک مدام دخالت می‌کرد و بین اسپیتز و سگ‌های دیگر جابه‌جا می‌شد.

Sceglieva bene i suoi momenti, aspettando sempre che François se ne andasse.

او لحظاتش را خوب انتخاب می‌کرد، همیشه منتظر رفتن فرانسوا بود.

La ribellione silenziosa di Buck si diffuse e il disordine prese piede nella squadra.

شورش آرام باک گسترش یافت و بی‌نظمی در تیم ریشه دواند.

Dave e Solleks rimasero leali, ma altri diventarono indisciplinati.

دیو و سولکس وفادار ماندند، اما دیگران سرکش شدند.

La squadra peggiorò: divenne irrequieta, litigiosa e fuori luogo.

اوضاع تیم بدتر شد—بی‌قرار، ستیزه‌جو و خارج از نظم.

Ormai niente filava liscio e le liti diventavano all'ordine del giorno.

دیگر هیچ چیز روان پیش نمی‌رفت و دعوا رایج شده بود.

Buck rimase sempre al centro dei guai, provocando disordini.

باک در قلب مشکلات باقی ماند و همیشه باعث ناآرامی می‌شد.

François rimase vigile, temendo la lotta tra Buck e Spitz.

فرانسوا از ترس دعوای بین باک و اسپیتز، هوشیار ماند.

Ogni notte veniva svegliato da zuffe e temeva che finalmente fosse arrivato l'inizio.

هر شب، درگیری‌ها او را از خواب بیدار می‌کردند، از ترس اینکه بالاخره شروع ماجرا فرا رسیده باشد.

Balzò fuori dalla veste, pronto a interrompere la rissa.

او از جامه‌اش بیرون پرید، آماده بود تا دعوا را تمام کند.

Ma il momento non arrivò mai e alla fine raggiunsero Dawson.

اما آن لحظه هرگز فرا نرسید و آنها بالاخره به داوسون رسیدند.

La squadra entrò in città in un pomeriggio cupo, teso e silenzioso.

تیم در یک بعدازظهر دلگیر، پرتنش و ساکت وارد شهر شد.

La grande battaglia per la leadership era ancora sospesa nell'aria gelida.

نبرد بزرگ برای رهبری هنوز در هوای یخزده معلق بود.

Dawson era piena di uomini e cani da slitta, tutti impegnati nel lavoro.

داوسون پر از مرد و سگ سورتمه بود که همگی مشغول کار خود بودند.

Buck osservava i cani trainare i carichi dalla mattina alla sera.

باک از صبح تا شب سگ‌ها را در حال بارکشی تماشا می‌کرد.

Trasportavano tronchi e legna da ardere e spedivano rifornimenti alle miniere.

آنها کنده‌های درخت و هیزم را حمل می‌کردند و آذوقه را به معادن می‌بردند.

Nel Southland, dove un tempo lavoravano i cavalli, ora lavoravano i cani.

جایی که زمانی در سرزمین جنوبی اسب‌ها کار می‌کردند، اکنون سگ‌ها کار می‌کردند.

Buck vide alcuni cani provenienti dal Sud, ma la maggior parte erano husky simili a lupi.

باک چند سگ از جنوب دید، اما بیشترشان هاسکی‌های گرگ‌مانند بودند.

Di notte, puntuali come un orologio, i cani alzavano la voce e cantavano.

شب‌ها، مثل ساعت، سگ‌ها صدایشان را با آواز بلند می‌کردند.

Alle nove, a mezzanotte e di nuovo alle tre, il canto cominciò.

ساعت نه، نیمه شب و دوباره ساعت سه، آواز خواندن شروع شد.

Buck amava unirsi al loro canto inquietante, selvaggio e antico nel suono.

باک عاشق پیوستن به سرود و هم‌آور آنها بود، سرودی وحشی و باستانی.

L'aurora fiammeggiava, le stelle danzavano e la neve ricopriva la terra.

شفق قطبی شعله‌ور شد، ستارگان رقصیدند و برف زمین را پوشاند.

Il canto dei cani si elevava come un grido contro il silenzio e il freddo pungente.

آواز سگ‌ها همچون فریادی علیه سکوت و سرمای گزنده برخاست.

Ma il loro urlo esprimeva tristezza, non sfida, in ogni lunga nota.

اما زوزه‌هایشان در هر نُتِ بلندشان، نه مبارزه‌طلبی، بلکه اندوه را در خود داشت.

Ogni lamento era pieno di supplica: il peso stesso della vita.

هر ناله و زاری سرشار از التماس بود؛ بار سنگین زندگی.

Quella canzone era vecchia, più vecchia delle città e più vecchia degli incendi

آن آهنگ قدیمی بود—قدیمی‌تر از شهرها، و قدیمی‌تر از آتش‌ها

Quel canto era più antico perfino delle voci degli uomini.

آن آهنگ حتی از صدای انسان‌ها هم قدیمی‌تر بود.

Era una canzone del mondo dei giovani, quando tutte le canzoni erano tristi.

این آهنگی از دنیای جوانی بود، زمانی که همه آهنگ‌ها غمگین بودند.

La canzone porta con sé il dolore di innumerevoli generazioni di cani.

این آهنگ غم و اندوه نسل‌های بی‌شماری از سگ‌ها را به همراه داشت.

Buck percepì profondamente la melodia, gemendo per un dolore radicato nei secoli.

باک ملودی را عمیقاً حس می‌کرد، از دردی که ریشه در اعصار داشت، ناله می‌کرد.

Singhiozzava per un dolore antico quanto il sangue selvaggio nelle sue vene.

او از غمی به قدمت خون وحشی در رگ‌هایش، هق هق می‌کرد.

Il freddo, l'oscurità e il mistero toccarono l'anima di Buck.

سرما، تاریکی و رمز و راز، روح باک را لمس کرد.

Quella canzone dimostrava quanto Buck fosse tornato alle sue origini.

آن آهنگ ثابت کرد که باک به چقدر به ریشه‌هایش بازگشته است.

Tra la neve e gli ululati aveva trovato l'inizio della sua vita.

از میان برف و زوزه، او آغاز زندگی خود را یافته بود.

Sette giorni dopo l'arrivo a Dawson, ripartirono.

هفت روز پس از ورود به داوسون، آنها دوباره به راه افتادند.

La squadra si è lanciata dalla caserma fino allo Yukon Trail.

تیم از پادگان به مسیر یوکان پیاده شد.

Iniziarono il viaggio di ritorno verso Dyea e Salt Water.

آنها سفر بازگشت به سوی دیه‌آ و سالت واتر را آغاز کردند.

Perrault trasmise dispacci ancora più urgenti di prima.

پرو، نامه‌هایی را ارسال می‌کرد که حتی از قبل هم فوری‌تر بودند.

Era anche preso dall'orgoglio per la corsa e puntava a stabilire un record.

او همچنین دچار غرور مسیر شد و قصد داشت رکوردی ثبت کند.

Questa volta Perrault aveva diversi vantaggi.

این بار، چندین مزیت در سمت پرو وجود داشت.

I cani avevano riposato per un'intera settimana e avevano ripreso le forze.

سگ‌ها یک هفته کامل استراحت کرده بودند و قوای خود را بازیافته بودند.

La pista che avevano tracciato era ora battuta da altri.

مسیری که آنها پیموده بودند، اکنون توسط مسیرهای دیگر پر شده بود.

In alcuni punti la polizia aveva immagazzinato cibo sia per i cani che per gli uomini.

در بعضی جاها، پلیس برای سگ‌ها و مردان غذا ذخیره کرده بود.

Perrault viaggiava leggero, si muoveva velocemente e aveva poco a cui aggrapparsi.

پرو سبک سفر می‌کرد، سریع حرکت می‌کرد و وزن کمی داشت که او را زمین‌گیر کند.

La prima sera raggiunsero la Sixty-Mile, una corsa lunga 50 miglia.

آنها تا شب اول به شصت مایل، یک مسیر هشتاد کیلومتری، رسیدند.

Il secondo giorno risalirono rapidamente lo Yukon in direzione di Pelly.

روز دوم، آنها با عجله از یوکان به سمت پلی بالا رفتند.

Ma questi grandi progressi comportarono anche molta fatica per François.

اما چنین پیشرفت خوبی برای فرانسوا با سختی‌های زیادی همراه بود.

La ribellione silenziosa di Buck aveva infranto la disciplina della squadra.

شورش آرام باک، نظم و انضباط تیم را به هم ریخته بود.

Non si univano più come un'unica bestia al comando.

آنها دیگر مثل یک حیوان وحشی افسار را به دست نداشتند.

Buck aveva spinto altri alla sfida con il suo coraggioso esempio.

باک با نمونه‌ی جسورانه‌ی خود، دیگران را به سرکشی و مخالفت سوق داده بود.

L'ordine di Spitz non veniva più accolto con timore o rispetto.

فـرمان اسپیتز دیگر با ترس یا احترام روبرو نشد.

Gli altri persero ogni timore reverenziale nei suoi confronti e osarono opporsi al suo governo.

دیگران هیبت او را از دست دادند و جرأت کردند در برابر حکومتش مقاومت کنند.

Una notte, Pike rubò mezzo pesce e lo mangiò sotto gli occhi di Buck.

یک شب، پایک نصف یک ماهی را دزدید و جلوی چشم باک آن را خورد.

Un'altra notte, Dub e Joe combatterono contro Spitz e rimasero impuniti.

شب دیگری، داب و جو با اسپیتز دعوا کردند و بدون مجازات ماندند.

Anche Billee gemette meno dolcemente e mostrò una nuova acutezza.

حتی بیلی هم دیگر با ناز و عشوه ناله نمی‌کرد و تیزبینی جدیدی از خود نشان می‌داد.

Buck ringhiava a Spitz ogni volta che si incrociavano.

هر بار که با اسپیتز روبرو می‌شدند، باک با غرغر به او نگاه می‌کرد.

L'atteggiamento di Buck divenne audace e minaccioso, quasi come quello di un bullo.

رفتار باک جسورانه و تهدیدآمیز شد، تقریباً مثل یک قلدر.

Camminava avanti e indietro davanti a Spitz con un'andatura spavalda e piena di minaccia beffarda.

او با غروری آمیخته با تمسخر و تهدید، پیشاپیش اسپیتز قدم می‌زد.

Questo crollo dell'ordine si diffuse anche tra i cani da slitta.

آن فروپاشی نظم در میان سگ‌های سورتمه‌سوار نیز گسترش یافت.

Litigarono e discussero più che mai, riempiendo l'accampamento di rumore.

آنها بیشتر از همیشه دعوا و بحث می‌کردند و اردوگاه را پر از سر و صدا کرده بودند.

Ogni notte la vita nel campeggio si trasformava in un caos selvaggio e ululante.

زندگی در اردوگاه هر شب به هرج و مرجی وحشیانه و پرسروصدا تبدیل می‌شد.

Solo Dave e Solleks rimasero fermi e concentrati.

فقط دیو و سولکس ثابت قدم و متمرکز ماندند.

Ma anche loro diventarono irascibili a causa delle continue risse.

اما حتی آنها هم از دعواهای مداوم، زودرنج شدند.

François imprecò in lingue strane e batté i piedi per la frustrazione.

فرانسوا با زبان‌های ناآشنا فحش می‌داد و از روی ناامیدی پا به زمین می‌کوبید.

Si strappò i capelli e urlò mentre la neve gli volava sotto i piedi.

موهایش را کند و در حالی که برف زیر پایش جاری بود، فریاد زد.

La sua frusta schioccò contro il gruppo, ma a malapena riuscì a tenerli in riga.

شلاقش با سرعت از میان گله عبور کرد اما به سختی آنها را در یک خط نگه داشت.

Ogni volta che voltava le spalle, la lotta ricominciava.

هر وقت پشتش را می‌کرد، دوباره جنگ شروع می‌شد.

François usò la frusta per Spitz, mentre Buck guidava i ribelli.

فــرانسوا از شلاق برای اسپیتز استفاده کرد، در حالی که باک رهبری شورشیان را بر عهده داشت.

Ognuno conosceva il ruolo dell'altro, ma Buck evitava di addossare ogni colpa.

هر کدام از نقش دیگری آگاه بود، اما باک از هرگونه سرزنشی طفره می‌رفت.

François non ha mai colto Buck mentre iniziava una rissa o si sottraeva al suo lavoro.

فــرانسوا هیچ‌وقت باک را در حال شروع دعوا یا طفره رفتن از کارش ندید.

Buck lavorava duramente ai finimenti: la fatica ora gli dava entusiasmo.

بــاک سخت کار می‌کرد ـ کار طاقت‌فرسا حالا روحش را به وجد می‌آورد.

Ma trovava ancora più gioia nel fomentare risse e caos nell'accampamento.

اما او از ایجاد دعوا و هرج و مرج در اردوگاه لذت بیشتری می‌برد.

Una sera, alla foce del Tahkeena, Dub spaventò un coniglio.

یک شب، داب در دهان تهکینا، خرگوشی را از جا پراند.

Mancò la presa e il coniglio con la racchetta da neve balzò via.

او صید را از دست داد و خرگوش کفش برفی از آنجا پرید.

Nel giro di pochi secondi, l'intera squadra di slitte si lanciò all'inseguimento, gridando a squarciagola.

در عرض چند ثانیه، تمام تیم سورتمه‌سوار با فریادهای وحشیانه به دنبالش دویدند.

Nelle vicinanze, un accampamento della polizia del nord-ovest ospitava cinquanta cani husky.

در همان نزدیکی، یک اردوگاه پلیس شمال غربی پنجاه سگ هاسکی را در خود جای داده بود.

Si unirono alla caccia, scendendo insieme il fiume ghiacciato.

آنها به شکار پیوستند و با هم از رودخانه یخ زده پایین رفتند.

Il coniglio lasciò il fiume e fuggì lungo il letto ghiacciato di un ruscello.

خرگوش از رودخانه منحرف شد و از بستر یخزده‌ی نهر بالا رفت.

Il coniglio saltellava leggero sulla neve mentre i cani si facevano strada a fatica.

خرگوش به آرامی روی برف می‌پرید در حالی که سگ‌ها تقلا می‌کردند تا از میان برف‌ها عبور کنند.

Buck guidava l'enorme branco di sessanta cani attorno a ogni curva tortuosa.

باک، دسته‌ی عظیم شصت سگ را در هر پیچِ پیچ هدایت می‌کرد.

Si spinse in avanti, basso e impaziente, ma non riuscì a guadagnare terreno.

او با اشتیاق و قدم‌های آهسته به جلو حرکت کرد، اما نتوانست چیزی به دست آورد.

Il suo corpo brillava sotto la pallida luna a ogni potente balzo.

بدنش با هر جهش قدرتمند، زیر نور ماه رنگ‌پریده برق می‌زد.

Davanti a loro, il coniglio si muoveva come un fantasma, silenzioso e troppo veloce per essere catturato.

جلوتر، خرگوش مثل یک روح حرکت می‌کرد، بی‌صدا و خیلی سریع که نمی‌توانستند بگیرندش.

Tutti quei vecchi istinti, la fame, l'eccitazione, attraversarono Buck.

تمام آن غرایز قدیمی ـ گرسنگی، هیجان ـ به باک هجوم آوردند.

A volte gli esseri umani avvertono questo istinto e sono spinti a cacciare con armi da fuoco e proiettili.

انسان‌ها گاهی اوقات این غریزه را احساس می‌کنند و به شکار با تفنگ و گلوله سوق داده می‌شوند.

Ma Buck provava questa sensazione a un livello più profondo e personale.

اما باک این احساس را در سطحی عمیق‌تر و شخصی‌تر احساس می‌کرد.

Non riuscivano a percepire la natura selvaggia nel loro sangue come Buck.

آنها نمی‌توانستند آن وحشی‌گری را که باک در خونشان حس می‌کرد، حس کنند.

Inseguiva la carne viva, pronto a uccidere con i denti e ad assaggiare il sangue.

او گوشت زنده را تعقیب می‌کرد، آماده بود تا با دندان‌هایش بکشد و خون را بچشد.

Il suo corpo si tendeva per la gioia, desiderando immergersi nel caldo rosso della vita.

بدنش از شادی منقبض می‌شد، دلش می‌خواست در گرمای سرخ زندگی غوطه‌ور شود.

Una strana gioia segna il punto più alto che la vita possa mai raggiungere.

شادی عجیبی، بالاترین نقطه‌ای را که زندگی می‌تواند به آن برسد، نشان می‌دهد.

La sensazione di raggiungere un picco in cui i vivi dimenticano di essere vivi.

حس اوجی که در آن زنده‌ها حتی فراموش می‌کنند که زنده هستند.

Questa gioia profonda tocca l'artista immerso in un'ispirazione ardente.

این شادی عمیق، هنرمندی را که غرق در الهامات سوزان است، لمس می‌کند.

Questa gioia afferra il soldato che combatte selvaggiamente e non risparmia alcun nemico.

این شادی، سربازی را که وحشیانه می‌جنگد و از هیچ دشمنی در نمی‌گذرد، فرا می‌گیرد.

Questa gioia ora colpì Buck mentre guidava il branco in preda alla fame primordiale.

این شادی اکنون باک را فرا گرفته بود، چرا که او در گرسنگی اولیه، گله را رهبری می‌کرد.

Ululò con l'antico grido del lupo, emozionato per l'inseguimento.

او با ناله‌ی باستانی گرگ زوزه می‌کشید، از تعقیب و گریز زنده هیجان‌زده شده بود.

Buck fece appello alla parte più antica di sé, persa nella natura selvaggia.

باک به قدیمی‌ترین بخش وجودش که در طبیعت وحشی گم شده بود، دست زد.

Scavò in profondità dentro di sé, oltre la memoria, fino al tempo grezzo e antico.

او به اعماق درون، به خاطرات گذشته، به زمان بکر و باستانی دست یافت.

Un'ondata di vita pura pervase ogni muscolo e tendine.

موجی از زندگی ناب در تک تک عضلات و تاندون‌هایش موج می‌زد.

Ogni salto gridava che viveva, che attraversava la morte.

هر جهش فریاد می‌زد که او زنده است، که از میان مرگ عبور کرده است.

Il suo corpo si librava gioioso su una terra immobile e fredda che non si muoveva mai.

پیکرش شادمانه بر فراز سرزمینی آرام و سرد که هرگز تکان نمی‌خورد، اوج گرفت.

Spitz rimase freddo e astuto anche nei suoi momenti più selvaggi.

اسپیتز حتی در وحشی‌ترین لحظات زندگی‌اش هم خونسرد و حیله‌گر باقی ماند.

Lasciò il sentiero e attraversò un terreno dove il torrente formava una curva ampia.

او مسیر را ترک کرد و از خشکی عبور کرد، جایی که نهر پیچ و تاب می‌خورد.

Buck, ignaro di ciò, rimase sul sentiero tortuoso del coniglio.

باک، بی‌خبر از این موضوع، در مسیر پر پیچ و خم خرگوش ماند.

Poi, mentre Buck svoltava dietro una curva, il coniglio spettrale si trovò davanti a lui.

سپس، همین که باک از یک پیچ گذشت، خرگوش روح‌مانند در مقابلش بود.

Vide una seconda figura balzare dalla riva precedendo la preda.

او دید که شخص دومی جلوتر از طعمه از بانک بیرون پرید.

La figura era Spitz, atterrato proprio sulla traiettoria del coniglio in fuga.

آن موجود، اسپیتز بود که درست سر راه خرگوش در حال فرار فرود آمده بود.

Il coniglio non riuscì a girarsi e incontrò le fauci di Spitz a mezz'aria.

خرگوش نمی‌توانست بچرخد و در هوا به آرواره‌های اسپیتز برخورد کرد.

La spina dorsale del coniglio si spezzò con un grido acuto come il grido di un essere umano morente.

ستون فقرات خرگوش با جیغی به تیزی ناله‌ی یک انسان در حال مرگ شکست.

A quel suono, il passaggio dalla vita alla morte, il branco ululò forte.

با آن صدا ـ سقوط از زندگی به مرگ ـ گله با صدای بلند زوزه کشید.

Un coro selvaggio si levò da dietro Buck, pieno di oscura gioia.

صدای کر و حشیانه‌ای از پشت سر باک برخاست، سرشار از لذتی تاریک.

Buck non emise alcun grido, nessun suono e si lanciò dritto verso Spitz.

باک نه فریادی زد، نه صدایی، و مستقیماً به سمت اسپیتز حمله کرد.

Mirò alla gola, ma colpì invece la spalla.

او گلو را هدف قرار داد، اما به جای آن به شانه برخورد کرد.

Caddero nella neve soffice, i loro corpi erano intrappolati in un combattimento.

آنها در میان برف نرم غلتیدند؛ بدن‌هایشان در نبرد قفل شده بود.

Spitz balzò in piedi rapidamente, come se non fosse mai stato atterrato.

اسپیتز طوری سریع از جا پرید که انگار اصلاً زمین نخورده بود.

Colpì Buck alla spalla e poi balzò fuori dalla mischia.

او شانه‌ی باک را زخمی کرد، سپس از معرکه گریخت.

Per due volte i suoi denti schioccarono come trappole d'acciaio, e le sue labbra si arricciarono e si fecero feroci.

دو بار دندان‌هایش مثل تله‌های فولادی به هم خوردند، لب‌هایش جمع شده و خشمگین بودند.

Arretrò lentamente, cercando un terreno solido sotto i piedi.

او به آرامی عقب رفت و به دنبال زمین سفتی زیر پاهایش گشت.

Buck comprese il momento all'istante e pienamente.

باک آن لحظه را فوراً و به طور کامل درک کرد.

Il momento era giunto: la lotta sarebbe stata una lotta all'ultimo sangue.

زمانش رسیده بود؛ مبارزه، مبارزه‌ای تا سر حد مرگ بود.

I due cani giravano in cerchio, ringhiando, con le orecchie piatte e gli occhi socchiusi.

دو سگ دور هم چرخیدند، غرغر می‌کردند، گوش‌هایشان صاف و چشمانشان تنگ شده بود.

Ogni cane aspettava che l'altro mostrasse debolezza o facesse un passo falso.

هر سگ منتظر بود تا دیگری ضعف یا خطایی از خود نشان دهد.

Buck percepiva quella scena come stranamente nota e profondamente ricordata.

برای باک، این صحنه به طرز عجیبی آشنا و عمیقاً به یاد ماندنی بود.

I boschi bianchi, la terra fredda, la battaglia al chiaro di luna.

جنگل‌های سفید، زمین سرد، نبرد زیر نور ماه.

Un silenzio pesante, profondo e innaturale riempiva la terra.

سکوت سنگینی، عمیق و غیرطبیعی، سرزمین را فرا گرفته بود.

Nessun vento si alzava, nessuna foglia si muoveva, nessun suono rompeva il silenzio.

نه بادی می‌وزید، نه برگی تکان می‌خورد و نه صدایی سکوت را می‌شکست.

Il respiro dei cani si levava come fumo nell'aria gelida e silenziosa.

نفس سگ‌ها مثل دود در هوای یخزده و ساکت بالا می‌رفت.

Il coniglio era stato dimenticato da tempo dal branco di animali selvatici.

مدت‌ها بود که گله حیوانات وحشی، خرگوش را فراموش کرده بود.

Questi lupi semiaddomesticati ora stavano fermi in un ampio cerchio.

این گرگ‌های نیمه‌رام‌شده حالا در دایره‌ای وسیع بی‌حرکت ایستاده بودند.

Erano silenziosi, solo i loro occhi luminosi rivelavano la loro fame.

آنها ساکت بودند، فقط چشمان درخشانشان گرسنگی‌شان را آشکار می‌کرد.

Il loro respiro saliva, mentre osservavano l'inizio dello scontro finale.

نفسشان به شماره افتاد و شروع نبرد نهایی را تماشا کردند.

Per Buck questa battaglia era vecchia e attesa, per niente strana.

برای باک، این نبرد قدیمی و قابل پیش‌بینی بود، اصلاً عجیب نبود.

Era come il ricordo di qualcosa che doveva accadere da sempre.

انگار خاطره‌ای از چیزی بود که همیشه قرار بود اتفاق بیفتد.

Spitz era un cane da combattimento addestrato, affinato da innumerevoli risse selvagge.

اشپیتز یک سگ جنگی آموزش‌دیده بود که با دعواهای وحشی بی‌شماری ورزیده شده بود.

Dallo Spitzbergen al Canada, aveva sconfitto molti nemici.

از اسپیتزبرگن تا کانادا، او دشمنان زیادی را شکست داده بود.

Era pieno di rabbia, ma non cedette mai il controllo alla rabbia.

او پر از خشم بود، اما هرگز کنترل خشم را از دست نداد.

La sua passione era acuta, ma sempre temperata dal duro istinto.

شور و اشتیاق او تند و تیز بود، اما همیشه با غریزه‌های سرسخت تعدیل می‌شد.

Non ha mai attaccato finché non ha avuto la sua difesa pronta.

او هرگز حمله نمی‌کرد تا زمانی که دفاع خودش را مستقر می‌کرد.

Buck provò più volte a raggiungere il collo vulnerabile di Spitz.

باک بارها و بارها تلاش کرد تا به گردن آسیب‌پذیر اسپیتز برسد.

Ma ogni colpo veniva accolto da un fendente dei denti affilati di Spitz.

اما هر ضربه با ضربه‌ای از دندان‌های تیز اسپیتز پاسخ داده می‌شد.

Le loro zanne si scontrarono ed entrambi i cani sanguinarono dalle labbra lacerate.

نیش‌هایشان به هم خورد و هر دو سگ از لب‌های پاره شده‌شان خون جاری شد.

Nonostante i suoi sforzi, Buck non riusciva a rompere la difesa.

مهم نبود باک چقدر حمله می‌کرد، نمی‌توانست خط دفاعی را بشکند.

Divenne sempre più furioso e si lanciò verso di lui con violente esplosioni di potenza.

او خشمگین‌تر شد و با قدرتی وحشیانه به سمتش هجوم آورد.

Buck colpì ripetutamente la bianca gola di Spitz.

باک بارها و بارها به گلوی سفید اسپیتز ضربه زد.

Ogni volta Spitz schivava e contrattaccava con un morso tagliente.

هر بار اسپیتز جاخالی می‌داد و با یک گاز تکه‌تکه‌کننده جواب می‌داد.

Poi Buck cambiò tattica, avventandosi di nuovo come se volesse colpirlo alla gola.

سپس باک تاکتیک خود را تغییر داد و دوباره طوری هجوم برد که انگار به دنبال گلویش بود۔

Ma a metà attacco si è ritirato, girandosi per colpire di lato.

اما او در اواسط حمله عقب‌نشینی کرد و از کنار زمین شروع به حمله کرد۔

Colpì Spitz con una spallata, con l'intento di buttarlo a terra.

او شانه‌اش را به سمت اسپیتز انداخت، با این هدف که او را نقش بر زمین کند۔

Ogni volta che ci provava, Spitz lo schivava e rispondeva con un fendente.

هر بار که تلاش می‌کرد، اسپیتز جاخالی می‌داد و با یک ضربه‌ی ناگهانی پاسخ می‌داد۔

La spalla di Buck si faceva scorticare mentre Spitz si liberava dopo ogni colpo.

شانه‌ی باک درد می‌گرفت، چون اسپیتز بعد از هر ضربه، از او می‌پرید و فرار می‌کرد۔

Spitz non era stato toccato, mentre Buck sanguinava dalle numerose ferite.

اسپیتز آسیبی ندیده بود، در حالی که باک از زخم‌های زیاد خونریزی داشت۔

Il respiro di Buck era affannoso e pesante, il suo corpo era viscido di sangue.

نفس باک تند و سنگین شد، بدنش از خون لغزنده بود۔

La lotta diventava più brutale a ogni morso e carica.

با هر گاز گرفتن و حمله، مبارزه وحشیانه‌تر می‌شد۔

Attorno a loro, sessanta cani silenziosi aspettavano che il primo cadesse.

دور و برشان، شصت سگ ساکت منتظر بودند تا اولین سگ بیفتد۔

Se un cane fosse caduto, il branco avrebbe posto fine alla lotta.

اگر یک سگ می‌افتاد، گله قرار بود دعوا را تمام کند۔

Spitz vide Buck indebolirsi e cominciò ad attaccare.

اسپیتز دید که باک ضعیف می‌شود و شروع به حمله کرد۔

Mantenne Buck sbilanciato, costringendolo a lottare per restare in piedi.

او باک را از تعادل خارج کرد و او را مجبور کرد برای حفظ تعادلش بجنگد.

Una volta Buck inciampò e cadde, e tutti i cani si rialzarono.

یک بار باک لغزید و افتاد و همه سگ‌ها بلند شدند.

Ma Buck si raddrizzò a metà caduta e tutti ricaddero.

اما باک در اواسط پاییز خودش را صاف کرد و همه دوباره غرق شدند.

Buck aveva qualcosa di raro: un'immaginazione nata da un profondo istinto.

باک چیزی نادر داشت ـ تخیلی که از غریزه‌ای عمیق زاده می‌شد.

Combatté per istinto naturale, ma combatté anche con astuzia.

او با انگیزه طبیعی می‌جنگید، اما در عین حال با حیله‌گری نیز می‌جنگید.

Tornò ad attaccare come se volesse ripetere il trucco dell'attacco alla spalla.

او دوباره حمله کرد، انگار که داشت ترفند حمله از شانه‌اش را تکرار می‌کرد.

Ma all'ultimo secondo si abbassò e passò sotto Spitz.

اما در آخرین ثانیه، او پایین آمد و از زیر اسپیتز عبور کرد.

I suoi denti si bloccarono sulla zampa anteriore sinistra di Spitz con uno schiocco.

دندان‌هایش با صدای تق‌تقی روی پای چپ جلویی اسپیتز قفل شدند.

Spitz ora era instabile e il suo peso gravava solo su tre zampe.

اسپیتز حالا لرزان ایستاده بود و وزنش فقط روی سه پایش بود.

Buck colpì di nuovo e tentò tre volte di atterrarlo.

باک دوباره ضربه زد، سه بار سعی کرد او را به زمین بیندازد.

Al quarto tentativo ha usato la stessa mossa con successo

در تلاش چهارم، او با موفقیت از همان حرکت استفاده کرد

Questa volta Buck riuscì a mordere la zampa destra di Spitz.

این بار باک موفق شد پای راست اسپیتز را گاز بگیرد.

Spitz, benché storpio e in agonia, continuò a lottare per sopravvivere.

اسپیتز، اگرچه فلج و در عذاب بود، اما همچنان برای زنده ماندن تلاش می‌کرد.

Vide il cerchio degli husky stringersi, con le lingue fuori e gli occhi luminosi.

او دید که حلقه سگ‌های هاسکی تنگ‌تر شد، زبان‌هایشان بیرون آمد و چشمانشان برق زد.

Aspettarono di divorarlo, proprio come avevano fatto con gli altri.

آنها منتظر بودند تا او را ببلعند، همانطور که با دیگران چنین کرده بودند.

Questa volta era lui al centro, sconfitto e condannato.

این بار، او در مرکز ایستاده بود؛ شکست خورده و محکوم به فنا.

Ormai il cane bianco non aveva più alcuna possibilità di fuga.

حالا دیگر هیچ راه فراری برای سگ سفید وجود نداشت.

Buck non mostrò alcuna pietà, perché la pietà non era a posto nella natura selvaggia.

باک هیچ رحمی نشان نداد، زیرا رحم و شفقت در طبیعت وحشی جایی ندارد.

Buck si mosse con cautela, preparandosi per la carica finale.

باک با احتیاط حرکت کرد و برای حمله نهایی آماده شد.

Il cerchio degli husky si stringeva; lui sentiva i loro respiri caldi.

حلقه‌ی سگ‌های هاسکی تنگ‌تر شد؛ نفس‌های گرمشان را حس کرد.

Si accovacciarono, pronti a scattare quando fosse giunto il momento.

آنها چمباتمه زدند، آماده بودند تا وقتی لحظه موعود فرا رسید، از جا بپرند.

Spitz tremava nella neve, ringhiando e cambiando posizione.

اسپیتز در برف می‌لرزید، غرغر می‌کرد و حالتش را تغییر می‌داد.

I suoi occhi brillavano, le labbra si arricciavano, i denti brillavano in un'espressione disperata e minacciosa.

چشمانش خیره شد، لب‌هایش جمع شد و دندان‌هایش از روی تهدیدی ناامیدانه برق زدند.

Barcollò, cercando ancora di resistere al freddo morso della morte.

او تلو تلو خورد، هنوز سعی می‌کرد از نیش سرد مرگ در امان بماند.

Aveva già visto situazioni simili, ma sempre dalla parte dei vincitori.

او قبلاً هم این را دیده بود، اما همیشه از زاویه دید برنده.

Ora era dalla parte perdente; lo sconfitto; la preda; la morte.

حالا او در سمت بازنده بود؛ شکست خورده؛ طعمه؛ مرگ.

Buck si preparò al colpo finale, mentre il cerchio dei cani si faceva sempre più stretto.

باک برای ضربه آخر دور زد، حلقه سگ‌ها نزدیک‌تر شد.

Poteva sentire i loro respiri caldi; erano pronti a uccidere.

او می‌توانست نفس‌های گرم آنها را حس کند؛ آماده برای کشتن.

Calò il silenzio; tutto era al suo posto; il tempo si era fermato.

سکوتی حکمفرما شد؛ همه چیز سر جایش بود؛ زمان متوقف شده بود.

Persino l'aria fredda tra loro si congelò per un ultimo istante.

حتی هوای سرد بینشان هم برای آخرین لحظه یخ زد.

Soltanto Spitz si mosse, cercando di trattenere la sua fine amara.

فقط اسپیتز حرکت کرد و سعی داشت از پایان تلخ خود جلوگیری کند.

Il cerchio dei cani si stava stringendo attorno a lui, come era suo destino.

حلقه‌ی سگ‌ها دورش تنگ‌تر می‌شد، سرنوشتش هم همینطور.

Ora era disperato, sapendo cosa stava per accadere.

حالا دیگر کاملاً ناامید شده بود، چون می‌دانست چه اتفاقی قرار است بیفتد.

Buck balzò dentro e la sua spalla incontrò la sua spalla per l'ultima volta.

باک برای آخرین بار شانه به شانه‌ی هم وارد شد.

I cani si lanciarono in avanti, nascondendo Spitz nell'oscurità della neve.

سگ‌ها به جلو هجوم آوردند و اسپیتز را در تاریکی برفی پوشش دادند.

Buck osservava, eretto e fiero; il vincitore in un mondo selvaggio.

باک، ایستاده و ایستاده، نظاره می‌کرد؛ پیروز در دنیایی وحشی.

La bestia primordiale dominante aveva fatto la sua uccisione, e la aveva fatta bene.

جانور ازلی غالب، شکار خود را انجام داده بود و این خوب بود.

Colui che ha conquistato la maestria
او، که به مقام استادی رسیده است

"Eh? Cosa ho detto? Dico la verità quando dico che Buck è un diavolo."

«خب؟ چی گفتم؟ وقتی می‌گم باک یه شیطانه، راست می‌گم.»

François raccontò questo la mattina dopo aver scoperto la scomparsa di Spitz.

فـرانسوا این را صبح روز بعد، پس از پیدا کردن اسپیتز گمشده، گفت.

Buck rimase lì, coperto di ferite causate dal violento combattimento.

باک آنجا ایستاده بود، پوشیده از زخم‌های ناشی از نبرد وحشیانه.

François tirò Buck vicino al fuoco e indicò le ferite.

فـرانسوا باک را نزدیک آتش کشید و به جراحات اشاره کرد.

«Quello Spitz ha combattuto come il Devik», disse Perrault, osservando i profondi tagli.

پرو در حالی که به زخم‌های عمیق نگاه می‌کرد، گفت: «آن اسپیتز مثل دویک‌ها جنگید.»

«E quel Buck si batteva come due diavoli», rispose subito François.

فـرانسوا فوراً پاسخ داد: «و اینکه باک مثل دو شیطان با هم می‌جنگید.»

"Ora faremo buon passo; niente più Spitz, niente più guai."

«حالا وقت خوبی خواهیم داشت؛ دیگر خبری از اسپیتز نیست، دیگر دردسری نیست.»

Perrault stava preparando l'attrezzatura e caricò la slitta con cura.

پرو داشت وسایل را جمع می‌کرد و سورتمه را با احتیاط بار می‌زد.

François bardò i cani per prepararli alla corsa della giornata.

فـرانسوا سگ‌ها را برای دویدن آن روز مهار کرد.

Buck trotterellò dritto verso la posizione di testa, precedentemente occupata da Spitz.

باک مستقیماً به سمت جایگاهی که زمانی اسپیتز در آن قرار داشت، یورتمه رفت.

Ma François, senza accorgersene, condusse Solleks in prima linea.

اما فرانسوا، بی‌توجه به این موضوع، سولکس را به جلو هدایت کرد.

Secondo François, Solleks era ora il miglior cane da corsa.

به نظر فرانسوا، سولکس حالا بهترین سگِ جلودار بود۔

Buck si scagliò furioso contro Solleks e lo respinse indietro in segno di protesta.

باک با خشم به سولکس حمله کرد و با اعتراض او را عقب راند۔

Si fermò dove un tempo si era fermato Spitz, rivendicando la posizione di comando.

او در جایی که اسپیتز زمانی ایستاده بود، ایستاد و جایگاه برتر را از آن خود کرد۔

"Eh? Eh?" esclamò François, dandosi una pacca sulle cosce divertito.

فـرانسوا در حالی که از روی سرگرمی به رانهایش میزد، فریاد زد :
«ها؟ ها؟»

"Guarda Buck: ha ucciso Spitz, ora vuole prendersi il posto!"

«به باک نگاه کن ـ او اسپیتز را کشت، حالا میخواهد شغلش را بگیرد۔»

"Vattene via, Chook!" urlò, cercando di scacciare Buck.

او فریاد زد» :برو گمشو، چوکـو سعی کرد باک را از خود دور کند «۔

Ma Buck si rifiutò di muoversi e rimase immobile nella neve.

اما باک از حرکت خودداری کرد و محکم در برف ایستاد۔

François afferrò Buck per la collottola e lo trascinò da parte.

فـرانسوا یقهی باک را گرفت و او را به کناری کشید۔

Buck ringhiò basso e minaccioso, ma non attaccò.

باک غرشی آهسته و تهدیدآمیز کرد اما حمله نکرد۔

François rimette Solleks in testa, cercando di risolvere la disputa

فـرانسوا سولکس را دوباره به رهبری بازگرداند و سعی کرد اختلاف را حل و فصل کند۔

Il vecchio cane mostrò paura di Buck e non voleva restare.

سگ پیر از باک ترسید و نخواست بماند۔

Quando François gli voltò le spalle, Buck scacciò di nuovo Solleks.

وقتی فرانسوا پشتش را کرد، باک دوباره سولکس را بیرون راند۔

Solleks non oppose resistenza e si fece di nuovo da parte in silenzio.

سولکس مقاومتی نکرد و دوباره بیسروصدا کنار رفت۔

François si arrabbiò e urlò: "Per Dio, ti sistemo!"

فـرانسوا عصبانی شد و فریاد زد» :به خدا قسم، خودم درستت میکنم.«

Si avvicinò a Buck tenendo in mano una pesante mazza.

او در حالی که چماق سنگینی در دست داشت، به سمت باک آمد.

Buck ricordava bene l'uomo con il maglione rosso.

باک مرد با ژاکت قرمز را خوب به یاد داشت.

Si ritirò lentamente, osservando François ma ringhiando profondamente.

او به آرامی عقب‌نشینی کرد، فرانسوا را تماشا می‌کرد، اما غرغرهای عمیقی می‌کرد.

Non si affrettò a tornare indietro, nemmeno quando Solleks si mise al suo posto.

او حتی وقتی سولکس سر جایش ایستاد، عجله‌ای برای برگشتن نکرد.

Buck si girò in cerchio, appena fuori dalla sua portata, ringhiando furioso e protestando.

باک در حالی که از خشم و اعتراض غرش می‌کرد، درست دور خودش چرخید و به او رسید.

Teneva gli occhi fissi sulla mazza, pronto a schivare il colpo se François l'avesse lanciata.

او چشم از گرز برنمی‌داشت، آماده بود تا اگر فرانسوا چوب را انداخت، جاخالی بدهد.

Era diventato saggio e cauto nei confronti degli uomini che maneggiavano le armi.

او در شیوه‌های مردان مسلح، خردمند و محتاط شده بود.

François si arrese e chiamò di nuovo Buck al suo vecchio posto.

فرانسوا منصرف شد و دوباره باک را به جای سابقش فراخواند.

Ma Buck fece un passo indietro con cautela, rifiutandosi di obbedire all'ordine.

اما باک با احتیاط عقب رفت و از اطاعت دستور سر باز زد.

François lo seguì, ma Buck indietreggiò solo di pochi passi.

فرانسوا دنبالش رفت، اما باک فقط چند قدم دیگر عقب‌نشینی کرد.

Dopo un po' François gettò a terra l'arma, frustrato.

بعد از مدتی، فرانسوا با ناامیدی سلاح را به زمین انداخت.

Pensava che Buck avesse paura di essere picchiato e che avrebbe fatto lo stesso senza far rumore.

او فکر می‌کرد باک از کتک خوردن می‌ترسد و قرار است یواشکی بیاید.

Ma Buck non stava evitando la punizione: stava lottando per ottenere un rango.

اما باک از مجازات فرار نمی‌کرد——او برای کسب مقام و رتبه می‌جنگید.

Si era guadagnato il posto di capobranco combattendo fino alla morte

او جایگاه رهبری را از طریق مبارزه تا سر حد مرگ به دست آورده بود

non si sarebbe accontentato di niente di meno che di essere il leader.

او به چیزی کمتر از رهبر بودن رضایت نمی‌داد.

Perrault si unì all'inseguimento per aiutare a catturare il ribelle Buck.

پرو در تعقیب و گریز شرکت کرد تا به گرفتن باک سرکش کمک کند.

Insieme lo portarono in giro per l'accampamento per quasi un'ora.

آنها با هم، تقریباً یک ساعت او را در اطراف اردوگاه گرداندند.

Gli scagliarono contro dei bastoni, ma Buck li schivò abilmente uno per uno.

آنها چماق‌هایی به سمت او پرتاب کردند، اما باک با مهارت از هر کدام جاخالی داد.

Maledissero lui, i suoi antenati, i suoi discendenti e ogni suo capello.

آنها او، اجدادش، فرزندانش و هر مویی که بر تن داشت را نفرین کردند.

Ma Buck si limitò a ringhiare e a restare appena fuori dalla loro portata.

اما باک فقط غرغرکنان جواب داد و کمی دورتر از دسترس آنها ایستاد.

Non cercò mai di scappare, ma continuò a girare intorno all'accampamento deliberatamente.

او هرگز سعی نکرد فرار کند، بلکه عمداً دور اردوگاه می‌چرخید.

Disse chiaramente che avrebbe obbedito una volta ottenuto ciò che voleva.

او روشن کرد که وقتی آنچه را که می‌خواهد به او بدهند، اطاعت خواهد کرد.

Alla fine François si sedette e si grattò la testa, frustrato.

فـرانسوا بالاخره نشست و با ناامیدی سرش را خاراند.

Perrault controllò l'orologio, imprecò e borbottò qualcosa sul tempo perso.

پرو به ساعتش نگاه کرد، فحش داد و درباره زمان از دست رفته غرغر کرد.

Era già trascorsa un'ora, mentre avrebbero dovuto essere sulle tracce.

یک ساعت از زمانی که باید در مسیر بودند، گذشته بود۔

François alzò le spalle timidamente, guardando il corriere, che sospirò sconfitto.

فـرانسوا با خجالت شانه‌هایش را بالا انداخت و پیک آهی از سر شکست کشید۔

Poi François si avvicinò a Solleks e chiamò ancora una volta Buck.

سپس فرانسوا به سمت سولکس رفت و یک بار دیگر باک را صدا زد۔

Buck rise come ride un cane, ma mantenne una cauta distanza.

باک مثل خنده‌ی سگ خندید، اما فاصله‌ی محتاطانه‌اش را حفظ کرد۔

François tolse l'imbracatura a Solleks e lo rimise al suo posto.

فـرانسوا افسار سولکس را برداشت و او را به جایش برگرداند۔

La squadra di slittini era completamente imbracata, con un solo posto libero.

تیم سورتمه‌سواری کاملاً مجهز به تجهیزات بود و تنها یک جای خالی داشت۔

La posizione di comando rimase vuota, chiaramente riservata solo a Buck.

جایگاه رهبری خالی ماند، که مشخصاً فقط برای باک در نظر گرفته شده بود۔

François chiamò di nuovo e di nuovo Buck rise e mantenne la sua posizione.

فـرانسوا دوباره صدا زد و باک دوباره خندید و حرفش را پس گرفت۔

«Gettate giù la mazza», ordinò Perrault senza esitazione.

پرو بدون هیچ تردیدی دستور داد: «چماق را زمین بگذارید۔»

François obbedì e Buck si lanciò subito avanti con orgoglio.

فـرانسوا اطاعت کرد و باک فوراً با غرور به جلو تاخت۔

Rise trionfante e assunse la posizione di comando.

او پیروزمندانه خندید و در جایگاه رهبری قرار گرفت۔

François fissò le corde e la slitta si staccò.

فـرانسوا رد پایش را محکم کرد و سورتمه از جا کنده شد۔

Entrambi gli uomini corsero fianco a fianco mentre la squadra si lanciava lungo il sentiero del fiume.

هر دو مرد در حالی که تیم به سمت مسیر رودخانه می‌رفت، در کنار هم می‌دویدند.

François aveva avuto una grande stima dei "due diavoli" di Buck,

ف،رانسوا از «دو شیطان »باک به نیکی یاد کرده بود

ma ben presto si rese conto di aver in realtà sottovalutato il cane.

اما خیلی زود فهمید که در واقع سگ را دست کم گرفته بود.

Buck assunse rapidamente la leadership e si comportò in modo eccellente.

باک به سرعت رهبری را به دست گرفت و با تعالی عمل کرد.

Buck superò Spitz per capacità di giudizio, rapidità di pensiero e rapidità di azione.

باک در قضاوت، تفکر سریع و اقدام سریع، از اسپیتز پیشی گرفت.

François non aveva mai visto un cane pari a quello che Buck mostrava ora.

فـرانسوا هرگز سگی به آن شکلی که باک نشان می‌داد، ندیده بود.

Ma Buck eccelleva davvero nel far rispettare l'ordine e nel imporre rispetto.

اما باک واقعاً در اجرای نظم و جلب احترام سرآمد بود.

Dave e Solleks accettarono il cambiamento senza preoccupazioni o proteste.

دیو و سولکس بدون نگرانی یا اعتراضی این تغییر را پذیرفتند.

Si concentravano solo sul lavoro e tiravano forte le redini.

آنها فقط روی کار و سخت‌کوشی در مهار امور تمرکز داشتند.

A loro importava poco chi guidasse, purché la slitta continuasse a muoversi.

تا زمانی که سورتمه به حرکت خود ادامه می‌داد، برایشان اهمیتی نداشت چه کسی رهبری می‌کند.

Billee, quella allegra, avrebbe potuto comandare per quel che volevano.

بـیلی، آن دختر شاد، می‌توانست به هر قیمتی که شده رهبری کند.

Ciò che contava per loro era la pace e l'ordine tra i ranghi.

آنچه برایشان مهم بود، آرامش و نظم در صفوف بود.

Il resto della squadra era diventato indisciplinato durante il declino di Spitz.

بقیه اعضای تیم در دوران افول اسپیتز، سرکش شده بودند.

Rimasero scioccati quando Buck li riportò immediatamente all'ordine.

وقتی باک فوراً آنها را سر میز آورد، شوکه شدند.

Pike era sempre stato pigro e aveva sempre tergiversato dietro a Buck.

پایک همیشه تنبل بود و باک را به زحمت می‌انداخت.

Ma ora è stato severamente disciplinato dalla nuova leadership.

اما اکنون توسط رهبری جدید به شدت تنبیه شده بود.

E imparò rapidamente a dare il suo contributo alla squadra.

و او به سرعت یاد گرفت که در تیم نقش خود را به خوبی ایفا کند ۔

Alla fine della giornata, Pike lavorò più duramente che mai.

در پایان روز، پایک سخت‌تر از همیشه کار کرد.

Quella notte all'accampamento, Joe, il cane scontroso, fu finalmente domato.

آن شب در اردوگاه، جو، سگ ترشرو، بالاخره رام شد.

Spitz non era riuscito a disciplinarlo, ma Buck non aveva fallito.

اسپیتز در تنبیه او شکست خورده بود، اما باک شکست نخورد.

Sfruttando il suo peso maggiore, Buck sopraffece Joe in pochi secondi.

باک با استفاده از وزن بیشترش، در عرض چند ثانیه جو را مغلوب کرد.

Morse e picchiò Joe finché questi non si mise a piagnucolare e smise di opporre resistenza.

او آنقدر جو را گاز گرفت و کتک زد تا اینکه جو ناله کرد و دیگر مقاومت نکرد.

Da quel momento in poi l'intera squadra migliorò.

از آن لحظه به بعد کل تیم پیشرفت کرد.

I cani ritrovarono la loro antica unità e disciplina.

سگ‌ها اتحاد و نظم سابق خود را بازیافتند.

A Rink Rapids si sono uniti al gruppo due nuovi husky autoctoni, Teek e Koona.

در رینک رپیدز، دو سگ هاسکی بومی جدید، تیک و کونا، به آنها ملحق شدند

La rapidità con cui Buck li addestramento stupì perfino François.

آموزش سریع آنها توسط باک حتی فرانسوا را نیز شگفت زده کرد۔

"Non è mai esistito un cane come quel Buck!" esclamò stupito.

او با حیرت فریاد زد» :هیچوقت سگی مثل این باک وجود نداشته.«

"No, mai! Vale mille dollari, per Dio!"

»نه، هرگز۔به خدا قسم او هزار دلار می‌ارزد ۔«

"Eh? Che ne dici, Perrault?" chiese con orgoglio.

ب»را غرور پرسید« :چی؟ نظرت چیه، پرو؟

Perrault annuì in segno di assenso e controllò i suoi appunti.

پرو به نشانه‌ی موافقت سر تکان داد و یادداشت‌هایش را بررسی کرد۔

Siamo già in anticipo sui tempi e guadagniamo sempre di più ogni giorno.

ما از برنامه جلوتر هستیم و هر روز بیشتر سود می‌کنیم۔

Il sentiero era compatto e liscio, senza neve fresca.

مسیر، سخت و هموار بود و خبری از برف تازه نبود۔

Il freddo era costante, con temperature che si aggiravano sempre sui cinquanta gradi sotto zero.

سرما یکنواخت بود و در تمام مدت پنجاه درجه زیر صفر را نشان می‌داد۔

Per scaldarsi e guadagnare tempo, gli uomini si alternavano a cavallo e a correre.

مردها برای اینکه گرم بمانند و وقت بگیرند، به نوبت سوار اسب می‌شدند و می‌دویدند۔

I cani correvano veloci, fermandosi di rado, spingendosi sempre in avanti.

سگ‌ها با سرعت می‌دویدند و چند لحظه‌ای توقف نمی‌کردند و همیشه به جلو هل می‌دادند۔

Il fiume Thirty Mile era per la maggior parte ghiacciato e facile da attraversare.

رودخانه سی مایلی عمداً یخ زده بود و عبور از آن آسان بود۔

In un giorno realizzarono ciò che per arrivare aveva impiegato dieci giorni.

آنها کاری را که ده روز طول کشیده بود تا انجام دهند، در یک روز انجام دادند۔

Percorsero circa 96 chilometri dal lago Le Barge a White Horse.

آنها شصت مایل از دریاچه لو بارج تا وایت هورس دویدند.

Si muovevano a velocità incredibile attraverso i laghi Marsh, Tagish e Bennett.

آنها با سرعت باورنکردنی در سراسر دریاچههای مارش، تاگیش و بنت حرکت کردند.

L'uomo che correva veniva trainato dietro la slitta con una corda.

مرد دونده سورتمه را با طناب به دنبال خود کشید.

L'ultima notte della seconda settimana giunsero a destinazione.

در آخرین شب هفته دوم، آنها به مقصدشان رسیدند.

Insieme avevano raggiunto la cima del White Pass.

آنها با هم به بالای گردنه سفید رسیده بودند.

Scesero fino al livello del mare, con le luci dello Skaguay sotto di loro.

آنها در حالی که چراغهای اسکاگوای زیرشان بود، به سطح دریا پایین آمدند.

Era stata una corsa da record attraverso chilometri di fredda natura selvaggia.

این یک رکوردشکنی در پیمودن کیلومترها مسیر سرد و بیابانی بود.

Per quattordici giorni di fila percorsero in media circa quaranta miglia.

آنها چهارده روز متوالی، به طور میانگین چهل مایل)حدود 40 کیلومتر (را پیمودند.

A Skaguay, Perrault e François trasportavano merci attraverso la città.

در اسکاگوئه، پرو و فرانسوا محمولهها را در سطح شهر جابجا میکردند.

Furono applauditi e ricevettero numerose bevande dalla folla ammirata.

جمعیت تحسینکننده آنها را تشویق کردند و نوشیدنیهای زیادی به آنها تعارف کردند.

I cacciatori di cani e gli operai si sono riuniti attorno alla famosa squadra cinofila.

سگربازها و کارگران دور تیم معروف جمعآوری سگها جمع شدند.

Poi i fuorilegge del West giunsero in città e subirono una violenta sconfitta.

سپس یاغیان غربی به شهر آمدند و با شکست سختی روبرو شدند.

La gente si dimenticò presto della squadra e si concentrò sul nuovo dramma.

مردم خیلی زود تیم را فراموش کردند و روی درام جدید تمرکز کردند.

Poi arrivarono i nuovi ordini che cambiarono tutto in un colpo.

سپس دستورات جدیدی از راه رسیدند که همه چیز را به یکباره تغییر دادند.

François chiamò Buck e lo abbracciò con orgoglio e lacrime.

فرانسوا باک را به سوی خود فراخواند و با غروری اشکبار او را در آغوش گرفت.

Quel momento fu l'ultima volta che Buck vide di nuovo François.

آن لحظه آخرین باری بود که باک دوباره فرانسوا را دید.

Come molti altri uomini prima di lui, sia François che Perrault se n'erano andati.

مانند بسیاری از مردان پیش از او، فرانسوا و پرو هر دو رفته بودند.

Un meticcio scozzese si prese cura di Buck e dei suoi compagni di squadra con i cani da slitta.

یک سگ دورگه اسکاتلندی مسئولیت باک و همتیمی‌های سگ سورتمه‌کشش را بر عهده گرفت.

Con una dozzina di altre mute di cani, ritornarono lungo il sentiero fino a Dawson.

آنها به همراه دوازده تیم سگ دیگر، در امتداد مسیر به داوسون بازگشتند.

Non si trattava più di una corsa veloce, ma solo di un duro lavoro con un carico pesante ogni giorno.

حالا دیگر کار سریع و طاقت‌فرسا نبود ـ فقط کار طاقت‌فرسا با بار سنگین هر روز.

Si trattava del treno postale che portava notizie ai cercatori d'oro vicino al Polo.

این قطار پستی بود که به شکارچیان طلا در نزدیکی قطب خبر می‌داد.

Buck non amava il lavoro, ma lo sopportò bene, essendo orgoglioso del suo impegno.

باک از کار خوشش نمی‌آمد، اما آن را به خوبی تحمل می‌کرد و به تلاش خود افتخار می‌کرد.

Come Dave e Solleks, Buck dimostrava dedizione in ogni compito quotidiano.

باک، مانند دیو و سولکس، به تک تک کارهای روزانه‌اش پایبند بود.

Si è assicurato che tutti i suoi compagni di squadra dessero il massimo.

او مطمئن شد که هر یک از هم‌تیمی‌هایش به اندازه سهم خود تلاش می‌کنند.

La vita sui sentieri divenne noiosa e si ripeteva con la precisione di una macchina.

زندگی در مسیرهای پیاده‌روی کسل‌کننده شد و با دقت یک ماشین تکرار می‌شد.

Ogni giorno era uguale, una mattina si fondeva con quella successiva.

هر روز حس یکسانی داشت، یک صبح با صبح دیگر در هم می‌آمیخت.

Alla stessa ora, i cuochi si alzarono per accendere il fuoco e preparare il cibo.

در همان ساعت، آشپزها برخاستند تا آتش روشن کنند و غذا آماده کنند.

Dopo colazione alcuni lasciarono l'accampamento mentre altri attaccarono i cani.

بعد از صبحانه، بعضی‌ها کمپ را ترک کردند در حالی که بعضی دیگر سگ‌ها را مهار کردند.

Raggiunsero il sentiero prima che il pallido segnale dell'alba sfiorasse il cielo.

آنها قبل از اینکه هشدار کم‌رنگ سپیده دم آسمان را لمس کند، به مسیر رسیدند.

Di notte si fermavano per accamparsi, e a ogni uomo veniva assegnato un compito.

شب هنگام، آنها برای اردو زدن توقف کردند و هر کدام وظیفه مشخصی داشتند.

Alcuni montarono le tende, altri tagliarono la legna da ardere e raccolsero rami di pino.

بعضی‌ها چادرها را برپا کردند، بعضی دیگر هیزم شکستند و شاخه‌های کاج جمع کردند.

Acqua o ghiaccio venivano portati ai cuochi per la cena serale.

آب یا یخ برای غذای عصرانه به آشپزها برگردانده می‌شد.

I cani vennero nutriti e per loro quello fu il momento migliore della giornata.

به سگ‌ها غذا داده شد و این بهترین بخش روز برایشان بود.

Dopo aver mangiato il pesce, i cani si rilassarono e oziarono vicino al fuoco.

سگ‌ها بعد از خوردن ماهی، نزدیک آتش استراحت کردند و لم دادند.

Nel convoglio c'erano un centinaio di altri cani con cui socializzare.

صد سگ دیگر هم در کاروان بودند که می‌شد با آنها معاشرت کرد.

Molti di quei cani erano feroci e pronti a combattere senza preavviso.

بسیاری از آن سگ‌ها وحشی و سریع بودند و بدون هشدار قبلی می‌جنگیدند.

Ma dopo tre vittorie, Buck riuscì a domare anche i combattenti più feroci.

اما پس از سه برد، باک حتی بر خشن‌ترین مبارزان نیز تسلط یافت.

Ora, quando Buck ringhiò e mostrò i denti, loro si fecero da parte.

حالا وقتی باک غرید و دندان‌هایش را نشان داد، آنها کنار رفتند.

Forse la cosa più bella di tutte era che a Buck piaceva sdraiarsi vicino al fuoco tremolante.

شاید از همه بهتر، باک عاشق دراز کشیدن کنار آتش سوسوزن بود.

Si accovacciò, con le zampe posteriori ripiegate e quelle anteriori distese in avanti.

او چمباتمه زد، پاهای عقبش را جمع کرد و پاهای جلویی‌اش را به جلو کشید.

Teneva la testa sollevata e sbatteva dolcemente le palpebre verso le fiamme ardenti.

سرش را بالا آورد و به آرامی پلک زد و به شعله‌های درخشان خیره شد.

A volte ricordava la grande casa del giudice Miller a Santa Clara.

گاهی اوقات خانه بزرگ قاضی میلر در سانتا کلارا را به یاد می‌آورد.

Pensò alla piscina di cemento, a Ysabel e al carlino di nome Toots.

او به استخر سیمانی، به ایزابل و سگ پاگی به نام توتس فکر کرد.

Ma più spesso si ricordava del bastone dell'uomo con il maglione rosso.

اما بیشتر اوقات مردی را که چماق ژاکت قرمز به سر داشت به یاد می‌آورد.

Ricordava la morte di Curly e la sua feroce battaglia con Spitz.

او مرگ کرلی و نبرد سهمگین او را با اسپیتز را به یاد آورد.

Ricordava anche il buon cibo che aveva mangiato o che ancora sognava.

او همچنین غذاهای خوبی را که خورده بود یا هنوز آرزویش را داشت، به یاد آورد.

Buck non aveva nostalgia di casa: la valle calda era lontana e irreale.

باک دلتنگ خانه نبود—دره گرم دور و غیرواقعی بود.

I ricordi della California non avevano più alcun fascino su di lui.

خاطرات کالیفرنیا دیگر هیچ کشش واقعی‌ای به او نمی‌دادند.

Più forti della memoria erano gli istinti radicati nella sua stirpe.

غرایزی که در اعماق خونش ریشه دوانده بودند، از حافظه قوی‌تر بودند.

Le abitudini un tempo perdute erano tornate, ravvivate dal sentiero e dalla natura selvaggia.

عادت‌هایی که زمانی از بین رفته بودند، دوباره بازگشته بودند و مسیر و طبیعت وحشی آنها را احیا کرده بود.

Mentre Buck osservava la luce del fuoco, a volte questa diventava qualcos'altro.

همچنان که باک به نور آتش نگاه می‌کرد، گاهی چیز دیگری می‌شد.

Vide alla luce del fuoco un altro fuoco, più vecchio e più profondo di quello attuale.

او در نور آتش، آتش دیگری دید، قدیمی‌تر و عمیق‌تر از آتش فعلی.

Accanto all'altro fuoco era accovacciato un uomo che non somigliava per niente al cuoco meticcio.

کنار آن آتش دیگر، مردی چمباتمه زده بود که با آشپز دورگه فرق داشت.

Questa figura aveva gambe corte, braccia lunghe e muscoli duri e contratti.

این پیکره پاهای کوتاه، بازوهای بلند و عضلاتی سخت و گره‌دار داشت.

I suoi capelli erano lunghi e arruffati, e gli scendevano all'indietro a partire dagli occhi.

موهایش بلند و ژولیده بود و از کنار چشمانش به عقب متمایل شده بود.

Emetteva strani suoni e fissava l'oscurità con paura.

او صداهای عجیبی از خودش درمی‌آورد و با ترس به تاریکی خیره شده
بود.

Teneva bassa una mazza di pietra, stretta saldamente nella
sua mano lunga e ruvida.

او یک چماق سنگی را پایین نگه داشته بود و آن را محکم در دست دراز
و خشنش گرفته بود.

L'uomo indossava ben poco: solo una pelle carbonizzata che
gli pendeva lungo la schiena.

مرد لباس کمی پوشیده بود؛ فقط یک پوست سوخته که از پشتش آویزان
بود.

Il suo corpo era ricoperto da una folta peluria sulle braccia,
sul petto e sulle cosce.

بدنش پوشیده از موهای ضخیم در سراسر بازوها، سینه و ران‌ها بود.

Alcune parti del pelo erano aggrovigliate e formavano
chiazze di pelo ruvido.

بعضی از قسمت‌های مو به صورت تکه‌هایی از خز زبر در هم پیچیده
شده بودند.

Non stava dritto, ma era piegato in avanti dai fianchi alle
ginocchia.

او صاف نایستاده بود، بلکه از لگن تا زانو به جلو خم شده بود.

I suoi passi erano elastici e felini, come se fosse sempre
pronto a scattare.

قدم‌هایش فنری و گربه‌مانند بود، گویی همیشه آماده‌ی جهش بود.

C'era una forte allerta, come se vivesse nella paura costante.

هوشیاری شدیدی وجود داشت، انگار که در ترس مداوم زندگی می‌کرد.

Quest'uomo anziano sembrava aspettarsi il pericolo,
indipendentemente dal fatto che questo venisse visto o
meno.

به نظر می‌رسید این مرد باستانی انتظار خطر را می‌کشید، چه خطر
دیده می‌شد و چه نمی‌شد.

A volte l'uomo peloso dormiva accanto al fuoco, con la testa
tra le gambe.

مرد پشمالو گاهی کنار آتش می‌خوابید و سرش را بین پاهایش جمع
می‌کرد.

Teneva i gomiti sulle ginocchia e le mani giunte sopra la testa.

آرنج‌هایش را روی زانوهایش گذاشته بود و دست‌هایش را بالای سرش قلاب کرده بود.

Come un cane, usava le sue braccia pelose per proteggersi dalla pioggia che cadeva.

مثل سگی از بازوهای پشمالویش برای دفع باران استفاده می‌کرد.

Oltre la luce del fuoco, Buck vide due carboni ardenti che ardevano nell'oscurità.

باک، آن سوی نور آتش، دو زغال دوقلو را دید که در تاریکی می‌درخشیدند.

Sempre a due a due, erano gli occhi delle bestie da preda.

همیشه دو به دو، آنها چشم حیوانات درنده‌ی در کمین بودند.

Sentì corpi che si infrangevano tra i cespugli e rumori provenienti dalla notte.

او صدای برخورد اجساد را از میان بوته‌ها و صداهایی را که در شب ایجاد می‌شد، شنید.

Sdraiato sulla riva dello Yukon, sbattendo le palpebre, Buck sognò accanto al fuoco.

باک در حالی که روی ساحل یوکان دراز کشیده بود، پلک می‌زد و کنار آتش رویا می‌دید.

Le immagini e i suoni di quel mondo selvaggio gli fecero rizzare i capelli.

مناظر و صداهای آن دنیای وحشی مو به تن آدم سیخ می‌کرد.

La pelliccia gli si drizzò lungo la schiena, sulle spalle e sul collo.

خز در امتداد پشت، شانه‌ها و گردنش بلند شده بود.

Gemeva piano o emetteva un ringhio basso dal profondo del petto.

او به آرامی ناله می‌کرد یا غرشی آرام در اعماق سینه‌اش سر می‌داد.

Allora il cuoco meticcio urlò: "Ehi, Buck, svegliati!"

سپس آشپز دورگه فریاد زد: «هی، باک، بیدار شو.»

Il mondo dei sogni svanì e la vera vita tornò agli occhi di Buck.

دنیای رویا ناپدید شد و زندگی واقعی به چشمان باک بازگشت.

Si sarebbe alzato, si sarebbe stiracchiato e avrebbe sbadigliato, come se si fosse svegliato da un pisolino.

میخواست بلند شود، کش و قوسی به بدنش بدهد و خمیازه بکشد، انگار
که از خواب نیمروزی بیدار شده باشد۔

Il viaggio era duro, con la slitta postale che li trascinava
dietro.

سفر سختی بود، سورتمه پستی آنها را به دنبال خود میکشاند۔

Carichi pesanti e lavoro duro sfinivano i cani ogni lunga
giornata.

بارهای سنگین و کارهای طاقتفرسا، سگها را در طول روز خسته
میکرد۔

Arrivarono a Dawson magro, stanco e con bisogno di più di
una settimana di riposo.

آنها در حالی که لاغر، خسته و نیازمند بیش از یک هفته استراحت بودند،
به داوسون رسیدند۔

Ma solo due giorni dopo ripartirono per lo Yukon.

اما تنها دو روز بعد، آنها دوباره به سمت یوکان حرکت کردند۔

Erano carichi di altre lettere dirette al mondo esterno.

آنها پر از نامههای بیشتری بودند که قرار بود به دنیای بیرون فرستاده
شوند۔

I cani erano esausti e gli uomini si lamentavano in
continuazione.

سگها خسته شده بودند و مردها مدام شکایت میکردند۔

Ogni giorno cadeva la neve, ammorbidendo il sentiero e
rallentando le slitte.

هر روز برف میبارید، مسیر را نرم میکرد و حرکت سورتمهها را کند
میکرد۔

Ciò rendeva la trazione più dura e aumentava la resistenza
delle guide.

این باعث کشش سختتر و نیروی اصطکاک بیشتری روی دوندهها
میشد۔

Nonostante ciò, i piloti si sono dimostrati leali e hanno
avuto cura delle loro squadre.

با وجود این، رانندگان منصف بودند و به تیمهایشان اهمیت میدادند۔

Ogni notte, i cani venivano nutriti prima che gli uomini
mangiassero.

هر شب، قبل از اینکه مردان غذا بخورند، به سگها غذا داده میشد۔

Nessun uomo dormiva prima di controllare le zampe del
proprio cane.

هیچ مردی قبل از اینکه پاهای سگ خودش را بررسی کند، نمی‌خوابید۔

Tuttavia, i cani diventavano sempre più deboli man mano che i chilometri consumavano i loro corpi.

با این حال، سگ‌ها با پیمودن مسافت‌های طولانی، ضعیف‌تر می‌شدند.

Avevano viaggiato per milleottocento miglia durante l'inverno.

آنها در طول زمستان هزار و هشتصد مایل سفر کرده بودند.

Percorrevano ogni miglio di quella distanza brutale trainando le slitte.

آنها سورتمه‌ها را در هر مایل از آن مسافت وحشتناک می‌کشیدند.

Anche i cani da slitta più resistenti provano tensione dopo tanti chilometri.

حتی سرسخت‌ترین سگ‌های سورتمه‌سوار هم بعد از طی کردن این همه کیلومتر احساس خستگی می‌کنند.

Buck tenne duro, fece sì che la sua squadra lavorasse e mantenne la disciplina.

باک مقاومت کرد، تیمش را به کار واداشت و نظم را حفظ کرد.

Ma Buck era stanco, proprio come gli altri durante il lungo viaggio.

اما باک خسته بود، درست مثل بقیه‌ی کسانی که در این سفر طولانی بودند.

Billee piagnucolava e piangeva nel sonno ogni notte, senza sosta.

بیلی هر شب بدون وقفه در خواب ناله و گریه می‌کرد.

Joe diventò ancora più amareggiato e Solleks rimase freddo e distante.

جو حتی تلخ‌تر شد و سولکس سرد و بی‌تفاوت ماند.

Ma è stato Dave a soffrire di più di tutta la squadra.

اما این دیو بود که از بین کل تیم بدترین ضربه را خورد.

Qualcosa dentro di lui era andato storto, anche se nessuno sapeva cosa.

چیزی در درونش اشتباه پیش رفته بود، هرچند هیچ‌کس نمی‌دانست چه چیزی۔

Divenne più lunatico e aggredì gli altri con rabbia crescente.

او بدخلق‌تر شد و با خشم فزاینده‌ای به دیگران پرخاش می‌کرد.

Ogni notte andava dritto al suo nido, in attesa di essere nutrito.

هر شب او مستقیماً به لانهاش می‌رفت و منتظر غذا می‌ماند.

Una volta a terra, Dave non si alzò più fino al mattino.

دیو وقتی که زمین خورد، تا صبح دیگر بلند نشد.

Sulle redini, gli improvvisi strattoni o sussulti lo facevano gridare di dolore.

روی افسار، تکان‌ها یا لرزش‌های ناگهانی باعث می‌شد از درد فریاد بزند.

L'autista ha cercato di capirne la causa, ma non ha trovato ferite.

راننده‌اش علت را جستجو کرد، اما هیچ آسیبی در او پیدا نکرد.

Tutti gli autisti cominciarono a osservare Dave e a discutere del suo caso.

همه رانندگان شروع به تماشای دیو کردند و در مورد پرونده او بحث کردند.

Parlarono durante i pasti e durante l'ultima sigaretta della giornata.

آنها سر غذا و موقع آخرین سیگار کشیدنشان حرف می‌زدند.

Una notte tennero una riunione e portarono Dave al fuoco.

یک شب آنها جلسه‌ای تشکیل دادند و دیو را به آتش کشیدند.

Gli premevano e palpavano il corpo e lui gridava spesso.

آنها بدنش را فشار می‌دادند و بررسی می‌کردند، و او اغلب فریاد می‌زد.

Era evidente che qualcosa non andava, anche se non sembrava esserci nessuna frattura.

واضح بود که مشکلی پیش آمده، هرچند به نظر نمی‌رسید استخوانی شکسته باشد.

Quando arrivarono al Cassiar Bar, Dave stava cadendo.

وقتی به کاسیار بار رسیدند، دیو داشت زمین می‌خورد.

Il meticcio scozzese impose uno stop e rimosse Dave dalla squadra.

این دورگه اسکاتلندی، کار را متوقف کرد و دیو را از تیم کنار گذاشت.

Fissò Solleks al posto di Dave, il più vicino possibile alla parte anteriore della slitta.

او سولکس را در جای دیو، نزدیک‌ترین قسمت به جلوی سورتمه، بست.

Voleva lasciare che Dave riposasse e corresse libero dietro la slitta in movimento.

او می‌خواست دیو استراحت کند و آزادانه پشت سورتمه در حال حرکت بدود.

Ma nonostante la malattia, Dave odiava che gli venisse tolto il lavoro che aveva ricoperto.

اما دیو حتی در حالت بیماری هم از اینکه از شغلی که قبلاً داشت، گرفته شود، متنفر بود.

Ringhiò e piagnucolò quando gli strapparono le redini dal corpo.

او غرغر کرد و ناله کرد وقتی افسار از بدنش کشیده شد.

Quando vide Solleks al suo posto, pianse disperato.

وقتی سولکس را در جای خود دید، با دلی شکسته و دردی عمیق گریست.

L'orgoglio per il lavoro sui sentieri era profondo in Dave, anche quando la morte si avvicinava.

حتی با نزدیک شدن مرگ، غرور کار در مسیرهای کوهستانی در وجود دیو عمیقاً موج می‌زد.

Mentre la slitta si muoveva, Dave arrancava nella neve soffice vicino al sentiero.

همینطور که سورتمه حرکت می‌کرد، دیو در نزدیکی مسیر، روی برف نرم به سختی راه می‌رفت.

Attaccò Solleks, mordendolo e spingendolo giù dal lato della slitta.

او به سولکس حمله کرد، او را گاز گرفت و از کنار سورتمه هل داد.

Dave cercò di saltare nell'imbracatura e di riprendersi il suo posto di lavoro.

دیو سعی کرد به داخل مهار بپرد و محل کارش را پس بگیرد.

Lui guaiva, si lamentava e piangeva, diviso tra il dolore e l'orgoglio del parto.

او فریاد می‌زد، ناله می‌کرد و گریه می‌کرد، در حالی که بین درد و غرور در حین زایمان گیر کرده بود.

Il meticcio usò la frusta per cercare di allontanare Dave dalla squadra.

آن دورگه با شلاقش سعی کرد دیو را از تیم دور کند.

Ma Dave ignorò la frustata e l'uomo non riuscì a colpirlo più forte.

اما دیو به شلاق توجهی نکرد و آن مرد نتوانست ضربه محکم‌تری به او بزند.

Dave rifiutò il sentiero più facile dietro la slitta, dove la neve era compatta.

دیو از مسیر آسان‌تر پشت سورتمه، جایی که برف زیادی جمع شده بود، خودداری کرد.

Invece, si ritrovò a lottare nella neve profonda, ai lati del sentiero, in preda alla miseria.

در عوض، او در برف عمیق کنار مسیر، با بدبختی دست و پنجه نرم می‌کرد.

Alla fine Dave crollò, giacendo sulla neve e urlando di dolore.

سرانجام، دیو از حال رفت، روی برف‌ها افتاد و از درد ناله می‌کرد.

Lanciò un grido mentre la lunga fila di slitte gli passava accanto una dopo l'altra.

او فریاد زد وقتی که قطار طولانی سورتمه‌ها یکی یکی از کنار ش در شدند.

Tuttavia, con le poche forze che gli rimanevano, si alzò e barcollò dietro di loro.

با این حال، با آخرین نیروی باقی مانده، بلند شد و تلوتلوخوران به دنبال آنها رفت.

Quando il treno si fermò di nuovo, lo raggiunse e trovò la sua vecchia slitta.

وقتی قطار دوباره توقف کرد، به او رسید و سورتمه قدیمی‌اش را پیدا کرد.

Superò con difficoltà le altre squadre e tornò a posizionarsi accanto a Solleks.

او با دستپاچگی از کنار تیم‌های دیگر گذشت و دوباره کنار سولکس ایستاد.

Mentre l'autista si fermava per accendere la pipa, Dave colse l'ultima occasione.

همین که راننده مکث کرد تا پیپش را روشن کند، دیو آخرین شانسش را امتحان کرد.

Quando l'autista tornò e urlò, la squadra non avanzò.

وقتی راننده برگشت و فریاد زد، تیم جلو نرفت.

I cani avevano girato la testa, confusi dall'improvviso arresto.

سگ‌ها، گیج از توقف ناگهانی، سرشان را برگردانده بودند.

Anche il conducente era scioccato: la slitta non si era mossa di un centimetro in avanti.

راننده هم شوکه شده بود—سورتمه حتی یک اینچ هم جلو نرفته بود.

Chiamò gli altri perché venissero a vedere cosa era successo.

او بقیه را صدا زد تا بیایند و ببینند چه اتفاقی افتاده است.

Dave aveva masticato le redini di Solleks, spezzandole entrambe.

دیو افسار سولکس را جویده و هر دو را از هم جدا کرده بود.

Ora era di nuovo in piedi davanti alla slitta, nella sua giusta posizione.

حالا او جلوی سورتمه ایستاده بود، و دوباره در جایگاه درست خود قرار گرفته بود.

Dave alzò lo sguardo verso l'autista, implorandolo silenziosamente di restare al passo.

دیو به راننده نگاه کرد و در سکوت التماس کرد که در مسیر بماند.

L'autista era perplesso e non sapeva cosa fare per il cane in difficoltà.

راننده گیج شده بود و مطمئن نبود برای سگی که تقلا می‌کرد چه کار کند.

Gli altri uomini parlavano di cani morti perché li avevano portati fuori.

مردهای دیگر از سگ‌هایی صحبت می‌کردند که در اثر بیرون بردن مرده بودند.

Raccontavano di cani vecchi o feriti il cui cuore si era spezzato quando erano stati abbandonati.

آنها از سگ‌های پیر یا زخمی می‌گفتند که وقتی تنها گذاشته می‌شدند، دلشان می‌شکست.

Concordarono che era un atto di misericordia lasciare che Dave morisse mentre era ancora imbrigliato.

آنها توافق کردند که این رحمت است که بگذارند دیو در حالی که هنوز افسارش را در دست دارد بمیرد.

Fu rimesso in sicurezza sulla slitta e Dave tirò con orgoglio.

او را دوباره به سورتمه بستند و دیو با غرور آن را کشید.

Anche se a volte gridava, lavorava come se il dolore potesse essere ignorato.

اگرچه گاهی اوقات فریاد می‌زد، اما طوری کار می‌کرد که انگار می‌توان درد را نادیده گرفت.

Più di una volta cadde e fu trascinato prima di rialzarsi.

بیش از یک بار او افتاد و قبل از اینکه دوباره بلند شود، کشیده شد.

A un certo punto la slitta gli rotolò addosso e da quel momento in poi zoppicò.

یک بار، سورتمه از روی او گذشت و از آن لحظه به بعد او لنگید.

Nonostante ciò, lavorò finché non raggiunse l'accampamento e poi si sdraiò accanto al fuoco.

با این حال، او تا رسیدن به اردوگاه کار کرد و سپس کنار آتش دراز کشید.

Al mattino Dave era troppo debole per muoversi o anche solo per stare in piedi.

تا صبح، دیو آنقدر ضعیف شده بود که نمی‌توانست حرکت کند یا حتی بایستد.

Al momento di allacciare l'imbracatura, cercò di raggiungere il suo autista con sforzi tremanti.

در زمان آماده‌سازی مهار، با تلاشی لرزان سعی کرد به راننده‌اش برسد.

Si sforzò di rialzarsi, barcollò e crollò sul terreno innevato.

او به زور بلند شد، تلو تلو خورد و روی زمین برفی افتاد.

Utilizzando le zampe anteriori, trascinò il suo corpo verso la zona dell'imbracatura.

با استفاده از پاهای جلویی‌اش، بدنش را به سمت محل مهار کشید.

Si fece avanti, centimetro dopo centimetro, verso i cani da lavoro.

او خودش را جلو کشید، سانتی‌متر به سانتی‌متر، به سمت سگ‌های کارگر.

Le forze gli cedettero, ma continuò a muoversi nel suo ultimo disperato tentativo.

نیرویش تحلیل رفت، اما با آخرین تلاش ناامیدانه‌اش به حرکت ادامه داد.

I suoi compagni di squadra lo videro ansimare nella neve, ancora desideroso di unirsi a loro.

هم‌تیمی‌هایش او را دیدند که در برف نفس نفس می‌زد و هنوز آرزوی پیوستن به آنها را داشت.

Lo sentirono urlare di dolore mentre si lasciavano alle spalle l'accampamento.

آنها هنگام ترک اردوگاه، صدای ناله‌های غم‌انگیز او را شنیدند.

Mentre la squadra svaniva tra gli alberi, il grido di Dave risuonava dietro di loro.

همین که تیم در میان درختان ناپدید شد، فریاد دیو پشت سرشان طنین‌انداز شد.

Il treno delle slitte si fermò brevemente dopo aver attraversato un tratto di fiume ricco di boschi.

قطار سورتمه‌سواری پس از عبور از بخشی از جنگل‌های رودخانه، برای مدت کوتاهی توقف کرد.

Il meticcio scozzese tornò lentamente verso l'accampamento alle sue spalle.

دورگه اسکاتلندی به آرامی به سمت اردوگاه پشت سر برگشت.

Gli uomini smisero di parlare quando lo videro scendere dal treno delle slitte.

مردها وقتی دیدند که او از قطار سورتمه پیاده می‌شود، حرفشان را قطع کردند.

Poi un singolo colpo di pistola risuonò chiaro e netto attraverso il sentiero.

سپس صدای شلیک گلوله‌ای واضح و تیز در سراسر مسیر طنین‌انداز شد.

L'uomo tornò rapidamente e prese il suo posto senza dire una parola.

مرد سریع برگشت و بدون هیچ حرفی سر جایش نشست.

Le fruste schioccavano, i campanelli tintinnavano e le slitte avanzavano sulla neve.

شلاق‌ها به صدا درمی‌آمدند، زنگ‌ها جرینگ جرینگ می‌کردند و سورتمه‌ها در میان برف‌ها غلت می‌خوردند.

Ma Buck sapeva cosa era successo, come tutti gli altri cani.

اما باک می‌دانست چه اتفاقی افتاده است ـ و هر سگ دیگری هم همینطور.

La fatica delle redini e del sentiero
رنج و زحمت افسار و مسیر

Trenta giorni dopo aver lasciato Dawson, la Salt Water Mail raggiunse Skaguay.

سی روز پس از ترک داوسون، کشتی سالت واتر میل به اسکاگوئه رسید.

Buck e i suoi compagni di squadra presero il comando e arrivarono in condizioni pietose.

باک و همتیمی‌هایش در حالی که در شرایط رقت‌انگیزی رسیده بودند، پیشتاز شدند.

Buck era sceso da 140 a 150 chili.

وزن باک از صد و چهل پوند به صد و پانزده پوند کاهش یافته بود.

Gli altri cani, sebbene più piccoli, avevano perso ancora più peso corporeo.

سگ‌های دیگر، هرچند کوچک‌تر بودند، وزن بدنشان حتی بیشتر کاهش یافته بود.

Pike, che una volta zoppicava fingendo, ora trascinava dietro di sé una gamba veramente ferita.

پایک، که زمانی فقط یک لنگ‌زن مصنوعی بود، حالا یک پای واقعاً زخمی را به دنبال خود می‌کشید.

Solleks zoppicava gravemente e Dub aveva una scapola slogata.

سولکس به شدت می‌لنگید و داب از ناحیه کتف دچار شکستگی شده بود.

Tutti i cani del team avevano i piedi doloranti a causa delle settimane trascorse sul sentiero ghiacciato.

تمام سگ‌های تیم به خاطر هفته‌ها رانندگی در مسیر یخزده، پاهایشان درد می‌کرد.

Non avevano più slancio nei loro passi, solo un movimento lento e trascinato.

دیگر رمقی در قدم‌هایشان نمانده بود، فقط حرکاتشان کند و کشیده می‌شد.

I loro piedi colpivano il sentiero con forza e ogni passo aggiungeva ulteriore sforzo al loro corpo.

پاهایشان محکم به مسیر برخورد می‌کرد و با هر قدم، فشار بیشتری به بدنشان وارد می‌شد.

Non erano malati, erano solo stremati oltre ogni possibile guarigione naturale.

آنها بیمار نبودند، فقط آنقدر خسته بودند که دیگر به طور طبیعی بهبود نمی‌یافتند.

Non si trattava della stanchezza di una giornata faticosa, curata con una notte di riposo.

این خستگی یک روز سخت نبود که با یک شب استراحت برطرف شود.

Era una stanchezza accumulata lentamente attraverso mesi di sforzi estenuanti.

این خستگی به آرامی و طی ماه‌ها تلاش طاقت‌فرسا ایجاد شده بود.

Non era rimasta alcuna riserva di forze: avevano esaurito ogni energia a loro disposizione.

هیچ نیروی ذخیره‌ای باقی نمانده بود ـ آنها هر چه داشتند را مصرف کرده بودند.

Ogni muscolo, fibra e cellula del loro corpo era consumato e usurato.

هر عضله، فیبر و سلول در بدن آنها تحلیل رفته و فرسوده شده بود.

E c'era un motivo: avevano percorso duemilacinquecento miglia.

ودلیلی هم داشت ـ آنها دو هزار و پانصد مایل را طی کرده بودند ـ

Si erano riposati solo cinque giorni durante le ultime milleottocento miglia.

آنها در طول هزار و هشتصد مایل آخر، فقط پنج روز استراحت کرده بودند.

Quando giunsero a Skaguay, sembrava che riuscissero a malapena a stare in piedi.

وقتی به اسکاگوئه رسیدند، به نظر می‌رسید که به سختی می‌توانند صاف بایستند.

Facevano fatica a tenere le redini strette e a restare davanti alla slitta.

آنها تقلا می‌کردند تا افسار را محکم نگه دارند و از سورتمه جلوتر بمانند.

Nei pendii in discesa riuscivano solo a evitare di essere investiti.

در سرازیری‌ها، آنها فقط توانستند از زیر گرفته شدن توسط ماشین جلوگیری کنند.

"Continuate a marciare, poveri piedi doloranti", disse l'autista mentre zoppicavano.

راننده در حالی که لنگان لنگان راه می‌رفتند گفت: «به راهت ادامه بده، پاهای دردناک بیچاره.»

"Questo è l'ultimo tratto, poi ci prenderemo tutti un lungo riposo, di sicuro."

«این آخرین مرحله است، بعدش مطمئناً همه یه استراحت طولانی خواهیم داشت.»

"Un riposo davvero lungo", promise, guardandoli barcollare in avanti.

او در حالی که تلوتلو خوردن آنها را به جلو تماشا می‌کرد، قول داد: «یک استراحت واقعاً طولانی.»

Gli autisti si aspettavano una lunga e necessaria pausa.

رانندگان انتظار داشتند که حالا یک استراحت طولانی و ضروری داشته باشند.

Avevano percorso milleduecento miglia con solo due giorni di riposo.

آنها دوازده‌صد مایل را با تنها دو روز استراحت طی کرده بودند.

Per correttezza e ragione, ritenevano di essersi guadagnati un po' di tempo per rilassarsi.

انصافاً و منطقاً، آنها احساس می‌کردند که زمانی برای استراحت به دست آورده‌اند.

Ma troppi erano giunti nel Klondike e troppo pochi erano rimasti a casa.

اما تعداد زیادی به کلوندایک آمده بودند و تعداد کمی در خانه مانده بودند.

Le lettere delle famiglie continuavano ad arrivare, creando pile di posta in ritardo.

سیل نامه‌های خانواده‌ها سرازیر شد و انبوهی از نامه‌های معوق ایجاد کرد.

Arrivarono gli ordini ufficiali: i nuovi cani della Hudson Bay avrebbero preso il sopravvento.

دستورهای رسمی رسید ـ قرار بود سگ‌های جدید هادسون بی مسئولیت را بر عهده بگیرند.

I cani esausti, ormai considerati inutili, dovevano essere eliminati.

قرار بود سگ‌های خسته که حالا بی‌ارزش نامیده می‌شدند، معدوم شوند.

Poiché i soldi erano più importanti dei cani, venivano venduti a basso prezzo.

از آنجایی که پول از سگ‌ها مهم‌تر بود، قرار بود آنها ارزان فروخته شوند.

Passarono altri tre giorni prima che i cani si accorgessero di quanto fossero deboli.

سه روز دیگر گذشت تا سگ‌ها احساس کنند که چقدر ضعیف شده‌اند.

La quarta mattina, due uomini provenienti dagli Stati Uniti acquistarono l'intera squadra.

صبح روز چهارم، دو مرد آمریکایی کل تیم را خریدند.

La vendita comprendeva tutti i cani e le loro imbracature usate.

این حراج شامل تمام سگ‌ها، به علاوه‌ی افسار فرسوده‌شان می‌شد.

Mentre concludevano l'affare, gli uomini si chiamavano tra loro "Hal" e "Charles".

این دو مرد هنگام انجام معامله، یکدیگر را «هال» و «چارلز» صدا می‌زدند.

Charles era un uomo di mezza età, pallido, con labbra molli e folti baffi.

چارلز میانسال، رنگ‌پریده، با لب‌های بی‌رمق و سبیل‌های پرپشت بود.

Hal era un giovane, forse diciannove anni, che indossava una cintura imbottita di cartucce.

هال مرد جوانی بود، شاید نوزده ساله، که کمربندی پر از فشنگ به کمر داشت.

Nella cintura erano contenuti un grosso revolver e un coltello da caccia, entrambi inutilizzati.

کمربند، یک هفت‌تیر بزرگ و یک چاقوی شکاری را در خود جای داده بود، که هر دو استفاده نشده بودند.

Dimostrava quanto fosse inesperto e inadatto alla vita nel Nord.

این نشان می‌داد که او چقدر برای زندگی در شمال بی‌تجربه و نامناسب است.

Nessuno dei due uomini viveva in natura; la loro presenza sfidava ogni ragionevolezza.

هیچ‌کدام از آن دو مرد به طبیعت وحشی تعلق نداشتند؛ حضورشان با هر منطقی مغایرت داشت.

Buck osservava lo scambio di denaro tra l'acquirente e l'agente.

باک تماشا می‌کرد که چطور پول بین خریدار و نماینده‌ی فروش رد و بدل می‌شود.

Sapeva che i conducenti dei treni postali stavano abbandonando la sua vita come tutti gli altri.

او می‌دانست که رانندگان قطار پستی هم مثل بقیه از زندگی‌اش می‌روند.

Seguirono Perrault e François, ormai scomparsi.

آنها از پرو و فرانسوا پیروی کردند، که اکنون دیگر به یاد نمی‌آیند.

Buck e la squadra vennero condotti al disordinato accampamento dei loro nuovi proprietari.

باک و تیمش به اردوگاه شلخته‌ی صاحبان جدیدشان هدایت شدند.

La tenda cedeva, i piatti erano sporchi e tutto era in disordine.

چادر فرو ریخته بود، ظرف‌ها کثیف بودند و همه چیز به هم ریخته بود.

Anche Buck notò una donna lì: Mercedes, moglie di Charles e sorella di Hal.

باک متوجه زنی هم آنجا شد ـ مرسدس، همسر چارلز و خواهر هال.

Formavano una famiglia completa, anche se erano tutt'altro che adatti al sentiero.

آنها یک خانواده کامل را تشکیل می‌دادند، هرچند که برای مسیر مناسب نبودند.

Buck osservava nervosamente mentre il trio iniziava a impacchettare le provviste.

باک با نگرانی نگاه می‌کرد که آن سه نفر شروع به بسته‌بندی وسایل کردند.

Lavoravano duro ma senza ordine, solo confusione e sforzi sprecati.

آنها سخت کار می‌کردند اما بدون نظم ـ فقط هیاهو و تلاش بیهوده.

La tenda era arrotolata fino a formare una sagoma ingombrante, decisamente troppo grande per la slitta.

چادر لوله شده و به شکل حجیمی درآمده بود، برای سورتمه خیلی بزرگ بود.

I piatti sporchi venivano imballati senza essere stati né lavati né asciugati.

ظرف‌های کثیف بدون اینکه اصلاً شسته یا خشک شوند، بسته‌بندی شده بودند.

Mercedes svolazzava in giro, parlando, correggendo e intromettendosi in continuazione.

مرسدس این‌طرف و آن‌طرف می‌رفت، مدام حرف می‌زد، حرف کسی را تصحیح می‌کرد و دخالت می‌کرد.

Quando le misero un sacco davanti, lei insistette perché lo mettesse dietro.

وقتی یک کیسه جلو گذاشته شد، او اصرار داشت که آن را عقب بگذارد.

Mise il sacco in fondo e un attimo dopo ne ebbe bisogno.

او کیسه را در ته آن گذاشت و لحظه بعد به آن نیاز داشت.

Quindi la slitta venne disimballata di nuovo per raggiungere quella specifica borsa.

بنابراین سورتمه دوباره از بسته‌بندی خارج شد تا به آن کیسه‌ی خاص برسد.

Lì vicino, tre uomini stavano fuori da una tenda e osservavano la scena che si svolgeva.

در همان نزدیکی، سه مرد بیرون چادری ایستاده بودند و صحنه را تماشا می‌کردند.

Sorrisero, ammiccarono e sogghignarono di fronte all'evidente confusione dei nuovi arrivati.

آنها با دیدن سردرگمی آشکار تازه واردها، لبخند زدند، چشمک زدند و پوزخند زدند.

"Hai già un carico parecchio pesante", disse uno degli uomini.

یکی از مردها گفت: «شما همین الان هم بار سنگینی دارید.»

"Non credo che dovresti portare quella tenda, ma la scelta è tua."

«فکر نمی‌کنم لازم باشه اون چادر رو با خودت ببری، اما انتخاب با خودته.»

"Impensabile!" esclamò Mercedes, alzando le mani in segno di disperazione.

مرسدس با ناامیدی دستانش را بالا برد و فریاد زد: «خوابش هم نمی‌دیدم.»

"Come potrei viaggiare senza una tenda sotto cui dormire?"

«چطور می‌توانستم بدون چادر سفر کنم؟»

«È primavera, non vedrai più il freddo», rispose l'uomo.

مرد پاسخ داد: «بهار است ـ دیگر هوای سرد را نخواهی دید.»

Ma lei scosse la testa e loro continuarono ad accumulare oggetti sulla slitta.

اما او سرش را تکان داد، و آنها همچنان وسایل را روی سورتمه انباشته می‌کردند.

Il carico era pericolosamente alto mentre aggiungevano gli ultimi oggetti.

وقتی آخرین چیزها را اضافه می‌کردند، بار به طرز خطرناکی بالا رفته بود.

"Pensi che la slitta andrà avanti?" chiese uno degli uomini con aria scettica.

یکی از مردها با نگاهی شکاک پرسید: «فکر می‌کنید سورتمه حرکت خواهد کرد؟»

"E perché non dovrebbe?" ribatté Charles con netto fastidio.

چارلز با دلخوری شدیدی جواب داد: «چرا نباید این کار را بکند؟»

"Oh, va bene", disse rapidamente l'uomo, evitando di offendersi.

مرد سریع گفت: «اوه، اشکالی ندارد.» و از لحن تهاجمی‌اش عقب‌نشینی کرد.

"Mi chiedevo solo: mi sembrava un po' troppo pesante nella parte superiore."

«فقط داشتم فکر می‌کردم ـ به نظرم یه کم زیادی سنگین اومد.»

Charles si voltò e legò il carico meglio che poté.

چارلز برگشت و بار را تا جایی که می‌توانست محکم بست.

Ma le legature erano allentate e l'imballaggio nel complesso era fatto male.

اما بندها شل بودند و بسته‌بندی در کل ضعیف انجام شده بود.

"Certo, i cani tireranno così tutto il giorno", disse sarcasticamente un altro uomo.

مرد دیگری با طعنه گفت: «البته، سگ‌ها تمام روز آن را خواهند کشید.»

«Certamente», rispose Hal freddamente, afferrando il lungo timone della slitta.

هال با سردی پاسخ داد: «البته.» و میله‌ی بلندِ جی‌میله‌ی سورتمه را گرفت.

Tenendo una mano sul palo, faceva roteare la frusta nell'altra.

با یک دست بر تیرک، شلاق را با دست دیگر چرخاند.

"Andiamo!" urlò. "Muovetevi!", incitando i cani a partire.

او فریاد زد: «بریم.» و سگ‌ها را به شروع کردن تشویق کرد: «تکانش بدید.»

I cani si appoggiarono all'imbracatura e si sforzarono per qualche istante.

سگ‌ها به افسار تکیه دادند و برای چند لحظه تقلا کردند.

Poi si fermarono, incapaci di spostare di un centimetro la slitta sovraccarica.

سپس آنها ایستادند، نتوانستند سورتمه پر از بار را حتی یک اینچ هم تکان دهند.

"Quei fannulloni!" urlò Hal, alzando la frusta per colpirli.

هال فریاد زد» :تنبل‌های وحشی‌.و شلاق را بالا برد تا آنها را بزند «.

Ma Mercedes si precipitò dentro e strappò la frusta dalle mani di Hal.

اما مرسدس به سرعت وارد شد و شلاق را از دست هال قاپید.

«Oh, Hal, non osare far loro del male», gridò allarmata.

او با وحشت فریاد زد» :اوه، هال، جرأت نکن به آنها آسیبی برسانی.«

"Promettimi che sarai gentile con loro, altrimenti non farò un altro passo."

»به من قول بده که با آنها مهربان باشی، وگرنه دیگر قدمی برنخواهم داشت.«

"Non sai niente di cani", scattò Hal contro la sorella.

هال با عصبانیت به خواهرش گفت» :تو هیچی از سگ‌ها نمی‌دونی.«

"Sono pigri e l'unico modo per smuoverli è frustarli."

»آنها تنبل هستند و تنها راه برای حرکت دادنشان شلاق زدن است.«

"Chiedi a chiunque, chiedi a uno di quegli uomini laggiù se dubiti di me."

»از هر کسی بپرس ـ اگر به من شک داری از یکی از آن مردها آنجا بپرس.«

Mercedes guardò gli astanti con occhi imploranti e pieni di lacrime.

مرسدس با چشمانی اشکبار و التماس‌آمیز به تماشاگران نگاه می‌کرد.

Il suo viso rivelava quanto odiasse la vista di qualsiasi dolore.

چهره‌اش نشان می‌داد که چقدر از دیدن هرگونه درد و رنجی متنفر است.

"Sono deboli, tutto qui", ha detto un uomo. "Sono sfiniti."

یکی از آنها گفت» :آنها ضعیف هستند، همین.آنها فرسوده شده‌اند ـ«

"Hanno bisogno di riposare: hanno lavorato troppo a lungo senza una pausa."

»آنها به استراحت نیاز دارند ـ مدت زیادی بدون استراحت از آنها کار کشیده شده است.«

«Che il resto sia maledetto», borbottò Hal arricciando il labbro.

ه«رال با لب‌های جمع‌شده زیر لب گفت:» «لعنت به آرامش ابدی۔

Mercedes sussultò, visibilmente addolorata per le parole volgari pronunciate da lui.

مرسدس نفسش بند آمد، مشخص بود که از حرف بی‌ادبانه او رنجیده است۔

Ciononostante, lei rimase leale e difese immediatamente il fratello.

با این حال، او وفادار ماند و فوراً از برادرش دفاع کرد۔

"Non badare a quell'uomo", disse ad Hal. "Sono i nostri cani."

او به هال گفت:» «به آن مرد اهمیت نده۔آنها سگ‌های ما هستند ۔«

"Li guidi come meglio credi: fai ciò che ritieni giusto."

«شما آنها را هر طور که صلاح می‌دانید هدایت می‌کنید - کاری را که فکر می‌کنید درست است انجام دهید۔«

Hal sollevò la frusta e colpì di nuovo i cani senza pietà.

هال شلاق را بالا برد و دوباره بدون رحم سگ‌ها را زد۔

Si lanciarono in avanti, con i corpi bassi e i piedi che affondavano nella neve.

آنها به جلو خیز برداشتند، بدن‌هایشان پایین بود و پاهایشان در برف فرو می‌رفت۔

Tutta la loro forza era concentrata nel traino, ma la slitta non si muoveva.

تمام قدرتشان صرف کشیدن سورتمه شد، اما سورتمه حرکت نمی‌کرد۔

La slitta rimase bloccata, come un'ancora congelata nella neve compatta.

سورتمه مثل لنگری که در برف فشرده یخ زده باشد، گیر کرده بود۔

Dopo un secondo tentativo, i cani si fermarono di nuovo, ansimando forte.

پس از دومین تلاش، سگ‌ها دوباره ایستادند و به سختی نفس نفس می‌زدند۔

Hal sollevò di nuovo la frusta, proprio mentre Mercedes interferiva di nuovo.

هال دوباره شلاق را بالا برد، درست همان موقع مرسدس دوباره دخالت کرد۔

Si lasciò cadere in ginocchio davanti a Buck e gli abbracciò il collo.

او جلوی باک زانو زد و گردنش را در آغوش گرفت.

Le lacrime le riempivano gli occhi mentre implorava il cane esausto.

در حالی که از سگ خسته التماس می‌کرد، اشک در چشمانش حلقه زده بود.

"Poveri cari", disse, "perché non tirate più forte?"

او گفت» :عزیزان بیچاره، چرا محکمتر نمی‌کشید؟«

"Se tiri, non verrai frustato così."

»اگر بکشی، دیگر نمی‌توانی اینطور شلاق بخوری.«

A Buck non piaceva Mercedes, ma ormai era troppo stanco per resisterle.

باک از مرسدس خوشش نمی‌آمد، اما حالا خیلی خسته بود که در مقابلش مقاومت کند.

Lui accettò le sue lacrime come se fossero solo un'altra parte di quella giornata miserabile.

او اشک‌های او را به عنوان بخشی دیگر از آن روز نحس پذیرفت.

Uno degli uomini che osservavano, dopo aver represso la rabbia, finalmente parlò.

یکی از مردانی که نظاره‌گر بود، بالاخره پس از اینکه خشمش را فرو خورد، لب به سخن گشود.

"Non mi interessa cosa succede a voi, ma quei cani sono importanti."

»برای من مهم نیست چه اتفاقی برای شما دوستان می‌افتد، اما آن سگ‌ها مهم هستند.«

"Se vuoi aiutare, stacca quella slitta: è ghiacciata e innevata."

»اگر می‌خواهی کمک کنی، آن سورتمه را شل کن - از برف یخ زده.«

"Spingi con forza il palo della luce, a destra e a sinistra, e rompi il sigillo di ghiaccio."

»از راست و چپ محکم به میله‌ی جی‌میل فشار بده و یخبند رو بشکن.«

Fu fatto un terzo tentativo, questa volta seguendo il suggerimento dell'uomo.

این بار به پیشنهاد مرد، تلاش سومی انجام شد.

Hal fece oscillare la slitta da una parte all'altra, facendo staccare i pattini.

هال سورتمه را از این سو به آن سو تکان داد و باعث شد که تیغه‌های آن شل شوند.

La slitta, benché sovraccarica e scomoda, alla fine sobbalzò in avanti.

سورتمه، هرچند بیش از حد سنگین و دست و پا چلفتی بود، بالاخره به جلو حرکت کرد.

Buck e gli altri tirarono selvaggiamente, spinti da una tempesta di frustate.

باک و دیگران، در حالی که طوفانی از ضربات شلاق آنها را به حرکت در آورده بود، وحشیانه خود را می‌کشیدند.

Un centinaio di metri più avanti, il sentiero curvava e scendeva in pendenza verso la strada.

صد یارد جلوتر، مسیر پیچ خورد و به خیابان سرازیر شد.

Ci sarebbe voluto un guidatore esperto per tenere la slitta in posizione verticale.

قرار بود یک راننده ماهر سورتمه را سرپا نگه دارد.

Hal non era abile e la slitta si ribaltò mentre svoltava.

هال ماهر نبود و سورتمه هنگام پیچیدن کج شد.

Le cinghie allentate cedettero e metà del carico si rovesciò sulla neve.

تسمه‌های شل شل شدند و نیمی از بار روی برف ریخت.

I cani non si fermarono; la slitta più leggera continuò a procedere su un fianco.

سگ‌ها توقف نکردند؛ سورتمه سبک‌تر به پهلو به پرواز درآمد.

I cani, furiosi per i maltrattamenti e per il peso del carico, corsero più veloci.

سگ‌ها که از بدرفتاری و بار سنگین عصبانی بودند، تندتر دویدند.

Buck, infuriato, si lanciò a correre, seguito dalla squadra.

باک، با خشم، شروع به دویدن کرد و تیمش هم پشت سرش می‌دوید.

Hal urlò "Whoa! Whoa!" ma la squadra non gli prestò attenzione.

هال فریاد زد »وای‌وای ـاما تیم هیچ توجهی به او نکرد «ـ.

Inciampò, cadde e fu trascinato a terra dall'imbracatura.

پایش گیر کرد، افتاد و افسار اسب روی زمین کشیده شد.

La slitta rovesciata lo travolse mentre i cani continuavano a correre avanti.

سورتمه واژگون شده به او برخورد کرد و سگ‌ها به سرعت از او جلو زدند۔

Il resto delle provviste è sparso lungo la trafficata strada di Skaguay.

بـقیه‌ی وسایل در خیابان شلوغ اسکاگوئه پخش شده بود۔

Le persone di buon cuore si precipitarono a fermare i cani e a raccogliere l'attrezzatura.

مردم مهربان هجوم آوردند تا سگ‌ها را متوقف کنند و وسایل را جمع کنند۔

Diedero anche consigli schietti e pratici ai nuovi viaggiatori.

آنها همچنین به مسافران جدید، نصیحت‌هایی رک و صریح و کاربردی ارائه دادند۔

"Se vuoi raggiungere Dawson, prendi metà del carico e raddoppia i cani."

»اگر می‌خواهی به داوسون برسی، نصف بار را بردار و سگ‌ها را دو برابر کن۔«

Hal, Charles e Mercedes ascoltarono, anche se non con entusiasmo.

هال، چارلز و مرسدس گوش می‌دادند، هرچند نه با اشتیاق۔

Montarono la tenda e cominciarono a sistemare le loro provviste.

چادرشان را برپا کردند و شروع به مرتب کردن وسایلشان کردند۔

Ne uscirono dei cibi in scatola, che fecero ridere a crepapelle gli astanti.

کـنسرو‌ها بیرون آمدند که باعث خنده‌ی تماشاگران شد۔

"Roba in scatola sul sentiero? Morirai di fame prima che si sciolga", disse uno.

یکی گفت» :غذاهای کنسروی توی مسیر؟ قبل از اینکه آب بشن از گرسنگی می‌میری۔«

"Coperte d'albergo? Meglio buttarle via tutte."

»پتو‌های هتل؟ بهتره همه‌شون رو دور بریزی۔«

"Togli anche la tenda e qui nessuno laverà più i piatti."

»چادر را هم جمع کنید، اینجا کسی ظرف نمی‌شوید۔«

"Pensi di viaggiare su un treno Pullman con dei servitori a bordo?"

«فکر می‌کنی سوار قطار پولمن هستی و خدمتکارها هم همراهت هستند؟»

Il processo ebbe inizio: ogni oggetto inutile venne gettato da parte.

روند شروع شد ـ هر وسیله‌ی بی‌فایده به گوشه‌ای پرتاب شد.

Mercedes pianse quando le sue borse furono svuotate sul terreno innevato.

مرسدس وقتی چمدان‌هایش روی زمین برفی خالی شد، گریه کرد.

Singhiozzava per ogni oggetto buttato via, uno per uno, senza sosta.

او برای هر وسیله‌ای که دور انداخته می‌شد، یکی یکی و بدون مکث، هق هق می‌کرد.

Giurò di non fare un altro passo, nemmeno per dieci Charles.

او قسم خورد که حتی یک قدم دیگر هم جلو نرود ـ حتی برای ده چارلز.

Pregò ogni persona vicina di lasciarle conservare le sue cose preziose.

او از هر کسی که در آن نزدیکی بود التماس کرد که اجازه دهد چیزهای گران‌بهایش را نگه دارد.

Alla fine si asciugò gli occhi e cominciò a gettare via anche i vestiti più importanti.

بالاخره اشک‌هایش را پاک کرد و شروع به دور انداختن لباس‌های ضروری‌اش کرد.

Una volta terminato il suo, cominciò a svuotare le scorte degli uomini.

وقتی کارش با خودش تمام شد، شروع به خالی کردن آذوقه مردان کرد.

Come un turbine, fece a pezzi gli effetti personali di Charles e Hal.

او مانند گردبادی، وسایل چارلز و هال را به هم ریخت.

Sebbene il carico fosse dimezzato, era comunque molto più pesante del necessario.

اگرچه بار نصف شده بود، اما هنوز خیلی سنگین‌تر از حد نیاز بود.

Quella notte, Charles e Hal uscirono e comprarono sei nuovi cani.

آن شب، چارلز و هال بیرون رفتند و شش سگ جدید خریدند.

Questi nuovi cani si unirono ai sei originali, più Teek e Koona.

این سگ‌های جدید به شش سگ اصلی، به علاوه‌ی تیک و کونا، اضافه شدند.

Insieme formarono una squadra di quattordici cani attaccati alla slitta.

آنها با هم تیمی از چهارده سگ را تشکیل دادند که به سورتمه بسته شده بودند.

Ma i nuovi cani erano inadatti e poco addestrati per il lavoro con la slitta.

اما سگ‌های جدید برای کار با سورتمه نامناسب و آموزش ندیده بودند.

Tre dei cani erano cani da caccia a pelo corto, mentre uno era un Terranova.

سه تا از سگ‌ها از نژاد پوینتر مو کوتاه و یکی از آنها از نژاد نیوفاندلند بود.

Gli ultimi due cani erano meticci senza alcuna razza o scopo ben definito.

دو سگ آخر، سگ‌های بی‌صاحبی بودند که نژاد یا هدف مشخصی نداشتند.

Non capivano il percorso e non lo imparavano in fretta.

آنها مسیر را نمی‌فهمیدند، و آن را به سرعت یاد نمی‌گرفتند.

Buck e i suoi compagni li osservavano con disprezzo e profonda irritazione.

باک و رفقایش با تمسخر و آزردگی عمیقی آنها را تماشا می‌کردند.

Sebbene Buck insegnasse loro cosa non fare, non poteva insegnare loro il dovere.

اگرچه باک به آنها یاد داد که چه کاری را نباید انجام دهند، اما نمی‌توانست وظیفه‌شناسی را آموزش دهد.

Non amavano la vita sui sentieri né la trazione delle redini e delle slitte.

آنها از دنبال کردن مسیر یا کشیدن افسار و سورتمه خوششان نمی‌آمد.

Soltanto i bastardi cercarono di adattarsi, e anche a loro mancava lo spirito combattivo.

فـقط دورگه‌ها سعی در سازگاری داشتند و حتی آنها هم فاقد روحیه جنگندگی بودند.

Gli altri cani erano confusi, indeboliti e distrutti dalla loro nuova vita.

سگ‌های دیگر گیج، ضعیف و از زندگی جدیدشان شکسته بودند.

Con i nuovi cani all'oscuro e i vecchi esausti, la speranza era flebile.

با بی‌خبری سگ‌های جدید و خستگی سگ‌های قدیمی، امید کمرنگ شده بود.

La squadra di Buck aveva percorso duemilacinquecento miglia di sentiero accidentato.

تیم باک دو هزار و پانصد مایل از مسیر ناهموار را طی کرده بود.

Ciononostante, i due uomini erano allegri e orgogliosi della loro grande squadra di cani.

با این حال، آن دو مرد شاد بودند و به تیم بزرگ سگ‌هایشان افتخار می‌کردند.

Pensavano di viaggiare con stile, con quattordici cani al seguito.

آنها فکر می‌کردند که با چهارده سگِ به زنجیر کشیده شده، با سبک و سیاق سفر می‌کنند.

Avevano visto delle slitte partire per Dawson e altre arrivarne.

آنها دیده بودند که سورتمه‌ها به سمت داوسون حرکت می‌کردند و سورتمه‌های دیگری از آنجا می‌رسیدند.

Ma non ne avevano mai vista una trainata da ben quattordici cani.

اما هرگز ندیده بودند که یکی از آنها توسط چهارده سگ کشیده شود.

C'era un motivo per cui squadre del genere erano rare nelle terre selvagge dell'Artico.

دلیلی وجود داشت که چنین تیم‌هایی در طبیعت بکر قطب شمال نادر بودند.

Nessuna slitta poteva trasportare cibo sufficiente a sfamare quattordici cani per l'intero viaggio.

هیچ سورتمه‌ای نمی‌توانست غذای کافی برای سیر کردن چهارده سگ در طول سفر را حمل کند.

Ma Charles e Hal non lo sapevano: avevano fatto i calcoli.

اما چارلز و هال این را نمی‌دانستند—آنها محاسبات را انجام داده بودند.

Hanno pianificato la razione di cibo: una certa quantità per cane, per un certo numero di giorni, fatta.

آنها غذا را با مداد نوشتند: فلان مقدار برای هر سگ، فلان تعداد روز، تمام شد.

Mercedes guardò i numeri e annuì come se avessero senso.

مرسدس به ارقام آنها نگاه کرد و طوری سر تکان داد که انگار حرفش منطقی بوده است.

Tutto le sembrava molto semplice, almeno sulla carta.

همه چیز برای او خیلی ساده به نظر می‌رسید، حداقل روی کاغذ.

La mattina seguente, Buck guidò lentamente la squadra lungo la strada innevata.

صبح روز بعد، باک تیم را به آرامی در خیابان برفی هدایت کرد.

Non c'era né energia né spirito in lui e nei cani dietro di lui.

هیچ انرژی یا روحی در او یا سگ‌های پشت سرش وجود نداشت.

Erano stanchi morti fin dall'inizio: non avevano più riserve.

آنها از همان ابتدا کاملاً خسته بودند ـ دیگر نیروی ذخیره‌ای باقی نمانده بود.

Buck aveva già fatto quattro viaggi tra Salt Water e Dawson.

باک تا آن موقع چهار بار بین سالت واتر و داوسون سفر کرده بود.

Ora, di fronte alla stessa pista, non provava altro che amarezza.

حالا که دوباره با همان مسیر روبرو شده بود، چیزی جز تلخی احساس نمی‌کرد.

Il suo cuore non c'era, e nemmeno quello degli altri cani.

نه دلش با این کار بود و نه دل سگ‌های دیگر.

I nuovi cani erano timidi e gli husky non si fidavano per niente.

سگ‌های جدید ترسو بودند و هاسکی‌ها هیچ اعتمادی نداشتند.

Buck capì che non poteva fare affidamento su quei due uomini o sulla loro sorella.

باک احساس کرد که نمی‌تواند به این دو مرد یا خواهرشان تکیه کند.

Non sapevano nulla e non mostravano alcun segno di apprendimento lungo il percorso.

آنها هیچ چیز نمی‌دانستند و هیچ نشانه‌ای از یادگیری در مسیر نشان ندادند.

Erano disorganizzati e privi di qualsiasi senso di disciplina.

آنها بی‌نظم بودند و هیچ نظم و انضباطی نداشتند.

Ogni volta impiegavano metà della notte per allestire un accampamento malmesso.

هر بار نصف شب طول می‌کشید تا یک کمپ شلخته برپا کنند.

E metà della mattina successiva la trascorsero di nuovo armeggiando con la slitta.

ونیمی از صبح روز بعد را دوباره به ور رفتن با سورتمه گذراندند .

Spesso a mezzogiorno si fermavano solo per sistemare il carico irregolare.

تا ظهر، آنها اغلب فقط برای تعمیر بار ناهموار توقف می‌کردند.

In alcuni giorni percorsero meno di dieci miglia in totale.

بعضی روزها، آنها در مجموع کمتر از ده مایل سفر می‌کردند.

Altri giorni non riuscivano proprio ad abbandonare l'accampamento.

روزهای دیگر، آنها اصلاً موفق به ترک اردوگاه نشدند.

Non sono mai riusciti a coprire la distanza alimentare prevista.

آنها هرگز به پوشش مسافت غذایی برنامه‌ریزی‌شده نزدیک هم نشدند.

Come previsto, il cibo per i cani finì molto presto.

همانطور که انتظار می‌رفت، خیلی زود غذای سگ‌ها تمام شد.

Nei primi tempi hanno peggiorato ulteriormente la situazione con l'eccesso di cibo.

آنها با تغذیه بیش از حد در روزهای اول، اوضاع را بدتر کردند.

Ciò rendeva la carestia sempre più vicina, con ogni razione disattenta.

این با هر جیره‌بندی بی‌دقت، گرسنگی را نزدیک‌تر می‌کرد.

I nuovi cani non avevano ancora imparato a sopravvivere con molto poco.

سگ‌های جدید یاد نگرفته بودند که با غذای بسیار کم زنده بمانند.

Mangiarono avidamente, con un appetito troppo grande per il sentiero.

آنها با ولع غذا خوردند، اشتهایشان برای مسیر بیش از حد زیاد بود.

Vedendo i cani indebolirsi, Hal pensò che il cibo non fosse sufficiente.

هال با دیدن ضعف سگ‌ها، معتقد بود که غذا کافی نیست.

Raddoppiò le razioni, peggiorando ulteriormente l'errore.

او جیره‌ها را دو برابر کرد و این اشتباه را بدتر کرد.

Mercedes aggravò il problema con le sue lacrime e le sue suppliche sommesse.

مرسدس با اشک‌ها و التماس‌های ملایمش مشکل را پیچیده‌تر کرد.

Quando non riuscì a convincere Hal, diede da mangiare ai cani di nascosto.

وقتی نتوانست هال را متقاعد کند، مخفیانه به سگ‌ها غذا می‌داد.

Rubò il pesce dai sacchi e glielo diede alle spalle.

او از کیسه‌های ماهی دزدید و پشت سر او به آنها داد.

Ma ciò di cui i cani avevano veramente bisogno non era altro cibo: era riposo.

اما چیزی که سگ‌ها واقعاً به آن نیاز داشتند، غذای بیشتر نبود، بلکه استراحت بود.

Nonostante la loro scarsa velocità, la pesante slitta continuava a procedere.

آنها به سختی راه می‌رفتند، اما سورتمه سنگین هنوز به جلو کشیده می‌شد.

Quel peso da solo esauriva ogni giorno le loro forze rimanenti.

آن وزن به تنهایی هر روز نیروی باقی مانده آنها را تحلیل می‌برد.

Poi arrivò la fase della sottoalimentazione, quando le scorte scarseggiavano.

سپس با کم شدن آذوقه، مرحله‌ی تغذیه‌ی ناکافی فرا رسید.

Una mattina Hal si accorse che metà del cibo per cani era già finito.

هال یک روز صبح متوجه شد که نیمی از غذای سگ تمام شده است.

Avevano percorso solo un quarto della distanza totale del sentiero.

آنها فقط یک چهارم کل مسیر را طی کرده بودند.

Non si poteva più comprare cibo, a qualunque prezzo.

دیگر هیچ غذایی قابل خرید نبود، فرقی نمی‌کرد چه قیمتی پیشنهاد شود.

Ridusse le porzioni dei cani al di sotto della razione giornaliera standard.

او سهم سگ‌ها را کمتر از جیره استاندارد روزانه کاهش داد.

Allo stesso tempo, chiese di viaggiare più a lungo per compensare la perdita.

در عین حال، او خواستار سفرهای طولانی‌تر برای جبران خسارت شد.

Mercedes e Charles appoggiarono questo piano, ma fallirono nella sua realizzazione.

مرسدس و چارلز از این طرح حمایت کردند، اما در اجرا شکست خوردند.

La loro pesante slitta e la mancanza di abilità rendevano il progresso quasi impossibile.

سورتمه سنگین و فقدان مهارت آنها، پیشروی را تقریباً غیرممکن می‌کرد.

Era facile dare meno cibo, ma impossibile forzare uno sforzo maggiore.

دادن غذای کمتر آسان بود، اما وادار کردن به تلاش بیشتر غیرممکن بود.

Non potevano partire prima, né viaggiare per ore extra.

آنها نه می‌توانستند زودتر شروع کنند و نه می‌توانستند برای ساعات اضافی سفر کنند.

Non sapevano come gestire i cani, e nemmeno loro stessi, a dire il vero.

آنها نه می‌دانستند چطور با سگ‌ها کار کنند، و نه خودشان، در آن مورد.

Il primo cane a morire fu Dub, lo sfortunato ma laborioso ladro.

اولین سگی که مُرد، داب، دزد بدشانس اما سخت‌کوش بود.

Sebbene spesso punito, Dub aveva fatto la sua parte senza lamentarsi.

اگرچه داب اغلب تنبیه می‌شد، اما بدون هیچ شکایتی بار مسئولیتش را به دوش می‌کشید.

La sua spalla ferita peggiorò se non ricevette cure adeguate e non ebbe bisogno di riposo.

شانه آسیب دیده او بدون مراقبت یا نیاز به استراحت، بدتر شد.

Alla fine, Hal usò la pistola per porre fine alle sofferenze di Dub.

سرانجام، هال از هفت‌تیر برای پایان دادن به رنج داب استفاده کرد.

Un detto comune afferma che i cani normali muoiono se vengono nutriti con razioni di husky.

یک ضرب‌المثل رایج ادعا می‌کند که سگ‌های معمولی با جیره غذایی هاسکی می‌میرند.

I sei nuovi compagni di Buck avevano ricevuto solo metà della quota di cibo riservata all'husky.

شش همراه جدید باک فقط نصف سهم هاسکی از غذا را داشتند.

Il Terranova morì per primo, seguito dai tre cani da caccia a pelo corto.

نیوفاندلند اول مُرد، بعد سه پوینتر مو کوتاه.

I due bastardi resistettero più a lungo ma alla fine morirono come gli altri.

آن دو سگ دورگه مدت بیشتری دوام آوردند اما سرانجام مانند بقیه از بین رفتند.

Ormai tutti i comfort e la gentilezza del Southland erano scomparsi.

در این زمان، تمام امکانات رفاهی و لطافت سرزمین جنوبی از بین رفته بود.

Le tre persone avevano perso le ultime tracce della loro educazione civile.

آن سه نفر آخرین نشانه‌های تربیت متمدنانه خود را از دست داده بودند.

Spogliato di glamour e romanticismo, il viaggio nell'Artico è diventato brutalmente reale.

سفر به قطب شمال، عاری از زرق و برق و عاشقانه، به طرز وحشیانه‌ای واقعی شد.

Era una realtà troppo dura per il loro senso di virilità e femminilità.

این واقعیت برای حس مردانگی و زنانگی آنها بیش از حد خشن بود.

Mercedes non piangeva più per i cani, ma piangeva solo per se stessa.

مرسدس دیگر برای سگ‌ها گریه نمی‌کرد، بلکه حالا فقط برای خودش گریه می‌کرد.

Trascorreva il tempo piangendo e litigando con Hal e Charles.

او وقتش را صرف گریه و دعوا با هال و چارلز کرد.

Litigare era l'unica cosa per cui non si stancavano mai.

دعوا تنها کاری بود که آنها هرگز از انجام دادنش خسته نمی‌شدند.

La loro irritabilità derivava dalla miseria, cresceva con essa e la superava.

کج‌خلقی آنها از بدبختی ناشی می‌شد، با آن رشد می‌کرد و از آن پیشی می‌گرفت.

La pazienza del cammino, nota a coloro che faticano e soffrono con generosità, non è mai arrivata.

صبر و شکیبایی مسیر، که برای کسانی که زحمت می‌کشند و با مهربانی رنج می‌برند، شناخته شده است، هرگز فرا نرسید.

Quella pazienza che rende dolce la parola nonostante il dolore, era a loro sconosciuta.

آن صبری که در میان درد، سخن را شیرین نگه می‌دارد، برایشان
ناشناخته بود.

Non avevano alcun briciolo di pazienza, nessuna forza
derivante dalla sofferenza con grazia.

آنها هیچ نشانه‌ای از صبر و شکیبایی نداشتند، هیچ قدرتی که از رنج
کشیدن با ظرافت حاصل شود، در آنها دیده نمی‌شد.

Erano irrigiditi dal dolore: dolori nei muscoli, nelle ossa e
nel cuore.

آنها از درد خشکشان زده بود—درد در عضلات، استخوان‌ها و
قلب‌هایشان.

Per questo motivo, divennero taglienti nella lingua e pronti
a pronunciare parole dure.

به همین دلیل، زبانشان تیز شد و سخنان تندی گفتند.

Ogni giorno iniziava e finiva con voci arrabbiate e lamentele
amare.

هر روز با صداهای خشمگین و شکایت‌های تلخ شروع و پایان می‌یافت.

Charles e Hal litigavano ogni volta che Mercedes ne dava
loro l'occasione.

چارلز و هال هر وقت مرسدس به آنها فرصتی می‌داد، با هم دعوا
می‌کردند.

Ogni uomo credeva di aver fatto più del dovuto.

هر مرد معتقد بود که بیش از سهم عادلانه خود از کار، کار انجام داده
است.

Nessuno dei due ha mai perso l'occasione di dirlo, ancora e
ancora.

نه هرگز فرصتی را برای گفتن این موضوع از دست نداد، بارها و
بارها.

A volte Mercedes si schierava con Charles, a volte con Hal.

گاهی اوقات مرسدس طرف چارلز را می‌گرفت، گاهی اوقات طرف
هال را.

Ciò portò a una grande e infinita lite tra i tre.

این منجر به یک دعوای بزرگ و بی‌پایان بین این سه نفر شد.

La disputa su chi dovesse tagliare la legna da ardere divenne
incontrollabile.

اختلاف بر سر اینکه چه کسی باید هیزم بشکند، از کنترل خارج شد.

Ben presto vennero nominati padri, madri, cugini e parenti defunti.

خیلی زود، پدران، مادران، پسرعموها و اقوام فوت شده نامگذاری شدند۔

Le opinioni di Hal sull'arte o sulle opere teatrali di suo zio divennero parte della lotta.

دیدگاه‌های هال در مورد هنر یا نمایشنامه‌های عمویش بخشی از این دعوا شد۔

Anche le convinzioni politiche di Carlo entrarono nel dibattito.

باورهای سیاسی چارلز نیز وارد بحث شد۔

Per Mercedes, perfino i pettegolezzi della sorella del marito sembravano rilevanti.

برای مرسدس، حتی شایعات خواهر شوهرش هم بی‌ربط به نظر می‌رسید۔

Espresse la sua opinione su questo e su molti dei difetti della famiglia di Charles.

او در مورد آن و بسیاری از معایب خانواده چارلز نظرات خود را بیان کرد۔

Mentre discutevano, il fuoco rimase spento e l'accampamento mezzo allestito.

در حالی که آنها بحث می‌کردند، آتش خاموش ماند و چادر نیمه‌کاره ماند۔

Nel frattempo i cani erano rimasti infreddoliti e senza cibo.

در همین حال، سگ‌ها سردشان بود و هیچ غذایی نداشتند۔

Mercedes nutriva un risentimento che considerava profondamente personale.

مرسدس شکایتی داشت که آن را عمیقاً شخصی می‌دانست۔

Si sentiva maltrattata in quanto donna e le venivano negati i suoi gentili privilegi.

او احساس می‌کرد که به عنوان یک زن با او بدرفتاری می‌شود، و از امتیازات لطیفش محروم می‌ماند۔

Era carina e gentile, e per tutta la vita era stata abituata alla cavalleria.

او زیبا و مهربان بود و تمام عمرش به جوانمردی عادت داشت۔

Ma suo marito e suo fratello ora la trattavano con impazienza.

اما شوهر و برادرش حالا با بی‌صبری با او رفتار می‌کردند۔

Aveva l'abitudine di comportarsi in modo impotente e loro cominciarono a lamentarsi.

عادت او این بود که درمانده رفتار کند، و آنها شروع به شکایت کردند.

Offesa da ciò, rese loro la vita ancora più difficile.

او که از این موضوع آزرده خاطر شده بود، زندگی آنها را دشوارتر کرد.

Ignorò i cani e insistette per guidare lei stessa la slitta.

او سگ‌ها را نادیده گرفت و اصرار داشت که خودش سوار سورتمه شود.

Sebbene sembrasse esile, pesava centoventi libbre (circa quaranta chili).

اگرچه ظاهری لاغر داشت، اما وزنش صد و بیست پوند بود.

Quel peso aggiuntivo era troppo per i cani affamati e deboli.

آن بار اضافی برای سگ‌های گرسنه و ضعیف خیلی زیاد بود.

Nonostante ciò, continuò a cavalcare per giorni, finché i cani non crollarono nelle redini.

با این حال، او روزها سوارکاری کرد، تا اینکه سگ‌ها در افسار از حال رفتند.

La slitta si fermò e Charles e Hal la implorarono di proseguire a piedi.

سورتمه بی‌حرکت ایستاد و چارلز و هال از او التماس کردند که راه برود.

Loro la implorarono e la scongiurarono, ma lei pianse e li definì crudeli.

آنها التماس و التماس کردند، اما او گریه کرد و آنها را ظالم خواند.

In un'occasione, la tirarono giù dalla slitta con pura forza e rabbia.

یک بار، آنها او را با زور و خشم محض از سورتمه پایین کشیدند.

Dopo quello che accadde quella volta non ci riprovarono più.

آنها بعد از اتفاقی که آن بار افتاد، دیگر هرگز تلاش نکردند.

Si accasciò come una bambina viziata e si sedette nella neve.

مثل بچه‌ای لوس، بی‌حرکت روی برف‌ها نشست.

Continuarono a muoversi, ma lei si rifiutò di alzarsi o di seguirli.

آنها به راه خود ادامه دادند، اما او حاضر نشد بلند شود یا پشت سرشان برود.

Dopo tre miglia si fermarono, tornarono indietro e la riportarono indietro.

بعد از سه مایل، آنها توقف کردند، برگشتند و او را به عقب حمل کردند.
La ricaricarono sulla slitta, usando ancora una volta la forza bruta.

آنها دوباره او را با استفاده از نیروی بی‌امانشان روی سورتمه گذاشتند.
Nella loro profonda miseria, erano insensibili alla sofferenza dei cani.

در بدبختی عمیق خود، نسبت به رنج سگ‌ها بی‌رحم بودند.
Hal credeva che fosse necessario indurirsi e impose questa convinzione agli altri.

هال معتقد بود که باید سرسخت شد و این باور را به دیگران تحمیل کرد.
Inizialmente ha cercato di predicare la sua filosofia a sua sorella

او ابتدا سعی کرد فلسفه خود را برای خواهرش موعظه کند
e poi, senza successo, predicò al cognato.

وسپس، بدون موفقیت، برای برادر همسرش موعظه کرد ـ
Ebbe più successo con i cani, ma solo perché li ferì.

او با سگ‌ها موفقیت بیشتری داشت، اما فقط به این دلیل که به آنها آسیب رسانده بود.
Da Five Fingers, il cibo per cani è rimasto completamente vuoto.

در رستوران فایو فینگرز، غذای سگ کاملاً تمام شد.
Una vecchia squaw sdentata vendette qualche chilo di pelle di cavallo congelata

یک زن سفیدپوست پیر و بی‌دندان چند پوند پوست اسب یخزده فروخت
Hal scambiò la sua pistola con la pelle di cavallo secca.

هال تپانچه‌اش را با پوست خشک اسب عوض کرد.
La carne proveniva dai cavalli affamati di allevatori di bovini, morti mesi prima.

این گوشت ماه‌ها قبل از اسب‌های گرسنه‌ی گله‌داران تهیه شده بود.
Congelata, la pelle era come ferro zincato: dura e immangiabile.

پوست یخزده مثل آهن گالوانیزه شده بود؛ سفت و غیرقابل خوردن.
Per riuscire a mangiarla, i cani dovevano masticare la pelle senza sosta.

سگ‌ها مجبور بودند برای خوردن پوست، بی‌وقفه آن را بجوند.
Ma le corde coriacee e i peli corti non erano certo un nutrimento.

اما آن تارهای چرمی و موهای کوتاه به سختی می‌توانستند مغذی باشند.

La maggior parte della pelle era irritante e non era cibo in senso stretto.

بیشتر پوست آزاردهنده بود، و به هیچ وجه غذا نبود.

E nonostante tutto, Buck barcollava davanti a tutti, come in un incubo.

ودر تمام این مدت، باک مثل یک کابوس، در جلو تلوتلو می‌خورد .

Quando poteva, tirava; quando non poteva, restava lì finché non veniva sollevato dalla frusta o dal bastone.

وقتی می‌توانست، خود را می‌کشید؛ وقتی نمی‌توانست، دراز می‌کشید تا شلاق یا چماق او را بلند کند.

Il suo pelo fine e lucido aveva perso tutta la rigidità e la lucentezza di un tempo.

پوشش ظریف و براقش تمام سفتی و درخشندگی سابقش را از دست داده بود.

I suoi capelli erano flosci, spettinati e pieni di sangue rappreso a causa dei colpi.

موهایش شل و ول، کشیده و خون خشک شده‌ی ناشی از ضربات، لخته شده بود.

I suoi muscoli si ridussero a midolli e i cuscinetti di carne erano tutti consumati.

عضلاتش مثل طناب منقبض شدند و تمام بالشتک‌های گوشتش ساییده شدند.

Ogni costola, ogni osso erano chiaramente visibili attraverso le pieghe della pelle rugosa.

هر دنده، هر استخوان به وضوح از زیر چین و چروک‌های پوست نمایان بود.

Fu straziante, ma il cuore di Buck non riuscì a spezzarsi.

دلخراش بود، اما قلب باک نمی‌توانست بشکند.

L'uomo con il maglione rosso lo aveva testato e dimostrato molto tempo prima.

مرد با ژاکت قرمز مدت‌ها پیش این را آزمایش و ثابت کرده بود.

Così come accadde a Buck, accadde anche a tutti i suoi compagni di squadra rimasti.

همانطور که برای باک اتفاق افتاد، برای تمام هم‌تیمی‌های باقی‌مانده‌اش هم همینطور بود.

Ce n'erano sette in totale, ognuno uno scheletro ambulante di miseria.

در مجموع هفت نفر بودند، هر کدام اسکلت متحرکی از بدبختی۔

Erano diventati insensibili alle fruste e sentivano solo un dolore distante.

آنها بی‌حس شده بودند و فقط درد دوری را حس می‌کردند۔

Anche la vista e i suoni li raggiungevano debolmente, come attraverso una fitta nebbia.

حتی بینایی و شنوایی هم به سختی به آنها می‌رسید، انگار از میان مه غلیظی۔

Non erano mezzi vivi: erano ossa con deboli scintille al loro interno.

آنها نیمه جان نبودند ـ استخوان هایی بودند با جرقه های کم نور در درونشان۔

Una volta fermati, crollarono come cadaveri, con le scintille quasi del tutto spente.

وقتی متوقف می‌شدند، مثل جسد از حال می‌رفتند، جرقه‌هایشان تقریباً از بین رفته بود۔

E quando la frusta o il bastone colpivano di nuovo, le scintille sfarfallavano debolmente.

وقتی شلاق یا چماق دوباره زده می‌شد، جرقه‌ها به آرامی می‌لرزیدند ۔

Poi si alzarono, barcollarono in avanti e trascinarono le loro membra in avanti.

سپس بلند شدند، تلوتلوخوران به جلو رفتند و دست و پایشان را به جلو کشیدند۔

Un giorno il gentile Billee cadde e non riuscì più a rialzarsi.

روزی بیلی مهربان زمین خورد و دیگر نتوانست بلند شود۔

Hal aveva scambiato la sua pistola con quella di Billee, così decise di ucciderla con un'ascia.

هال هفت‌تیرش را فروخته بود، بنابراین در عوض از تبر برای کشتن بیلی استفاده کرد۔

Lo colpì alla testa, poi gli tagliò il corpo e lo trascinò via.

او به سر او کوبید، سپس بدنش را آزاد کرد و آن را کشید و با خود برد۔

Buck se ne accorse, e così fecero anche gli altri: sapevano che la morte era vicina.

باک این را دید، و دیگران هم همینطور؛ آنها می‌دانستند که مرگ نزدیک است۔

Il giorno dopo Koona se ne andò, lasciando solo cinque cani nel gruppo affamato.

روز بعد کونا رفت و فقط پنج سگ را در تیم گرسنه باقی گذاشت۔

Joe, non più cattivo, era ormai troppo fuori di sé per rendersi conto di nulla.

جو، که دیگر بدجنس نبود، آنقدر از کوره در رفته بود که اصلاً از خیلی چیزها خبر نداشت۔

Pike, ormai non fingeva più di essere ferito, era appena cosciente.

پایک که دیگر تظاهر به مصدومیت نمی‌کرد، به سختی هوشیار بود۔

Solleks, ancora fedele, si rammaricava di non avere più la forza di dare.

سولکس، که هنوز وفادار بود، سوگواری می‌کرد که دیگر توانی برای بخشش ندارد۔

Teek fu battuto più di tutti perché era più fresco, ma stava calando rapidamente.

تیک بیشتر مورد ضرب و شتم قرار گرفت زیرا او تازه نفس تر بود، اما به سرعت در حال محو شدن بود۔

E Buck, ancora in testa, non mantenne più l'ordine né lo fece rispettare.

وباک، که هنوز رهبری را در دست داشت، دیگر نه نظم را رعایت می‌کرد و نه آن را اجرا می‌کرد۔

Mezzo accecato dalla debolezza, Buck seguì la pista solo a tentoni.

باک که از ضعف، نیمه‌بیدار بود، به تنهایی و با احساس امنیت، ردپا را دنبال کرد۔

Era una bellissima primavera, ma nessuno di loro se ne accorse.

هوای بهاری زیبایی بود، اما هیچ کدام از آنها متوجه آن نشدند۔

Ogni giorno il sole sorgeva prima e tramontava più tardi.

هر روز خورشید زودتر از قبل طلوع می‌کرد و دیرتر از قبل غروب می‌کرد۔

Alle tre del mattino era già spuntata l'alba; il crepuscolo durò fino alle nove.

ساعت سه بامداد، سپیده دمیده بود؛ گرگ و میش تا ساعت نه ادامه داشت۔

Le lunghe giornate erano illuminate dal sole primaverile.

روزهای طولانی پر از درخشش کامل آفتاب بهاری بود۔

Il silenzio spettrale dell'inverno si era trasformato in un caldo mormorio.

سکوت شبح‌وار زمستان به زمزمه‌ای گرم تبدیل شده بود۔

Tutta la terra si stava svegliando, animata dalla gioia degli esseri viventi.

تمام سرزمین از خواب بیدار می‌شد، زنده و سرزنده از شادی موجودات زنده۔

Il suono proveniva da ciò che era rimasto morto e immobile per tutto l'inverno.

صدا از چیزی می‌آمد که در طول زمستان مرده و بی‌حرکت مانده بود۔

Ora quelle cose si mossero di nuovo, scrollandosi di dosso il lungo sonno del gelo.

حالا، آن چیزها دوباره حرکت کردند و از خواب طولانی یخبندان بیرون آمدند۔

La linfa saliva attraverso i tronchi scuri dei pini in attesa.

شیره درخت کاج از میان تنه‌های تیره درختان کاج منتظر، بالا می‌آمد۔

Salici e pioppi tremuli fanno sbocciare giovani gemme luminose su ogni ramoscello.

بیدها و صنوبرها جوانه‌های جوان و درخشانی را روی هر شاخه شکوفا می‌کنند۔

Arbusti e viti si tingono di un verde fresco mentre il bosco si anima.

با زنده شدن جنگل، بوته‌ها و تاک‌ها سبزه تازه‌ای به تن کردند۔

Di notte i grilli cantavano e di giorno gli insetti strisciavano nella luce del sole.

شب‌ها جیرجیرک‌ها جیک‌جیک می‌کردند و حشرات در آفتاب روز می‌خزیدند۔

Le pernici gridavano e i picchi picchiavano in profondità tra gli alberi.

کبک‌ها غریدند و دارکوب‌ها در اعماق درختان نقب زدند۔

Gli scoiattoli chiacchieravano, gli uccelli cantavano e le oche starnazzavano per richiamare l'attenzione dei cani.

سنجاب‌ها جیک‌جیک می‌کردند، پرندگان آواز می‌خواندند و غازها بوق می‌زدند تا صدای سگ‌ها را نشنوند۔

Gli uccelli selvatici arrivavano a cunei affilati, volando in alto da sud.

مرغان وحشی دسته دسته از جنوب به سمت بالا پرواز می‌کردند.

Da ogni pendio giungeva la musica di ruscelli nascosti e impetuosi.

از هر دامنه تپه‌ای، موسیقی جویبارهای پنهان و خروشان می‌آمد.

Tutto si scongelava e si spezzava, si piegava e ricominciava a muoversi.

همه چیز ذوب شد و شکست، خم شد و دوباره به حرکت درآمد.

Lo Yukon si sforzò di spezzare le fredde catene del ghiaccio ghiacciato.

یوکان برای شکستن زنجیرهای سرد یخ منجمد، تقلا می‌کرد.

Il ghiaccio si scioglieva sotto, mentre il sole lo scioglieva dall'alto.

یخ از زیر آب می‌شد، در حالی که خورشید از بالا آن را ذوب می‌کرد.

Si aprirono dei buchi, si allargarono delle crepe e dei pezzi caddero nel fiume.

سوراخ‌های هوا باز شدند، ترک‌ها گسترش یافتند و تکه‌هایی از آنها به درون رودخانه افتادند.

In mezzo a tutta questa vita sfrenata e sfrenata, i viaggiatori barcollavano.

در میان این همه زندگی پرجنب‌وجوش و شعله‌ور، مسافران تلوتلو می‌خوردند.

Due uomini, una donna e un branco di husky camminavano come morti.

دو مرد، یک زن و یک گله سگ هاسکی مثل مرده‌ها راه می‌رفتند.

I cani cadevano, Mercedes piangeva, ma continuava a guidare la slitta.

سگ‌ها داشتند می‌افتادند، مرسدس گریه می‌کرد، اما همچنان سورتمه را می‌راند.

Hal imprecò debolmente e Charles sbatté le palpebre con gli occhi lacrimanti.

هال با لحنی ضعیف فحش داد و چارلز با چشمانی اشک‌آلود پلک زد.

Si imbatterono nell'accampamento di John Thornton, nei pressi della foce del White River.

آنها در دهانه رودخانه وایت ریور به اردوگاه جان تورنتون برخوردند.

Quando si fermarono, i cani caddero a terra, come se fossero stati tutti colpiti a morte.

وقتی ایستادند، سگ‌ها بی‌حرکت افتادند، انگار که همگی مرده بودند.

Mercedes si asciugò le lacrime e guardò John Thornton.

مرسدس اشک‌هایش را پاک کرد و به جان تورنتون نگاه کرد.

Charles si sedette su un tronco, lentamente e rigidamente, dolorante per il sentiero.

چارلز روی کنده‌ای نشست، آهسته و خشک، و از رد پا درد می‌کشید.

Hal parlava mentre Thornton intagliava l'estremità del manico di un'ascia.

در حالی که تورنتون انتهای دسته‌ی یک تبر را می‌تراشید، هال صحبت می‌کرد.

Tagliò il legno di betulla e rispose con frasi brevi e decise.

او چوب توس را تراشید و با پاسخ‌های کوتاه و قاطع پاسخ داد.

Quando gli veniva chiesto, dava un consiglio, certo che non sarebbe stato seguito.

وقتی از او پرسیده شد، نصیحتی کرد، مطمئن بود که کسی به آن عمل نخواهد کرد.

Hal spiegò: "Ci avevano detto che il ghiaccio lungo la pista si stava staccando".

هال توضیح داد» :به ما گفتند که یخ مسیر در حال فرو ریختن است.«

"Ci avevano detto che dovevamo restare fermi, ma siamo arrivati a White River."

»گفتند باید همان‌جا بمانیم——اما ما به وایت ریور رسیدیم.«

Concluse con un tono beffardo, come per cantare vittoria nelle difficoltà.

او با لحنی تمسخرآمیز حرفش را تمام کرد، انگار که می‌خواست در سختی‌ها ادعای پیروزی کند.

"E ti hanno detto la verità", rispose John Thornton a bassa voce ad Hal.

جان تورنتون به آرامی به هال پاسخ داد» :و آنها به تو راست گفتند.«

"Il ghiaccio potrebbe cedere da un momento all'altro: è pronto a staccarsi."

»یخ هر لحظه ممکن است فرو بریزد ـ آماده‌ی ریزش است.«

"Solo la fortuna cieca e gli sciocchi avrebbero potuto arrivare vivi fin qui."

»فقط شانس کور و احمق‌ها می‌توانستند تا اینجا زنده بمانند.«

"Te lo dico senza mezzi termini: non rischierei la vita per tutto l'oro dell'Alaska."

«راستش را بخواهی، من جانم را برای تمام طلای آلاسکا به خطر نمی‌اندازم.»

"Immagino che tu non sia uno stupido", rispose Hal.

هال پاسخ داد: «فکر کنم به این خاطر است که تو احمق نیستی.»

"Comunque, andiamo avanti con Dawson." Srotolò la frusta.

«با این حال، ما به داوسون می‌رویم.شلاقش را باز کرد -.

"Sali, Buck! Ehi! Alzati! Forza!" urlò con voce roca.

با صدای خشن فریاد زد» :برو بالا، باک‌سلام بلند شو ـادامه بده ـ.»

Thornton continuò a intagliare, sapendo che gli sciocchi non volevano sentire ragioni.

تورنتون همچنان به تراشیدن ادامه می‌داد، چون می‌دانست احمق‌ها حرف منطقی را نمی‌شنوند.

Fermare uno stupido era inutile, e due o tre stupidi non cambiavano nulla.

متوقف کردن یک احمق بیهوده بود ـ و دو یا سه احمق چیزی را تغییر نمی‌دادند.

Ma la squadra non si mosse al suono del comando di Hal.

اما تیم با شنیدن فرمان هال تکان نخورد.

Ormai solo i colpi potevano farli sollevare e avanzare.

حالا دیگر فقط ضربات می‌توانستند آنها را بلند کنند و به جلو بکشند.

La frusta schioccava ripetutamente sui cani indeboliti.

شلاق بارها و بارها بر سر سگ‌های ضعیف کوبیده شد.

John Thornton strinse forte le labbra e osservò in silenzio.

جان تورنتون لب‌هایش را محکم به هم فشرد و در سکوت تماشا کرد.

Solleks fu il primo a rialzarsi sotto la frusta.

سولکس اولین کسی بود که زیر شلاق روی پاهایش خزید.

Poi Teek lo seguì, tremando. Joe urlò mentre barcollava.

سپس تیک، لرزان، به دنبالش رفت.جو در حالی که تلوتلو می‌خورد، فریاد زد.

Pike cercò di alzarsi, fallì due volte, poi alla fine si rialzò barcollando.

پایک سعی کرد بلند شود، دو بار شکست خورد، و سرانجام لرزان ایستاد.

Ma Buck rimase lì dov'era caduto, senza muoversi affatto.

اما باک همان جایی که افتاده بود، دراز کشیده بود و این بار اصلاً تکان نخورد.

La frusta lo colpì più volte, ma lui non emise alcun suono.

شلاق بارها و بارها به او ضربه می‌زد، اما او هیچ صدایی از خود در نمی‌آورد.

Lui non sussultò né oppose resistenza, rimase semplicemente immobile e in silenzio.

او نه جا خورد و نه مقاومت کرد، بلکه فقط ساکت و بی‌حرکت ماند.

Thornton si mosse più di una volta, come per dire qualcosa, ma non lo fece.

تورنتون بیش از یک بار تکان خورد، انگار که می‌خواست حرفی بزند، اما حرفی نزد.

I suoi occhi si inumidirono, ma la frusta continuava a schioccare contro Buck.

چشمانش خیس شد و شلاق همچنان بر باک می‌کوبید.

Alla fine Thornton cominciò a camminare lentamente, incerto sul da farsi.

بالاخره تورنتون شروع به قدم زدن آهسته کرد، مطمئن نبود چه کار کند.

Era la prima volta che Buck falliva e Hal si infuriò.

این اولین باری بود که باک شکست می‌خورد و هال خشمگین شد.

Gettò via la frusta e prese al suo posto il pesante manganello.

شلاق را زمین انداخت و به جای آن چماق سنگین را برداشت.

La mazza di legno colpì con violenza, ma Buck non si alzò per muoversi.

چماق چوبی محکم فرود آمد، اما باک هنوز بلند نشد تا تکان بخورد.

Come i suoi compagni di squadra, era troppo debole, ma non solo.

او هم مثل هم‌تیمی‌هایش خیلی ضعیف بود—اما چیزی فراتر از این.

Buck aveva deciso di non muoversi, qualunque cosa accadesse.

باک تصمیم گرفته بود که فارغ از هر اتفاقی که قرار است بیفتد، تکان نخورد.

Sentì qualcosa di oscuro e sicuro incombere proprio davanti a sé.

احساس کرد چیزی تاریک و مطمئن درست در مقابلش معلق است.

Quel terrore lo aveva colto non appena aveva raggiunto la riva del fiume.

به محض اینکه به ساحل رودخانه رسید، آن وحشت او را فرا گرفته بود.

Quella sensazione non lo aveva abbandonato da quando aveva sentito il ghiaccio assottigliarsi sotto le zampe.

این احساس از وقتی که یخ نازک را زیر پنجه‌هایش حس کرد، رهایش نکرده بود.

Qualcosa di terribile lo stava aspettando: lo sentiva proprio lungo il sentiero.

چیزی وحشتناک در انتظارش بود - او این را درست در انتهای مسیر حس کرد.

Non avrebbe camminato verso quella cosa terribile davanti a lui

او قصد نداشت به سمت آن چیز وحشتناک پیش رو برود

Non avrebbe obbedito a nessun ordine che lo avrebbe condotto a quella cosa.

او قرار نبود از هیچ دستوری که او را به آن چیز می‌رساند، اطاعت کند.

Ormai il dolore dei colpi non lo sfiorava più: era troppo stanco.

درد ضربات حالا دیگر به سختی او را لمس می‌کرد - او خیلی از حال رفته بود.

La scintilla della vita tremolava lentamente, affievolita da ogni colpo crudele.

جرقه‌ی زندگی سوسو می‌زد و در زیر هر ضربه‌ی بی‌رحمانه، کم‌فروغ می‌شد.

Gli arti gli sembravano distanti; tutto il corpo sembrava appartenere a un altro.

اعضای بدنش از هم دور بودند؛ انگار تمام بدنش متعلق به دیگری بود.

Sentì uno strano torpore mentre il dolore scompariva completamente.

وقتی درد کاملاً از بین رفت، احساس بی‌حسی عجیبی کرد.

Da lontano, sentiva che lo stavano picchiando, ma non se ne rendeva conto.

از دور، حس می‌کرد که دارند کتکش می‌زنند، اما به زحمت متوجه می‌شد.

Poteva udire debolmente i tonfi, ma ormai non gli facevano più male.

او می‌توانست صدای ضربات را به طور ضعیفی بشنود، اما دیگر واقعاً دردناک نبودند.

I colpi andarono a segno, ma il suo corpo non sembrava più il suo.

ضربات فرود می‌آمدند، اما بدنش دیگر شبیه بدن خودش نبود.

Poi, all'improvviso, senza alcun preavviso, John Thornton lanciò un grido selvaggio.

سپس ناگهان، بدون هیچ هشداری، جان تورنتون فریاد وحشیانه‌ای سر داد.

Era inarticolato, più il grido di una bestia che di un uomo.

نامفهوم بود، بیشتر به فریاد یک حیوان شباهت داشت تا یک انسان.

Si lanciò sull'uomo con la mazza e fece cadere Hal all'indietro.

او به سمت مردی که چماق به دست داشت پرید و هال را به عقب پرت کرد.

Hal volò come se fosse stato colpito da un albero, atterrando pesantemente al suolo.

هال طوری پرواز کرد که انگار درختی به او خورده باشد و محکم روی زمین فرود آمد.

Mercedes urlò a gran voce in preda al panico e si portò le mani al viso.

مرسدس با وحشت فریاد بلندی زد و صورتش را گرفت.

Charles si limitò a guardare, si asciugò gli occhi e rimase seduto.

چارلز فقط نگاه کرد، اشک‌هایش را پاک کرد و همان‌جا نشست.

Il suo corpo era troppo irrigidito dal dolore per alzarsi o contribuire alla lotta.

بدنش از درد بیش از حد خشک شده بود که بتواند بلند شود یا در مبارزه کمکی کند.

Thornton era in piedi davanti a Buck, tremante di rabbia, incapace di parlare.

تورنتون بالای سر باک ایستاده بود، از خشم می‌لرزید و قادر به صحبت نبود.

Tremava di rabbia e lottò per trovare la voce.

از خشم می‌لرزید و تقلا می‌کرد تا صدایش را از میان آن بیرون بکشد.

"Se colpisci ancora quel cane, ti uccido", disse infine.

بالاخره گفت: «اگر دوباره آن سگ را بزنی، تو را می‌کشم.»

Hal si asciugò il sangue dalla bocca e tornò avanti.

هال خون را از دهانش پاک کرد و دوباره جلو آمد.

"È il mio cane", borbottò. "Togliti di mezzo o ti sistemo io."

زیر لب غرغر کرد» :این سگ منه.از سر راهم برو کنار، وگرنه درستت می‌کنم.«

"Vado da Dawson e tu non mi fermerai", ha aggiunto.

او اضافه کرد» :من دارم می‌رم داوسون، و تو نمی‌تونی جلومو بگیری.«

Thornton si fermò tra Buck e il giovane arrabbiato.

تورنتون محکم بین باک و مرد جوان عصبانی ایستاده بود.

Non aveva alcuna intenzione di farsi da parte o di lasciar passare Hal.

او اصلاً قصد نداشت کنار بکشد یا اجازه دهد هال از او بگذرد.

Hal tirò fuori il suo coltello da caccia, lungo e pericoloso nella sua mano.

هال چاقوی شکاری بلند و خطرناکش را بیرون کشید.

Mercedes urlò, poi pianse, poi rise in preda a un'isteria selvaggia.

مرسدس جیغ کشید، بعد گریه کرد، و بعد با هیجان وصف‌ناپذیری خندید.

Thornton colpì la mano di Hal con il manico dell'ascia, con forza e rapidità.

تورنتون با دسته تبرش محکم و سریع به دست هال کوبید.

Il coltello si liberò dalla presa di Hal e volò a terra.

چاقو از دست هال افتاد و به زمین افتاد.

Hal cercò di raccogliere il coltello, ma Thornton gli batté di nuovo le nocche.

هال سعی کرد چاقو را بردارد، و تورنتون دوباره به بند انگشتانش ضربه زد.

Poi Thornton si chinò, afferrò il coltello e lo tenne fermo.

سپس تورنتون خم شد، چاقو را قاپید و نگه داشت.

Con due rapidi colpi del manico dell'ascia, tagliò le redini di Buck.

با دو ضربه سریع دسته تبر، افسار باک را برید.

Hal non aveva più voglia di combattere e si allontanò dal cane.

هال دیگر توانی برای مبارزه نداشت و از سگ فاصله گرفت.

Inoltre, ora Mercedes aveva bisogno di entrambe le braccia per restare in piedi.

گذشته از این، مرسدس حالا برای صاف نگه داشتن خودش به هر دو دستش نیاز داشت.

Buck era troppo vicino alla morte per poter nuovamente
tirare la slitta.

باک آنقدر در آستانه‌ی مرگ بود که دیگر نمی‌توانست برای کشیدن
سورتمه مفید باشد.

Pochi minuti dopo, ripartirono, dirigendosi verso il fiume.

چند دقیقه بعد، آنها از ماشین پیاده شدند و به سمت پایین رودخانه رفتند.

Buck sollevò debolmente la testa e li guardò lasciare la
banca.

باک با ناتوانی سرش را بلند کرد و تماشایشان کرد که از بانک خارج
شدند.

Pike guidava la squadra, con Solleks dietro al volante.

پایک رهبری تیم را بر عهده داشت و سولکس در جایگاه فرمان در
عقب قرار داشت.

Joe e Teek camminavano in mezzo, zoppicando entrambi per
la stanchezza.

جو و تیک در حالی که هر دو از خستگی می‌لنگیدند، بین آنها راه
می‌رفتند.

Mercedes si sedette sulla slitta e Hal afferrò la lunga pertica.

مرسدس روی سورتمه نشست و هال میله بلند جی-میله را محکم گرفت.

Charles barcollava dietro di lui, con passi goffi e incerti.

چارلز با قدم‌های نامطمئن و ناشیانه، تلوتلوخوران عقب ماند.

Thornton si inginocchiò accanto a Buck e tastò delicatamente
per vedere se aveva ossa rotte.

تورنتون کنار باک زانو زد و به آرامی استخوان‌های شکسته را لمس
کرد.

Le sue mani erano ruvide, ma si muovevano con gentilezza e
cura.

دستانش زمخت اما با مهربانی و مراقبت حرکت می‌کردند.

Il corpo di Buck era pieno di lividi, ma non presentava
lesioni permanenti.

بدن باک کبود شده بود اما هیچ جراحت ماندگاری نشان نمی‌داد.

Ciò che restava era una fame terribile e una debolezza quasi
totale.

آنچه باقی مانده بود گرسنگی وحشتناک و ضعف تقریباً کامل بود.

Quando la situazione fu più chiara, la slitta era già andata
molto a valle.

وقتی این موضوع روشن شد، سورتمه خیلی به سمت پایین رودخانه رفته بود.

L'uomo e il cane osservavano la slitta avanzare lentamente sul ghiaccio che si rompeva.

مرد و سگ، سورتمه را تماشا می‌کردند که به آرامی روی یخ‌های ترک‌خورده می‌خزید.

Poi videro la slitta sprofondare in una cavità.

سپس، آنها دیدند که سورتمه در گودالی فرو رفت.

La pertica volò in alto, ma Hal vi si aggrappò ancora invano.

تیر برق به هوا رفت، در حالی که هال هنوز بیهوده به آن چسبیده بود.

L'urlo di Mercedes li raggiunse attraverso la fredda distanza.

فـریاد مرسدس از میان سرمای هوا به گوششان رسید.

Charles si voltò e fece un passo indietro, ma era troppo tardi.

چارلز برگشت و قدمی به عقب برداشت - اما خیلی دیر شده بود.

Un'intera calotta di ghiaccio cedette e tutti precipitarono.

یک لایه کامل یخ شکست و همه آنها از آن پایین افتادند.

Cani, slitte e persone scomparvero nelle acque nere sottostanti.

سگ‌ها، سورتمه و آدم‌ها در آب سیاه پایین ناپدید شدند.

Nel punto in cui erano passati era rimasto solo un largo buco nel ghiaccio.

تنها یک سوراخ پهن در یخ، جایی که از آن عبور کرده بودند، باقی مانده بود.

Il fondo del sentiero era crollato, proprio come aveva previsto Thornton.

همانطور که تورنتون هشدار داده بود، کف مسیر فرو ریخته بود.

Thornton e Buck si guardarono l'un l'altro, in silenzio per un momento.

تورنتون و باک لحظه‌ای ساکت به یکدیگر نگاه کردند.

"Povero diavolo", disse Thornton dolcemente, e Buck gli leccò la mano.

تورنتون به آرامی گفت» :ای شیطان بیچاره.و باک دستش را لیس زد «.

Per amore di un uomo
به خاطر عشق یک مرد

John Thornton si congelò i piedi per il freddo del dicembre precedente.

جان تورنتون در سرمای دسامبر گذشته پاهایش یخ زد.

I suoi compagni lo fecero sentire a suo agio e lo lasciarono guarire da solo.

شرکایش او را راحت گذاشتند و گذاشتند تا به تنهایی بهبود یابد.

Risalirono il fiume per raccogliere una zattera di tronchi da sega per Dawson.

آنها از رودخانه بالا رفتند تا برای داوسون کلی الوار جمع کنند.

Zoppicava ancora leggermente quando salvò Buck dalla morte.

وقتی باک را از مرگ نجات داد، هنوز کمی می‌لنگید.

Ma con il persistere del caldo, anche quella zoppia è scomparsa.

اما با ادامه‌ی هوای گرم، حتی آن لنگیدن هم ناپدید شد.

Sdraiato sulla riva del fiume durante le lunghe giornate primaverili, Buck si riposò.

باک در روزهای بلند بهاری کنار رودخانه دراز می‌کشید و استراحت می‌کرد.

Osservava l'acqua che scorreva e ascoltava gli uccelli e gli insetti.

او به آب روان نگاه می‌کرد و به صدای پرندگان و حشرات گوش می‌داد.

Lentamente Buck riacquistò le forze sotto il sole e il cielo.

باک به آرامی زیر نور خورشید و آسمان، قدرتش را بازیافت.

Dopo aver viaggiato tremila miglia, riposarsi è stato meraviglioso.

استراحت بعد از طی کردن سه هزار مایل حس فوق‌العاده‌ای داشت.

Buck diventò pigro man mano che le sue ferite guarivano e il suo corpo si riempiva.

باک با بهبود زخم‌هایش و پر شدن بدنش، تنبل شد.

I suoi muscoli si rassodarono e la carne tornò a ricoprire le sue ossa.

عضلاتش سفت شدند و گوشت دوباره روی استخوان‌هایش را پوشاند.

Stavano tutti riposando: Buck, Thornton, Skeet e Nig.

همه آنها در حال استراحت بودند ـ باک، تورنتون، اسکیت و نیگ۔

Aspettarono la zattera che li avrebbe portati a Dawson.

آنها منتظر قایقی بودند که قرار بود آنها را به داوسون ببرد۔

Skeet era un piccolo setter irlandese che fece amicizia con Buck.

اسکیت یک سگ کوچک ایرلندی بود که با باک دوست شد۔

Buck era troppo debole e malato per resisterle al loro primo incontro.

باک در اولین ملاقاتشان بیش از حد ضعیف و بیمار بود که بتواند در برابر او مقاومت کند۔

Skeet aveva la caratteristica di guaritore che alcuni cani possiedono per natura.

اسکیت ویژگی شفابخشی داشت که برخی از سگ‌ها به طور طبیعی از آن برخوردارند۔

Come una gatta, leccò e pulì le ferite aperte di Buck.

مثل یک گربه مادر، زخم‌های زخم‌شده‌ی باک را لیس زد و تمیز کرد۔

Ogni mattina, dopo colazione, ripeteva il suo attento lavoro.

هر روز صبح بعد از صبحانه، کار دقیق خود را تکرار می‌کرد۔

Buck finì per aspettarsi il suo aiuto tanto quanto quello di Thornton.

باک به همان اندازه که از تورنتون انتظار کمک داشت، از او هم انتظار کمک داشت۔

Anche Nig era amichevole, ma meno aperto e meno affettuoso.

نیگ هم دوستانه رفتار می‌کرد، اما نه رک و نه مهربان۔

Nig era un grosso cane nero, in parte segugio e in parte levriero.

نیگ یک سگ سیاه بزرگ بود، نیمی از آن سگ شکاری و نیمی دیگر سگ شکاری۔

Aveva occhi sorridenti e un'infinita bontà d'animo.

چشمانی خندان و روحی بی‌پایان از نیکی داشت۔

Con sorpresa di Buck, nessuno dei due cani mostrò gelosia nei suoi confronti.

باک در کمال تعجب دید که هیچ‌کدام از سگ‌ها نسبت به او حسادتی نشان ندادند۔

Sia Skeet che Nig condividevano la gentilezza di John Thornton.

هم اسکیت و هم نیگ مهربانی جان تورنتون را به اشتراک گذاشتند.

Man mano che Buck diventava più forte, lo attiravano in stupidi giochi da cani.

همینطور که باک قوی‌تر می‌شد، آنها او را به بازی‌های احمقانه‌ی سگ‌ها می‌کشاندند.

Anche Thornton giocava spesso con loro, incapace di resistere alla loro gioia.

تورنتون هم اغلب با آنها بازی می‌کرد، و نمی‌توانست در برابر شادی آنها مقاومت کند.

In questo modo giocoso, Buck passò dalla malattia a una nuova vita.

با این روش بازیگوشانه، باک از بیماری به زندگی جدیدی روی آورد.

L'amore, quello vero, ardente e passionale, era finalmente suo.

عشق - عشق حقیقی، سوزان و پرشور - سرانجام از آن او شد.

Non aveva mai conosciuto questo tipo di amore nella tenuta di Miller.

او هرگز این نوع عشق را در ملک میلر تجربه نکرده بود.

Con i figli del giudice aveva condiviso lavoro e avventure.

او با پسران قاضی، کار و ماجراجویی را به اشتراک گذاشته بود.

Nei nipoti notò un orgoglio rigido e vanitoso.

در کنار نوه‌ها، او غرور و تکبر متکبرانه‌ای را دید.

Con lo stesso giudice Miller aveva un rapporto di rispettosa amicizia.

با خود قاضی میلر، او دوستی محترمانه‌ای داشت.

Ma l'amore che era fuoco, follia e adorazione era ciò che accadeva con Thornton.

اما عشقی که آتش، جنون و پرستش بود، با تورنتون از راه رسید.

Quest'uomo aveva salvato la vita di Buck, e questo di per sé significava molto.

این مرد جان باک را نجات داده بود، و همین به تنهایی معنای زیادی داشت.

Ma più di questo, John Thornton era il tipo ideale di maestro.

اما فراتر از آن، جان تورنتون نمونه‌ی ایده‌آلی از یک استاد بود.

Altri uomini si prendevano cura dei cani per dovere o per necessità lavorative.

مردان دیگر از روی وظیفه یا ضرورت کاری از سگ‌ها مراقبت
می‌کردند.

John Thornton si prendeva cura dei suoi cani come se
fossero figli.

جان تورنتون از سگ‌هایش طوری مراقبت می‌کرد که انگار فرزندانش
بودند.

Si prendeva cura di loro perché li amava e semplicemente
non poteva farne a meno.

او از آنها مراقبت می‌کرد چون آنها را دوست داشت و نمی‌توانست کاری
از دستش بربیاید.

John Thornton vide molto più lontano di quanto la maggior
parte degli uomini riuscisse mai a vedere.

جان تورنتون حتی فراتر از آنچه اکثر انسان‌ها تا به حال دیده‌اند، می‌دید.

Non dimenticava mai di salutarli gentilmente o di
pronunciare una parola di incoraggiamento.

او هرگز فراموش نمی‌کرد که با مهربانی به آنها سلام کند یا کلمه‌ای
دلگرم‌کننده بگوید.

Amava sedersi con i cani per fare lunghe chiacchierate, o
"gassy", come diceva lui.

او عاشق نشستن با سگ‌ها برای صحبت‌های طولانی یا به قول خودش
گندهدار «بود».

Gli piaceva afferrare bruscamente la testa di Buck tra le sue
mani forti.

او دوست داشت سر باک را با خشونت بین دستان قوی‌اش بگیرد.

Poi appoggiò la testa contro quella di Buck e lo scosse
delicatamente.

سپس سرش را به سر باک تکیه داد و او را به آرامی تکان داد.

Nel frattempo, chiamava Buck con nomi volgari che per lui
significavano affetto.

در تمام این مدت، او باک را با القاب رکیکی صدا می‌زد که برای باک به
معنای عشق بود.

Per Buck, quell'abbraccio rude e quelle parole portarono una
gioia profonda.

برای باک، آن آغوش خشن و آن کلمات شادی عمیقی به ارمغان آورد.

A ogni movimento il suo cuore sembrava sussultare di
felicità.

با هر حرکت، انگار قلبش از شادی می‌لرزید.

Quando poi balzò in piedi, la sua bocca sembrava ridere.

وقتی بعدش از جا پرید، دهانش طوری به نظر می‌رسید که انگار
می‌خندد.

I suoi occhi brillavano intensamente e la sua gola tremava
per una gioia inespressa.

چشمانش برق می‌زد و گلویش از شادی ناگفته‌ای می‌لرزید.

Il suo sorriso rimase immobile in quello stato di emozione e
affetto ardente.

لبخندش در آن حالت تأثر و محبت درخشان، بی‌حرکت ماند.

Allora Thornton esclamò pensieroso: "Dio! Riesce quasi a
parlare!"

سپس تورنتون با حالتی متفکرانه فریاد زد: «خدایا.او تقریباً می‌تواند
صحبت کند.»

Buck aveva uno strano modo di esprimere l'amore che quasi
gli causava dolore.

باک روش عجیبی برای ابراز عشق داشت که تقریباً باعث درد می‌شد.

Spesso stringeva forte la mano di Thornton tra i denti.

او اغلب دست تورنتون را محکم با دندان‌هایش می‌فشرد.

Il morso avrebbe lasciato segni profondi che sarebbero
rimasti per qualche tempo.

جای نیش، رد عمیقی از خود به جا گذاشت که تا مدتی بعد هم باقی ماند.

Buck credeva che quei giuramenti fossero amore, e Thornton
la pensava allo stesso modo.

باک معتقد بود که آن سوگندها عشق هستند، و تورنتون هم همین را
می‌دانست.

Il più delle volte, l'amore di Buck si manifestava in
un'adorazione silenziosa, quasi silenziosa.

بیشتر اوقات، عشق باک در ستایشی آرام و تقریباً خاموش نشان داده
می‌شد.

Sebbene fosse emozionato quando veniva toccato o gli si
parlava, non cercava attenzione.

اگرچه وقتی کسی او را لمس می‌کرد یا با او صحبت می‌کرد، هیجان‌زده
می‌شد، اما دنبال جلب توجه نبود.

Skeet spinse il naso sotto la mano di Thornton finché lui
non la accarezzò.

اسکیت بینی‌اش را زیر دست تورنتون تکان داد تا اینکه تورنتون او را
نوازش کرد.

Nig si avvicinò silenziosamente e appoggiò la sua grande
testa sulle ginocchia di Thornton.

نیگ آرام جلو آمد و سر بزرگش را روی زانوی تورنتون گذاشت۔

Buck, al contrario, si accontentava di amare da una rispettosa
distanza.

در مقابل، باک، از عشق ورزیدن از فاصله‌ای محترمانه راضی بود۔

Rimase sdraiato per ore ai piedi di Thornton, vigile e attento.

او ساعت‌ها، هوشیار و با دقت، کنار تورنتون دراز کشیده بود و اوضاع
را زیر نظر داشت۔

Buck studiò ogni dettaglio del volto del suo padrone,
perfino il più piccolo movimento.

باک تمام جزئیات صورت و کوچک‌ترین حرکات اربابش را بررسی
کرد۔

Oppure sdraiati più lontano, studiando in silenzio la sagoma
dell'uomo.

یا دورتر دراز می‌کشید و در سکوت، هیکل مرد را بررسی می‌کرد۔

Buck osservava ogni piccolo movimento, ogni cambiamento
di postura o di gesto.

باک هر حرکت کوچک، هر تغییر در حالت یا ژست را زیر نظر داشت۔

Questo legame era così potente che spesso catturava lo
sguardo di Thornton.

این ارتباط آنقدر قوی بود که اغلب نگاه تورنتون را به خود جلب می‌کرد۔

Incontrò lo sguardo di Buck senza dire parole, e il suo amore
traspariva chiaramente.

او بدون هیچ کلامی به چشمان باک نگاه کرد، عشق به وضوح از میان
آنها می‌درخشید۔

Per molto tempo dopo essere stato salvato, Buck non perse
mai di vista Thornton.

باک تا مدت‌ها پس از نجات، هرگز تورنتون را از نظر دور نکرد۔

Ogni volta che Thornton usciva dalla tenda, Buck lo seguiva
da vicino all'esterno.

هر وقت تورنتون چادر را ترک می‌کرد، باک او را از چادر بیرون دنبال
می‌کرد۔

Tutti i severi padroni delle Terre del Nord avevano fatto sì
che Buck non riuscisse più a fidarsi.

تمام اربابان خشن سرزمین شمالی، باک را از اعتماد کردن می‌ترساندند۔

Temeva che nessun uomo potesse restare suo padrone se non per un breve periodo.

او می‌ترسید که هیچ‌کس نتواند بیش از مدت کوتاهی ارباب او بماند.

Temeva che John Thornton sarebbe scomparso come Perrault e François.

او می‌ترسید که جان تورنتون هم مثل پرو و فرانسوا ناپدید شود.

Anche di notte, la paura di perderlo tormentava il sonno agitato di Buck.

حتی شب‌ها، ترس از دست دادن او خواب ناآرام باک را آزار می‌داد.

Quando Buck si svegliò, si trascinò fuori al freddo e andò nella tenda.

وقتی باک از خواب بیدار شد، یواشکی به دل سرما زد و به چادر رفت.

Ascoltò attentamente il leggero suono del suo respiro interiore.

با دقت به صدای آرام نفس کشیدن درونش گوش داد.

Nonostante il profondo amore di Buck per John Thornton, la natura selvaggia sopravvisse.

با وجود عشق عمیق باک به جان تورنتون، حیات وحش همچنان زنده ماند.

Quell'istinto primitivo, risvegliatosi nel Nord, non scomparve.

آن غریزه‌ی بدوی که در شمال بیدار شده بود، از بین نرفت.

L'amore portava devozione, lealtà e il caldo legame attorno al fuoco.

عشق، فداکاری، وفاداری و پیوند گرم کنار آتش را به ارمغان آورد.

Ma Buck mantenne anche i suoi istinti selvaggi, acuti e sempre all'erta.

اما باک غرایز وحشی خود را نیز حفظ کرد، تیز و همیشه هوشیار.

Non era solo un animale domestico addomesticato proveniente dalle dolci terre della civiltà.

او فقط یک حیوان خانگی رام شده از سرزمین‌های نرم تمدن نبود.

Buck era un essere selvaggio che si era seduto accanto al fuoco di Thornton.

باک موجودی وحشی بود که آمده بود کنار آتش تورنتون بنشیند.

Sembrava un cane del Southland, ma in lui albergava la natura selvaggia.

او شبیه سگ‌های ساوت‌لند بود، اما در درونش وحشیگری موج می‌زد.

Il suo amore per Thornton era troppo grande per permettersi un furto da parte di quell'uomo.

عشق او به تورنتون آنقدر زیاد بود که اجازه دزدی از آن مرد را نمی‌داد.

Ma in qualsiasi altro campo ruberebbe con audacia e senza esitazione.

اما در هر اردوی دیگری، او جسورانه و بدون مکث دزدی می‌کرد.

Era così abile nel rubare che nessuno riusciva a catturarlo o accusarlo.

او در دزدی آنقدر زیرک بود که هیچ کس نمی‌توانست او را دستگیر یا متهم کند.

Il suo viso e il suo corpo erano coperti di cicatrici dovute a molti combattimenti passati.

صورت و بدنش پر از زخم‌های ناشی از دعواهای گذشته بود.

Buck continuava a combattere con ferocia, ma ora lo faceva con maggiore astuzia.

باک هنوز هم با شدت می‌جنگید، اما حالا با حیله‌گری بیشتری می‌جنگید.

Skeet e Nig erano troppo docili per combattere, ed erano di Thornton.

اسکیت و نیگ برای دعوا کردن زیادی ملایم بودند، و آنها مال تورنتون بودند.

Ma qualsiasi cane estraneo, non importa quanto forte o coraggioso, cedeva.

اما هر سگ غریبه‌ای، هر چقدر هم قوی یا شجاع، تسلیم می‌شد.

Altrimenti, il cane si ritrovò a combattere contro Buck, lottando per la propria vita.

در غیر این صورت، سگ خود را در حال نبرد با باک یافت؛ نبردی برای نجات جانش.

Buck non ebbe pietà quando decise di combattere contro un altro cane.

باک وقتی تصمیم گرفت با سگ دیگری بجنگد، دیگر رحم نکرد.

Aveva imparato bene la legge del bastone e della zanna nel Nord.

او قانون چماق و دندان نیش را در سرزمین شمالی به خوبی آموخته بود.

Non ha mai rinunciato a un vantaggio e non si è mai tirato indietro dalla battaglia.

او هرگز از هیچ مزیتی دست نکشید و هرگز از نبرد عقب‌نشینی نکرد.

Aveva studiato Spitz e i cani più feroci della polizia e della posta.

او سگ‌های اسپیتز و وحشی‌ترین سگ‌های پستچی و پلیس را مطالعه کرده بود.

Sapeva chiaramente che non esisteva via di mezzo in un combattimento selvaggio.

او به وضوح می‌دانست که در نبرد وحشیانه هیچ حد وسطی وجود ندارد.

Doveva governare o essere governato; mostrare misericordia significava mostrare debolezza.

او یا باید حکومت می‌کرد یا بر او حکومت می‌شد؛ نشان دادن رحم و شفقت به معنای نشان دادن ضعف بود.

La pietà era sconosciuta nel mondo crudo e brutale della sopravvivenza.

رحمت در دنیای خام و بی‌رحم بقا ناشناخته بود.

Mostrare pietà era visto come un atto di paura, e la paura conduceva rapidamente alla morte.

نشان دادن رحم و شفقت به عنوان ترس تلقی می‌شد، و ترس به سرعت به مرگ منجر می‌شد.

La vecchia legge era semplice: uccidere o essere uccisi, mangiare o essere mangiati.

قانون قدیمی ساده بود :بکش یا کشته شو، بخور یا خورده شو.

Quella legge proveniva dalle profondità del tempo e Buck la seguì alla lettera.

آن قانون از اعماق زمان آمده بود، و باک کاملاً از آن پیروی می‌کرد.

Buck era più vecchio dei suoi anni e del numero dei suoi respiri.

باک از سن و تعداد نفس‌هایی که می‌کشید، پیرتر بود.

Collegava in modo chiaro il passato remoto con il momento presente.

او گذشته باستانی را به روشنی با لحظه حال پیوند داد.

I ritmi profondi dei secoli si muovevano attraverso di lui come le maree.

ریتم‌های عمیق اعصار مانند جزر و مد از او عبور می‌کردند.

Il tempo pulsava nel suo sangue con la stessa sicurezza con cui le stagioni muovevano la terra.

زمان در خونش می‌جوشید، همان‌گونه که فصل‌ها زمین را به حرکت درمی‌آوردند.

Sedeva accanto al fuoco di Thornton, con il petto forte e le zanne bianche.

او با سینه‌ای قوی و دندان‌هایی سپید، کنار آتش تورنتون نشسته بود.

La sua lunga pelliccia ondeggiava, ma dietro di lui lo osservavano gli spiriti dei cani selvatici.

خز بلندش تکان می‌خورد، اما پشت سرش ارواح سگ‌های وحشی تماشا می‌کردند.

Lupi mezzi e lupi veri si agitavano nel suo cuore e nei suoi sensi.

نیمه گرگ‌ها و گرگ‌های کامل در قلب و حواس او به جنبش درآمدند.

Assaggiarono la sua carne e bevvero la stessa acqua che bevve lui.

آنها گوشت او را چشیدند و از همان آبی که او نوشید، نوشیدند.

Annusarono il vento insieme a lui e ascoltarono la foresta.

آنها در کنار او باد را بو کشیدند و به جنگل گوش دادند.

Sussurravano il significato dei suoni selvaggi nell'oscurità.

آنها معانی صداهای وحشی را در تاریکی زمزمه می‌کردند.

Modellavano il suo umore e guidavano ciascuna delle sue reazioni silenziose.

آنها خلق و خوی او را شکل می‌دادند و هر یک از واکنش‌های آرام او را هدایت می‌کردند.

Giacevano accanto a lui mentre dormiva e diventavano parte dei suoi sogni profondi.

آنها هنگام خواب در کنار او دراز کشیده بودند و بخشی از رویاهای عمیق او شده بودند.

Sognavano con lui, oltre lui, e costituivano il suo stesso spirito.

آنها با او، فراتر از او، رویا دیدند و روح او را ساختند.

Gli spiriti della natura selvaggia chiamavano con tanta forza che Buck si sentì attratto.

ارواح وحشی چنان با قدرت فریاد می‌زدند که باک احساس کرد به سمت آنها کشیده می‌شود.

Ogni giorno che passava, l'umanità e le sue rivendicazioni si indebolivano nel cuore di Buck.

هر روز، بشر و ادعاهایش در قلب باک ضعیف‌تر می‌شدند.

Nel profondo della foresta si stava per udire un richiamo strano ed emozionante.

در اعماق جنگل، ندایی عجیب و هیجان‌انگیز در شرف برخاستن بود.

Ogni volta che sentiva la chiamata, Buck provava un impulso a cui non riusciva a resistere.

هر بار که باک این ندا را می‌شنید، میلی غیرقابل مقاومت در خود احساس می‌کرد.

Avrebbe voltato le spalle al fuoco e ai sentieri battuti dagli uomini.

او می‌خواست از آتش و از مسیرهای انسانی ناپسند روی برگرداند.

Stava per addentrarsi nella foresta, avanzando senza sapere il perché.

او می‌خواست بدون اینکه بداند چرا، به درون جنگل شیرجه بزند و به جلو برود.

Non mise in discussione questa attrazione, perché la chiamata era profonda e potente.

او این کشش را زیر سوال نبرد، زیرا این فراخوان عمیق و قدرتمند بود.

Spesso raggiungeva l'ombra verde e la terra morbida e intatta

اغلب، او به سایه سبز و زمین نرم و دست نخورده می‌رسید

Ma poi il forte amore per John Thornton lo riportò al fuoco.

اما عشق شدید به جان تورنتون او را دوباره به سمت آتش کشاند.

Soltanto John Thornton riuscì davvero a tenere stretto il cuore selvaggio di Buck.

فقط جان تورنتون بود که واقعاً قلب وحشی باک را در چنگ خود داشت.

Per Buck il resto dell'umanità non aveva alcun valore o significato duraturo.

بقیه‌ی نوع بشر هیچ ارزش یا معنای ماندگاری برای باک نداشتند.

Gli sconosciuti potrebbero lodarlo o accarezzargli la pelliccia con mani amichevoli.

غریبه‌ها ممکن است او را تحسین کنند یا با دست‌های دوستانه‌اش خز هایش را نوازش کنند.

Buck rimase impassibile e se ne andò per eccesso di affetto.

باک بی‌حرکت ماند و از شدت محبت، راهش را کشید و رفت.

Hans e Pete arrivarono con la zattera che era stata attesa a lungo

هانس و پیت با قایقی که مدت‌ها انتظارش را کشیده بودند، رسیدند.

Buck li ignorò finché non venne a sapere che erano vicini a Thornton.

باک آنها را نادیده گرفت تا اینکه فهمید به تورنتون نزدیک شده‌اند.

Da allora in poi li tollerò, ma non dimostrò mai loro tutto il suo calore.

پس از آن، او آنها را تحمل کرد، اما هرگز به آنها گرمی کامل نشان نداد.

Accettava da loro cibo o gentilezza come se volesse fare loro un favore.

او از آنها غذا یا مهربانی می‌گرفت، انگار که به آنها لطفی می‌کرد.

Erano come Thornton: semplici, onesti e lucidi nei pensieri.

آنها مانند تورنتون بودند ـ ساده، صادق و با افکاری روشن.

Tutti insieme viaggiarono verso la segheria di Dawson e il grande vortice

همه آنها با هم به کارخانه اره کشی داوسون و گرداب بزرگ سفر کردند

Nel corso del loro viaggio impararono a comprendere profondamente la natura di Buck.

در سفرشان، آنها آموختند که طبیعت باک را عمیقاً درک کنند.

Non cercarono di avvicinarsi come avevano fatto Skeet e Nig.

آنها سعی نکردند مثل اسکیت و نیگ به هم نزدیک شوند.

Ma l'amore di Buck per John Thornton non fece che aumentare con il tempo.

اما عشق باک به جان تورنتون با گذشت زمان عمیق‌تر شد.

Solo Thornton poteva mettere uno zaino sulla schiena di Buck durante l'estate.

فقط تورنتون می‌توانست تابستان‌ها کوله‌باری را روی دوش باک بگذارد.

Buck era disposto a eseguire senza riserve qualsiasi ordine impartito da Thornton.

هر چه تورنتون دستور می‌داد، باک با کمال میل انجام می‌داد.

Un giorno, dopo aver lasciato Dawson per le sorgenti del Tanana,

یک روز، پس از آنکه آنها داوسون را به مقصد سرچشمه‌های تانانا ترک کردند،

il gruppo era seduto su una rupe che scendeva per un metro fino a raggiungere la nuda roccia.

گروه روی صخره‌ای نشستند که تا عمق یک متری سنگ بستر خالی پایین می‌رفت.

John Thornton si sedette vicino al bordo e Buck si riposò accanto a lui.

جان تورنتون نزدیک لبه نشست و باک کنارش استراحت کرد.

Thornton ebbe un'idea improvvisa e richiamò l'attenzione degli uomini.

ناگهان فکری به ذهن تورنتون رسید و توجه مردان را جلب کرد.

Indicò l'altro lato del baratro e diede a Buck un unico comando.

او به آن سوی شکاف اشاره کرد و به باک یک فرمان واحد داد.

"Salta, Buck!" disse, allungando il braccio oltre il precipizio.

«بپر، باک.»گفت و دستش را از روی پرتگاه بالا برد «.

Un attimo dopo dovette afferrare Buck, che stava saltando per obbedire.

در یک لحظه، مجبور شد باک را که برای اطاعت کردن از جا می‌پرید، بگیرد.

Hans e Pete si precipitarono in avanti e tirarono entrambi indietro per metterli in salvo.

هانس و پیت به جلو دویدند و هر دو را به جای امنی عقب کشیدند.

Dopo che tutto fu finito e che ebbero ripreso fiato, Pete prese la parola.

بعد از اینکه همه چیز تمام شد و آنها نفس تازه کردند، پیت شروع به صحبت کرد.

«È un amore straordinario», disse, scosso dalla feroce devozione del cane.

او که از فداکاری شدید سگ به لرزه افتاده بود، گفت: «عشق وصف‌ناپذیر است.»

Thornton scosse la testa e rispose con calma e serietà.

تورنتون سرش را تکان داد و با جدیت و آرامش پاسخ داد.

«No, l'amore è splendido», disse, «ma anche terribile».

او گفت: «نه، عشق باشکوه است، اما وحشتناک هم هست.»

"A volte, devo ammetterlo, questo tipo di amore mi fa paura."

«گاهی اوقات، باید اعتراف کنم، این نوع عشق مرا می‌ترساند.»

Pete annuì e disse: "Mi dispiacerebbe tanto essere l'uomo che ti tocca".

پیت سر تکان داد و گفت: «از اینکه کسی باشم که به تو دست می‌زند متنفرم.»

Mentre parlava, guardava Buck con aria seria e piena di rispetto.

او هنگام صحبت، جدی و سرشار از احترام به باک نگاه می‌کرد.

"Py Jingo!" esclamò Hans in fretta. "Neanch'io, no signore."

هانس سریع گفت: «پی جینگو، من هم، نه آقا.»

Prima che finisse l'anno, i timori di Pete si avverarono a Circle City.

قبل از پایان سال، ترس‌های پیت در سیرکل سیتی به حقیقت پیوست.

Un uomo crudele di nome Black Burton attaccò una rissa nel bar.

مرد بی‌رحمی به نام بلک برتون در بار دعوا راه انداخت.

Era arrabbiato e cattivo, e si scagliava contro un novellino.

او عصبانی و بدخواه بود و به یک آدم بی‌عرضه جدید پرخاش می‌کرد.

John Thornton intervenne, calmo e bonario come sempre.

جان تورنتون مثل همیشه آرام و خوش‌خلق وارد شد.

Buck giaceva in un angolo, con la testa bassa, e osservava Thornton attentamente.

باک در گوشه‌ای دراز کشیده بود، سرش را پایین انداخته بود و از نزدیک تورنتون را تماشا می‌کرد.

Burton colpì all'improvviso e il suo pugno fece girare Thornton.

برتون ناگهان ضربه‌ای زد و مشتش باعث شد تورنتون به خود بپیچد.

Solo la ringhiera della sbarra gli impedì di cadere violentemente a terra.

فقط نرده‌ی میله مانع از برخورد محکم او به زمین شد.

Gli osservatori hanno sentito un suono che non era un abbaio o un guaito

ناظران صدایی شنیدند که نه پارس بود و نه واق واق

Buck emise un profondo ruggito mentre si lanciava verso l'uomo.

باک غرش عمیقی کرد و به سمت مرد دوید.

Burton alzò il braccio e per poco non si salvò la vita.

برتون دستش را بالا برد و به سختی جان خودش را نجات داد.

Buck si schiantò contro di lui, facendolo cadere a terra.

باک به او برخورد کرد و او را به زمین انداخت.

Buck gli diede un morso profondo al braccio, poi si lanciò alla gola.

باک بازوی مرد را عمیقاً گاز گرفت، سپس به سمت گلویش حمله کرد.

Burton riuscì a parare solo in parte e il suo collo fu squarciato.

برتون فقط توانست تا حدی مانع شود و گردنش پاره شد.

Gli uomini si precipitarono dentro, brandendo i manganelli e allontanarono Buck dall'uomo sanguinante.

مردان هجوم آوردند، چماق‌ها را بالا بردند و باک را از روی مرد خونین دور کردند.

Un chirurgo ha lavorato rapidamente per impedire che il sangue fuoriuscisse.

یک جراح به سرعت برای جلوگیری از خروج خون اقدام کرد.

Buck camminava avanti e indietro ringhiando, tentando di attaccare ancora e ancora.

باک قدم می‌زد و غرغر می‌کرد، و بارها و بارها سعی در حمله داشت.

Soltanto i bastoni oscillanti gli impedirono di raggiungere Burton.

فقط چوب‌های گلف او را از رسیدن به برتون باز داشتند.

Proprio lì, sul posto, venne convocata una riunione dei minatori.

جلسه‌ای از سوی معدنچیان تشکیل و همانجا برگزار شد.

Concordarono sul fatto che Buck era stato provocato e votarono per liberarlo.

آنها موافقت کردند که باک تحریک شده است و به آزادی او رأی دادند.

Ma il nome feroce di Buck risuonava ormai in ogni accampamento dell'Alaska.

اما نام پر صلابت باک حالا در تمام اردوگاه‌های آلاسکا طنین‌انداز بود.

Più tardi, quello stesso autunno, Buck salvò Thornton di nuovo in un modo nuovo.

اواخر همان پاییز، باک دوباره تورنتون را به روشی جدید نجات داد.

I tre uomini stavano guidando una lunga barca lungo delle rapide impetuose.

آن سه مرد داشتند یک قایق دراز را به سمت تندآب‌های خروشان هدایت می‌کردند.

Thornton manovrava la barca, gridando indicazioni per raggiungere la riva.

تورنتون قایق را هدایت می‌کرد و مسیرهای منتهی به ساحل را صدا می‌زد.

Hans e Pete correvano sulla terraferma, tenendo una corda da un albero all'altro.

هانس و پیت در حالی که طنابی را از درختی به درخت دیگر گرفته بودند، روی زمین می‌دویدند.

Buck procedeva a passo d'uomo sulla riva, tenendo sempre d'occhio il suo padrone.

باک در ساحل قدم می‌زد و همیشه اربابش را زیر نظر داشت.

In un punto pericoloso, delle rocce sporgevano dall'acqua veloce.

در یک جای بد، صخره‌ها از زیر آب خروشان بیرون زده بودند.

Hans lasciò andare la cima e Thornton tirò la barca verso la larghezza.

هانس طناب را رها کرد و تورنتون قایق را به جلو هدایت کرد.

Hans corse a percorrerla di nuovo, superando le pericolose rocce.

هانس با سرعت دوید تا دوباره به قایق برسد و از میان صخره‌های خطرناک گذشت.

La barca superò la sporgenza ma trovò una corrente più forte.

قایق از لبه‌ی آب عبور کرد اما به بخش قوی‌تری از جریان آب برخورد کرد.

Hans afferrò la cima troppo velocemente e fece perdere l'equilibrio alla barca.

هانس خیلی سریع طناب را گرفت و تعادل قایق را از دست داد.

La barca si capovolse e sbatté contro la riva, con la parte inferiore rivolta verso l'alto.

قایق واژگون شد و از پایین به بالا به ساحل برخورد کرد.

Thornton venne scaraventato fuori e trascinato nella parte più selvaggia dell'acqua.

تورنتون به بیرون پرتاب شد و به وحشی‌ترین قسمت آب کشیده شد.

Nessun nuotatore sarebbe sopravvissuto in quelle acque pericolose e pericolose.

هیچ شناگری نمی‌توانست در آن آب‌های مرگبار و خروشان زنده بماند.

Buck si lanciò all'istante e inseguì il suo padrone lungo il fiume.

بـاک فوراً پرید و اربابش را تا پایین رودخانه تعقیب کرد.

Dopo trecento metri finalmente raggiunse Thornton.

بـعد از سیصد یارد، بالاخره به تورنتون رسید.

Thornton afferrò la coda di Buck, e Buck si diresse verso la riva.

تورنتون دم باک را گرفت و باک به سمت ساحل برگشت.

Nuotò con tutte le sue forze, lottando contro la forte resistenza dell'acqua.

او با تمام قدرت شنا می‌کرد و با نیروی وحشی آب مبارزه می‌کرد.

Si spostarono verso valle più velocemente di quanto riuscissero a raggiungere la riva.

آنها سریع‌تر از آنکه بتوانند به ساحل برسند، به سمت پایین دست رودخانه حرکت کردند.

Più avanti, il fiume ruggiva più forte, precipitando in rapide mortali.

جلوتر، رودخانه با غرش بلندتری به درون تندآب‌های مرگبار فرو می‌رفت.

Le rocce fendevano l'acqua come i denti di un enorme pettine.

صخره‌ها مانند دندانه‌های یک شانه‌ی بزرگ، آب را شکافتند.

La forza di attrazione dell'acqua nei pressi del dislivello era selvaggia e ineluttabile.

کـشش آب در نزدیکی قطره، وحشیانه و گریزناپذیر بود.

Thornton sapeva che non sarebbero mai riusciti a raggiungere la riva in tempo.

تورنتون می‌دانست که آنها هرگز نمی‌توانند به موقع به ساحل برسند.

Raschiò una roccia, ne sbatté una seconda,

ا،و روی یک سنگ خراشید، سنگ دیگری را خرد کرد

Poi si schiantò contro una terza roccia, afferrandola con entrambe le mani.

وسپس به سنگ سوم برخورد کرد و آن را با هر دو دست گرفت .

Lasciò andare Buck e urlò sopra il ruggito: "Vai, Buck! Vai!"

او باک را رها کرد و با صدایی گرفته فریاد زد» :برو باکـبرو -.«

Buck non riuscì a restare a galla e fu trascinato dalla corrente.

باک نتوانست روی آب بماند و جریان آب او را به پایین کشید.

Lottò con tutte le sue forze, cercando di girarsi, ma non fece alcun progresso.

او سخت جنگید، تقلا کرد تا برگردد، اما اصلاً پیشرفتی نکرد.

Poi sentì Thornton ripetere il comando sopra il fragore del fiume.

سپس شنید که تورنتون فرمان را با وجود غرش رودخانه تکرار کرد.

Buck si impennò fuori dall'acqua e sollevò la testa come per dare un'ultima occhiata.

باک از آب بیرون آمد، سرش را بالا آورد، انگار می‌خواست آخرین نگاه را بیندازد.

poi si voltò e obbedì, nuotando verso la riva con risolutezza.

سپس برگشت و اطاعت کرد و با عزمی راسخ به سمت ساحل شنا کرد.

Pete e Hans lo tirarono a riva all'ultimo momento possibile.

پیت و هانس او را در آخرین لحظه ممکن به ساحل کشیدند.

Sapevano che Thornton avrebbe potuto aggrapparsi alla roccia solo per pochi minuti.

آنها می‌دانستند که تورنتون فقط چند دقیقه دیگر می‌تواند به سنگ بچسبد.

Corsero su per la riva fino a un punto molto più in alto rispetto al punto in cui lui era appeso.

آنها از کناره‌ی رودخانه به نقطه‌ای بسیار بالاتر از جایی که او آویزان بود، دویدند.

Legarono con cura la cima della barca al collo e alle spalle di Buck.

آنها طناب قایق را با دقت به گردن و شانه‌های باک بستند.

La corda era stretta ma abbastanza larga da permettere di respirare e muoversi.

طناب محکم بود اما به اندازه کافی شل بود که بتوان نفس کشید و حرکت کرد.

Poi lo gettarono di nuovo nel fiume impetuoso e mortale.

سپس دوباره او را به درون رودخانه خروشان و مرگبار انداختند.

Buck nuotò coraggiosamente ma non riuscì a prendere l'angolazione giusta per affrontare la forza della corrente.

باک با جسارت شنا کرد اما زاویه‌هاش را به دلیل نیروی جریان از دست داد.

Si accorse troppo tardi che stava per superare Thornton.

او خیلی دیر متوجه شد که قرار است از تورنتون سبقت بگیرد.

Hans tirò forte la corda, come se Buck fosse una barca che si capovolge.

هانس طناب را محکم کشید، انگار باک قایقی در حال واژگون شدن بود.

La corrente lo trascinò sott'acqua e lui scomparve sotto la superficie.

جریان آب او را به زیر خود کشید و او در زیر سطح آب ناپدید شد.

Il suo corpo colpì la riva prima che Hans e Pete lo tirassero fuori.

قبل از اینکه هانس و پیت او را بیرون بکشند، بدنش به ساحل برخورد کرد.

Era mezzo annegato e gli tolsero l'acqua dal corpo.

او تا نیمه غرق شده بود و آنها آب را از او بیرون کشیدند.

Buck si alzò, barcollò e crollò di nuovo a terra.

باک ایستاد، تلوتلو خورد و دوباره روی زمین افتاد.

Poi udirono la voce di Thornton portata debolmente dal vento.

سپس صدای ضعیف تورنتون را شنیدند که باد آن را با خود می‌برد.

Sebbene le parole non fossero chiare, sapevano che era vicino alla morte.

اگرچه کلمات نامفهوم بودند، اما آنها می‌دانستند که او در آستانه مرگ است.

Il suono della voce di Thornton colpì Buck come una scossa elettrica.

صدای تورنتون مثل برق گرفتگی به باک برخورد کرد.

Saltò in piedi e corse su per la riva, tornando al punto di partenza.

از جا پرید و از روی صخره بالا دوید و به نقطه شروع برگشت.

Legarono di nuovo la corda a Buck, e di nuovo lui entrò nel fiume.

دوباره طناب را به باک بستند و او دوباره وارد نهر شد.

Questa volta nuotò direttamente e con decisione nell'acqua impetuosa.

این بار، او مستقیماً و محکم به درون آب خروشان شنا کرد.

Hans lasciò scorrere la corda con regolarità, mentre Pete impediva che si aggrovigliasse.

هانس طناب را محکم رها کرد در حالی که پیت مانع از گره خوردن آن می‌شد.

Buck nuotò con forza finché non si trovò allineato appena sopra Thornton.

باک با تمام قوا شنا کرد تا اینکه درست بالای سر تورنتون در یک خط قرار گرفت.

Poi si voltò e si lanciò verso di lui come un treno a tutta velocità.

سپس برگشت و مانند قطاری با سرعت تمام به سمت پایین حمله کرد.

Thornton lo vide arrivare, si preparò e gli abbracciò il collo.

تورنتون آمدنش را دید، آماده شد و دستانش را دور گردنش قفل کرد.

Hans legò saldamente la corda attorno a un albero mentre entrambi venivano tirati sott'acqua.

هانس طناب را محکم دور درختی بست، در حالی که هر دو به زیر درخت کشیده می‌شدند.

Caddero sott'acqua, schiantandosi contro rocce e detriti del fiume.

آنها زیر آب غلتیدند و به سنگ‌ها و بقایای رودخانه برخورد کردند.

Un attimo prima Buck era in cima e un attimo dopo Thornton si alzava ansimando.

یک لحظه باک در اوج بود، لحظه‌ای بعد تورنتون نفس زنان از جا بلند شد.

Malconci e soffocati, si diressero verso la riva e si misero in salvo.

آنها که کتک خورده و در حال خفگی بودند، به سمت ساحل و جای امنی تغییر مسیر دادند.

Thornton riprese conoscenza mentre era sdraiato su un tronco alla deriva.

تورنتون به هوش آمد، در حالی که روی یک کنده درخت افتاده بود.

Hans e Pete lavorarono duramente per riportarlo a respirare e a vivere.

هانس و پیت سخت تلاش کردند تا نفس و زندگی را به او برگردانند.

Il suo primo pensiero fu per Buck, che giaceva immobile e inerte.

اولین فکری که به ذهنش رسید، باک بود که بی‌حرکت و شل افتاده بود.

Nig ululò sul corpo di Buck e Skeet gli leccò delicatamente il viso.

نیگ بالای سر باک زوزه می‌کشید و اسکیت به آرامی صورتش را لیس می‌زد.

Thornton, dolorante e contuso, esaminò Buck con mano attenta.

تورنتون، زخمی و کبود، با دستانی محتاط باک را معاینه کرد۔

Ha trovato tre costole rotte, ma il cane non presentava ferite mortali.

او سه دنده شکسته پیدا کرد، اما هیچ زخم کشندهای در سگ وجود نداشت۔

"Questo è tutto", disse Thornton. "Ci accamperemo qui". E così fecero.

تورنتون گفت» :همین کافی است۔ما اینجا اردو میزنیم ۔و آنها این کار «
را کردند۔

Rimasero lì finché le costole di Buck non guarirono e lui poté di nuovo camminare.

آنها ماندند تا دندههای باک خوب شد و دوباره توانست راه برود۔

Quell'inverno Buck compì un'impresa che accrebbe ulteriormente la sua fama.

زمستان آن سال، باک شاهکاری را به نمایش گذاشت که شهرتش را بیش
از پیش افزایش داد۔

Fu un gesto meno eroico del salvataggio di Thornton, ma altrettanto impressionante.

این کار به اندازه نجات دادن تورنتون قهرمانانه نبود، اما به همان اندازه
تأثیرگذار بود۔

A Dawson, i soci avevano bisogno di provviste per un viaggio lontano.

در داوسون، شرکا برای یک سفر دور به تدارکات نیاز داشتند۔

Volevano viaggiare verso est, in terre selvagge e incontaminate.

آنها میخواستند به شرق سفر کنند، به سرزمینهای بکر و دستنخورده۔

Quel viaggio fu possibile grazie all'impresa compiuta da Buck nell'Eldorado Saloon.

سند مالکیت باک در سالن الدورادو، آن سفر را ممکن ساخت۔

Tutto cominciò con degli uomini che si vantavano dei loro cani bevendo qualcosa.

این ماجرا با رجزخوانی مردانی در مورد سگهایشان هنگام نوشیدن
شروع شد۔

La fama di Buck lo rese bersaglio di sfide e dubbi.

شهرت باک او را هدف چالشها و تردیدها قرار داد۔

Thornton, fiero e calmo, rimase fermo nel difendere il nome di Buck.

تورنتون، مغرور و آرام، محکم و استوار از نام پاک دفاع کرد.

Un uomo ha affermato che il suo cane riusciva a trainare facilmente duecentocinquanta chili.

مردی گفت سگش می‌تواند به راحتی پانصد پوند را بکشد.

Un altro disse seicento, e un terzo si vantò di settecento.

دیگری گفت ششصد و سومی به هفتصد لاف زد.

"Pfft!" disse John Thornton, "Buck può trainare una slitta da mille libbre."

جان تورنتون گفت: «پوووف.باک می‌تونه یه سورتمه هزار پوندی رو بکشه.»

Matthewson, un Bonanza King, si sporse in avanti e lo sfidò.

متیوسون، یک پادشاه بونانزا، به جلو خم شد و او را به چالش کشید.

"Pensi che possa spostare tutto quel peso?"

«فکر می‌کنی می‌تونه انقدر وزن رو به حرکت دربیاره؟»

"E pensi che riesca a sollevare il peso per cento metri?"

«و فکر می‌کنی می‌تونه وزنه رو صد یارد کامل بکشه؟»

Thornton rispose freddamente: "Sì. Buck è abbastanza cane da farlo."

تورنتون با خونسردی پاسخ داد: «بله.باک آنقدر عاقل است که این کار را انجام دهد.»

"Metterà in moto mille libbre e la tirerà per cento metri."

«او هزار پوند را به حرکت درمی‌آورد و آن را صد یارد می‌کشد.»

Matthewson sorrise lentamente e si assicurò che tutti gli uomini udissero le sue parole.

متیوسون به آرامی لبخند زد و مطمئن شد که همه حرف‌هایش را شنیده‌اند.

"Ho mille dollari che dicono che non può. Eccoli."

«من هزار دلار دارم که می‌گوید او نمی‌تواند.این هم از این .»

Sbatté sul bancone un sacco di polvere d'oro grande quanto una salsiccia.

او یک کیسه خاک طلا به اندازه سوسیس را روی پیشخوان کوبید.

Nessuno disse una parola. Il silenzio si fece pesante e teso intorno a loro.

هیچکس کلمه‌ای نگفت.سکوت سنگین و پرتنشی اطرافشان را فرا گرفت .

Il bluff di Thornton, se mai lo fu, era stato preso sul serio.

بلوف تورنتون - اگر بلوف بود - جدی گرفته شده بود.

Sentì il calore salirgli al viso mentre il sangue gli affluiva alle guance.

احساس کرد صورتش داغ شد و خون به گونه‌هایش هجوم آورد.

In quel momento la sua lingua aveva preceduto la ragione.

در آن لحظه زبانش از عقلش پیشی گرفته بود.

Non sapeva davvero se Buck sarebbe riuscito a spostare mille libbre.

او واقعاً نمی‌دانست که آیا باک می‌تواند هزار پوند را جابجا کند یا نه.

Mezza tonnellata! Solo la sua mole gli faceva sentire il cuore pesante.

نیم تُن، فقط حجم آن باعث می‌شد دلش سنگین شود ۔

Aveva fiducia nella forza di Buck e lo riteneva capace.

او به قدرت باک ایمان داشت و او را توانمند می‌دانست.

Ma non aveva mai affrontato una sfida di questo tipo, non in questo modo.

اما او هرگز با این نوع چالش، نه مثل این، روبرو نشده بود.

Una dozzina di uomini lo osservavano in silenzio, in attesa di vedere cosa avrebbe fatto.

دوازده مرد بی‌صدا او را تماشا می‌کردند و منتظر بودند ببینند چه می‌کند.

Lui non aveva i soldi, e nemmeno Hans e Pete.

او پول نداشت ـ هانس یا پیت هم نداشتند.

"Ho una slitta fuori", disse Matthewson in modo freddo e diretto.

متیسون با سردی و صراحت گفت: «من بیرون یک سورتمه دارم.»

"È carico di venti sacchi, da cinquanta libbre ciascuno, tutti di farina.

«پر از بیست گونی آرد است، هر کدام پنجاه پوند.»

Quindi non lasciare che la scomparsa della slitta diventi la tua scusa", ha aggiunto.

پس نگذارید گم شدن سورتمه بهانه‌ای برای شما باشد.»

Thornton rimase in silenzio. Non sapeva che parole dire.

تورنتون ساکت ماند.نمی‌دانست چه کلماتی را به کار ببرد ۔

Guardò i volti intorno a sé senza vederli chiaramente.

او به چهره‌ها نگاه کرد، اما آنها را به وضوح ندید.

Sembrava un uomo immerso nei suoi pensieri, che cercava di ripartire.

او شبیه مردی بود که در افکارش منجمد شده و سعی دارد دوباره شروع کند.

Poi incontrò Jim O'Brien, un amico dei tempi dei Mastodon.

سپس جیم أبرایان، دوست دوران ماستودون، را دید.

Quel volto familiare gli diede un coraggio che non sapeva di avere.

آن چهره آشنا به او شجاعتی داد که از وجودش بی‌خبر بود.

Si voltò e chiese a bassa voce: "Puoi prestarmi mille dollari?"

برگشت و با صدای آهسته پرسید: «می‌توانی هزار تا به من قرض بدهی؟»

"Certo", disse O'Brien, lasciando cadere un pesante sacco vicino all'oro.

ابراین گفت: «البته»ُ و کیسه‌ی سنگینی را که از قبل کنار طلاها انداخته بود، انداخت.

"Ma sinceramente, John, non credo che la bestia possa fare questo."

«اما راستش را بخواهی، جان، من باور نمی‌کنم که آن هیولا بتواند این کار را بکند.»

Tutti quelli presenti all'Eldorado Saloon si precipitarono fuori per assistere all'evento.

همه در سالن الدورادو برای دیدن این رویداد به بیرون هجوم آوردند.

Lasciarono tavoli e bevande e perfino le partite furono sospese.

آنها میزها و نوشیدنی‌ها را ترک کردند و حتی بازی‌ها متوقف شد.

Croupier e giocatori accorsero per assistere alla conclusione di questa audace scommessa.

دلالان و قماربازان آمدند تا شاهد پایان شرط‌بندی جسورانه باشند.

Centinaia di persone si radunarono attorno alla slitta sulla strada ghiacciata.

صدها نفر در خیابان یخزده دور سورتمه جمع شده بودند.

La slitta di Matthewson era carica di un carico completo di sacchi di farina.

سورتمه متیسون با بار پر از کیسه‌های آرد ایستاده بود.

La slitta era rimasta ferma per ore a temperature sotto lo zero.

سورتمه ساعت‌ها در دمای منفی یک درجه مانده بود.

I pattini della slitta erano congelati e incollati alla neve compatta.

کفی‌های سورتمه کاملاً در برف فشرده یخ زده بودند.

Gli uomini scommettevano due a uno che Buck non sarebbe riuscito a spostare la slitta.

مردان شانس دو به یک را پیشنهاد دادند که باک نمی‌تواند سورتمه را حرکت دهد.

Scoppiò una disputa su cosa significasse realmente "break out".

اختلافی بر سر معنای واقعی »گریز «درگرفت.

O'Brien ha affermato che Thornton dovrebbe allentare la base ghiacciata della slitta.

ابراین گفت تورنتون باید پایه یخزده سورتمه را شل کندُ.

Buck potrebbe quindi "rompere" una partenza solida e immobile.

س»پس باک می‌توانست از یک شروع محکم و بی‌حرکت «بیرون بزند.

Matthewson sosteneva che anche il cane doveva liberare i corridoi.

متیوسون استدلال کرد که سگ باید دونده‌ها را نیز آزاد کند.

Gli uomini che avevano sentito la scommessa concordavano con Matthewson.

مردانی که شرط را شنیده بودند با نظر متیسون موافق بودند.

Con questa sentenza, le probabilità contro Buck salirono a tre a uno.

با آن حکم، شانس برد باک به سه به یک افزایش یافت.

Nessuno si fece avanti per accettare le crescenti quote di tre a uno.

هیچ کس برای پذیرفتن شانس رو به رشد سه به یک پا پیش نگذاشت.

Nessuno credeva che Buck potesse compiere la grande impresa.

حتی یک نفر هم باور نداشت که باک بتواند این شاهکار بزرگ را انجام دهد.

Thornton era stato spinto a scommettere, pieno di dubbi.

تورنتون با عجله و در حالی که سرشار از شک و تردید بود، وارد شرط‌بندی شد.

Ora guardava la slitta e la muta di dieci cani accanto ad essa.

حالا به سورتمه و گروه ده سگ کنارش نگاه کرد.

Vedere la realtà del compito lo faceva sembrare ancora più impossibile.

دیدن واقعیتِ کار، آن را غیرممکن‌تر جلوه می‌داد۔

In quel momento Matthewson era pieno di orgoglio e sicurezza.

متیسون در آن لحظه سرشار از غرور و اعتماد به نفس بود۔

"Tre a uno!" urlò. "Ne scommetto altri mille, Thornton!

«سه به یک۔او فریاد زد «تورنتون، من هزار تای دیگه شرط»

می‌بندم۔«

"Cosa dici?" aggiunse, abbastanza forte da farsi sentire da tutti.

ب«را صدای بلند که همه بشنوند، اضافه کرد» :چی می‌گی؟

Il volto di Thornton esprimeva i suoi dubbi, ma il suo spirito era sollevato.

چهره تورنتون تردیدهایش را نشان می‌داد، اما روحش برخاسته بود۔

Quello spirito combattivo ignorava le avversità e non temeva nulla.

آن روحیه‌ی مبارزه‌جویانه، هیچ چیز را نادیده نمی‌گرفت و از هیچ چیز نمی‌ترسید۔

Chiamò Hans e Pete perché portassero tutti i loro soldi al tavolo.

او هانس و پیت را صدا زد تا تمام پولشان را سر میز بیاورند۔

Non gli era rimasto molto altro: solo duecento dollari in tutto.

پول کمی برایشان مانده بود - روی هم رفته فقط دویست دلار۔

Questa piccola somma costituiva la loro intera fortuna nei momenti difficili.

این مبلغ ناچیز، تمام دارایی آنها در دوران سخت بود۔

Ciononostante puntarono tutta la loro fortuna contro la scommessa di Matthewson.

با این حال، آنها تمام ثروت خود را در مقابل شرط متیسون قرار دادند۔

La muta composta da dieci cani venne sganciata e allontanata dalla slitta.

تیم ده سگ از سورتمه جدا شد و از آن فاصله گرفت۔

Buck venne messo alle redini, indossando la sua consueta imbracatura.

باک در حالی که افسار آشنایش را به گردن داشت، افسار را به دست
گرفت.

Aveva colto l'energia della folla e ne aveva percepito la
tensione.

او انرژی جمعیت را جذب کرده و تنش را حس کرده بود.

In qualche modo sapeva che doveva fare qualcosa per John
Thornton.

به نحوی، او می‌دانست که باید کاری برای جان تورنتون انجام دهد.

La gente mormorava ammirata di fronte alla figura fiera del
cane.

مردم با تحسین از هیکل مغرور سگ زمزمه می‌کردند.

Era magro e forte, senza un solo grammo di carne in più.

او لاغر و قوی بود، بدون حتی یک اونس گوشت اضافه.

Il suo peso di centocinquanta chili era sinonimo di potenza e
resistenza.

تمام وزن صد و پنجاه پوندی او، قدرت و استقامت بود.

Il mantello di Buck brillava come la seta, denso di salute e
forza.

پوشش باک مانند ابریشم می‌درخشید، ضخیم از سلامتی و قدرت.

La pelliccia sul collo e sulle spalle sembrava sollevarsi e
drizzarsi.

به نظر می‌رسید خزهای گردن و شانه‌هایش سیخ و بلند شده‌اند.

La sua criniera si muoveva leggermente, ogni capello era
animato dalla sua grande energia.

یالش کمی تکان خورد، هر تار مویش از انرژی زیادش جان گرفته بود.

Il suo petto ampio e le sue gambe forti si sposavano bene
con la sua corporatura pesante e robusta.

سینه پهن و پاهای قوی‌اش با هیکل سنگین و خشنش هماهنگ بود.

I muscoli si tesero sotto il cappotto, tesi e sodi come ferro
legato.

عضلاتش زیر کتش موج می‌زدند، سفت و محکم مثل آهنِ به هم چسبیده.

Gli uomini lo toccavano e giuravano che era fatto come una
macchina d'acciaio.

مردها او را لمس می‌کردند و قسم می‌خوردند که مثل یک ماشین فولادی
ساخته شده است.

Le probabilità contro il grande cane sono scese leggermente
a due a uno.

شانس برد در در برابر سگ بزرگ کمی کاهش یافت و به دو به یک رسید.

Un uomo dei banchi di Skookum si fece avanti balbettando.

مردی از نیمکت‌های اسکوکوم، با لکنت زبان، جلو آمد.

"Bene, signore! Offro ottocento per lui... prima della prova, signore!"

«خوبه آقا.من هشتصد تا بر اش پیشنهاد میدم ـ قبل از امتحان، آقا ـ.»

"Ottocento, così com'è adesso!" insistette l'uomo.

مرد اصرار کرد» :هشتصد، همین الان که ایستاده.»

Thornton fece un passo avanti, sorrise e scosse la testa con calma.

تورنتون جلو آمد، لبخندی زد و سرش را با آرامش تکان داد.

Matthewson intervenne rapidamente con tono ammonitore e aggrottando la fronte.

متیوسون با صدای هشدار دهنده و اخم کردن به سرعت وارد عمل شد.

"Devi allontanarti da lui", disse. "Dagli spazio."

«باید از او فاصله بگیری.به او فضا بده ـ.»

La folla tacque; solo i giocatori continuavano a offrire due a uno.

جمعیت ساکت شد؛ فقط قماربازها هنوز دو به یک پیشنهاد می‌دادند.

Tutti ammiravano la corporatura di Buck, ma il carico sembrava troppo pesante.

همه هیکل باک را تحسین می‌کردند، اما بار روی آن خیلی زیاد به نظر می‌رسید.

Venti sacchi di farina, ciascuno del peso di cinquanta libbre, sembravano decisamente troppi.

بیست کیسه آرد ـ هر کدام پنجاه پوند وزن ـ خیلی زیاد به نظر می‌رسید.

Nessuno era disposto ad aprire la borsa e a rischiare i propri soldi.

هیچ کس حاضر نبود دود کیسه‌اش را باز کند و پولش را به خطر بیندازد.

Thornton si inginocchiò accanto a Buck e gli prese la testa tra entrambe le mani.

تورنتون کنار باک زانو زد و سرش را با هر دو دست گرفت.

Premette la guancia contro quella di Buck e gli parlò all'orecchio.

گـونه‌اش را به گونه‌ی باک چسباند و در گوشش چیزی گفت.

Non c'erano più né scossoni giocosi né insulti affettuosi sussurrati.

حالا دیگر خبری از تکان دادن‌های بازیگوشانه یا نجواهای عاشقانه نبود.

Mormorò solo dolcemente: "Quanto mi ami, Buck."

او فقط آرام زمزمه کرد» :هر چقدر هم که تو مرا دوست داشته باشی،
باک.«

Buck emise un gemito sommesso, trattenendo a stento la sua impazienza.

باک ناله‌ی آرامی سر داد، اشتیاقش به زحمت مهار شده بود.

Gli astanti osservavano con curiosità la tensione che aleggiava nell'aria.

تماشاگران با کنجکاوی تماشا می‌کردند که تنش فضا را پر کرده است.

Quel momento sembrava quasi irreale, qualcosa che trascendeva la ragione.

آن لحظه تقریباً غیرواقعی به نظر می‌رسید، مثل چیزی فراتر از منطق.

Quando Thornton si alzò, Buck gli prese delicatamente la mano tra le fauci.

وقتی تورنتون ایستاد، باک به آرامی دستش را در آرواره‌هایش گرفت.

Premette con i denti, poi lasciò andare lentamente e delicatamente.

با دندان‌هایش فشار داد، سپس به آرامی و با ملایمت رها کرد.

Fu una risposta silenziosa d'amore, non detta, ma compresa.

این پاسخی خاموش از عشق بود، نه به زبان، بلکه درک شده.

Thornton si allontanò di molto dal cane e diede il segnale.

تورنتون کاملاً از سگ فاصله گرفت و علامت داد.

"Ora, Buck", disse, e Buck rispose con calma concentrata.

او گفت» :حالا، باک.«و باک با آرامش متمرکزی پاسخ داد.

Buck tese le corde, poi le allentò di qualche centimetro.

باک طناب‌ها را محکم کرد، سپس چند اینچ آنها را شل کرد.

Questo era il metodo che aveva imparato; il suo modo per rompere la slitta.

این روشی بود که او یاد گرفته بود؛ راه او برای شکستن سورتمه.

"Caspita!" urlò Thornton, con voce acuta nel silenzio pesante.

تورنتون فریاد زد» :وای-صدایش در سکوت سنگین، تیز بود.«

Buck si girò verso destra e si lanciò con tutto il suo peso.

باک به راست چرخید و با تمام وزنش به جلو خیز برداشت.

Il gioco svanì e tutta la massa di Buck colpì le timonerie strette.

سستی از بین رفت و تمام جرم باک به مسیرهای تنگ برخورد کرد.

La slitta tremò e i pattini produssero un suono secco e scoppiettante.

سورتمه لرزید و دوندگان صدای ترق تروق تیزی ایجاد کردند.

"Haw!" ordinò Thornton, cambiando di nuovo direzione a Buck.

تورنتون دوباره جهت باک را تغییر داد و دستور داد« :ها.»

Buck ripeté la mossa, questa volta tirando bruscamente verso sinistra.

باک حرکت را تکرار کرد و این بار به شدت به سمت چپ کشید.

La slitta scricchiolava più forte, i pattini schioccavano e si spostavano.

سورتمه با صدای بلندتری تق‌تق کرد، دونده‌ها تق‌تق می‌کردند و جابه‌جا می‌شدند.

Il pesante carico scivolò leggermente di lato sulla neve ghiacciata.

بار سنگین روی برف یخزده کمی به پهلو سر خورد.

La slitta si era liberata dalla presa del sentiero ghiacciato!

سورتمه از چنگ مسیر یخی رها شده بود.

Gli uomini trattennero il respiro, inconsapevoli di non stare nemmeno respirando.

مردان نفس خود را حبس می‌کردند، بی‌خبر از اینکه حتی نفس نمی‌کشند.

"Ora, TIRA!" gridò Thornton nel silenzio glaciale.

تورنتون در سکوت یخزده فریاد زد« :حالا، بکشید.»

Il comando di Thornton risuonò netto, come lo schiocco di una frusta.

فـرمان تورنتون با صدایی تیز، مثل صدای شلاق، طنین‌انداز شد.

Buck si lanciò in avanti con un affondo violento e violento.

باک با یک حمله‌ی ناگهانی و شدید، خودش را به جلو پرتاب کرد.

Tutto il suo corpo si irrigidì e si contrasse sotto l'enorme sforzo.

تـمام هیکلش از شدت فشار منقبض و جمع شده بود.

I muscoli si muovevano sotto la pelliccia come serpenti che prendevano vita.

ماهیچه‌ها زیر خزهایش مثل مارهایی که زنده می‌شوند، موج می‌زدند.

Il suo grande petto era basso e la testa era protesa in avanti verso la slitta.

سینه‌ی ستبرش پایین بود و سرش به سمت سورتمه دراز شده بود.

Le sue zampe si muovevano come fulmini e gli artigli fendevano il terreno ghiacciato.

پنجه‌هایش مثل برق حرکت می‌کردند، چنگال‌هایش زمین یخ‌زده را می‌شکافتند.

I solchi erano profondi mentre lottava per ogni centimetro di trazione.

شیارها عمیقاً کنده شده بودند، زیرا او برای هر اینچ از کشش می‌جنگید.

La slitta ondeggiò, tremò e cominciò a muoversi lentamente e in modo inquieto.

سورتمه تکان خورد، لرزید و حرکتی آهسته و ناآرام را آغاز کرد.

Un piede scivolò e un uomo tra la folla gemette ad alta voce.

یک پا لیز خورد و مردی از میان جمعیت با صدای بلند ناله کرد.

Poi la slitta si lanciò in avanti con un movimento brusco e a scatti.

سپس سورتمه با حرکتی تند و خشن به جلو خیز برداشت.

Non si fermò più: mezzo pollice...un pollice...cinque pollici in più.

دوباره متوقف نشد—نیم اینچ—یک اینچ—دو اینچ دیگر.

Gli scossoni si fecero più lievi man mano che la slitta cominciava ad acquistare velocità.

با افزایش سرعت سورتمه، تکان‌ها کمتر شدند.

Presto Buck cominciò a tirare con una potenza fluida e uniforme.

خیلی زود باک با قدرت غلتشی نرم، یکنواخت و مداوم شروع به کشیدن کرد.

Gli uomini sussultarono e finalmente si ricordarono di respirare di nuovo.

مردان نفس نفس می‌زدند و بالاخره یادشان می‌آمد که دوباره نفس بکشند.

Non si erano accorti che il loro respiro si era fermato per lo stupore.

آنها متوجه نشده بودند که نفسشان از شدت حیرت بند آمده است.

Thornton gli corse dietro, gridando comandi brevi e allegri.

تورنتون پشت سر او می‌دوید و با لحنی شاد و کوتاه دستورهایی می‌داد.

Davanti a noi c'era una catasta di legna da ardere che segnava la distanza.

جلوتر، پشته‌ای از هیزم بود که فاصله را مشخص می‌کرد.

Mentre Buck si avvicinava al mucchio, gli applausi diventavano sempre più forti.

همین‌طور که باک به توده نزدیک می‌شد، تشویق‌ها بلندتر و بلندتر می‌شد.

Gli applausi crebbero fino a diventare un boato quando Buck superò il traguardo.

با عبور باک از نقطه پایان، تشویق‌ها به غرش تبدیل شد.

Gli uomini saltarono e gridarono, perfino Matthewson sorrise.

مردها از جا پریدند و فریاد زدند، حتی متیوسون هم پوزخندی زد.

I capelli volavano in aria e i guanti venivano lanciati senza pensarci o mirare.

کلاه‌ها به هوا پرتاب می‌شدند، دستکش‌ها بدون فکر یا هدف پرتاب می‌شدند.

Gli uomini si afferrarono e si strinsero la mano senza sapere chi.

مردها همدیگر را گرفتند و بدون اینکه بدانند چه کسی است، با هم دست دادند.

Tutta la folla era in delirio, in un tripudio di gioia e di entusiasmo.

تمام جمعیت با شور و شوق و شادی فراوان جشن گرفتند.

Thornton cadde in ginocchio accanto a Buck con le mani tremanti.

تورنتون با دستان لرزان کنار باک زانو زد.

Premette la testa contro quella di Buck e lo scosse delicatamente avanti e indietro.

سرش را به سر باک چسباند و او را به آرامی تکان داد.

Chi si avvicinava lo sentiva maledire il cane con amore silenzioso.

کسانی که نزدیک می‌شدند، می‌شنیدند که او با عشقی آرام سگ را نفرین می‌کرد.

Imprecò a lungo contro Buck, con dolcezza, calore, emozione.

او مدت زیادی به باک فحش داد ـ آرام، گرم و با احساس.

"Bene, signore! Bene, signore!" esclamò di corsa il re della panchina di Skookum.

رئیس نیمکت اسکوکوم با عجله فریاد زد: «خوبه، آقا.خوبم آقا.»

"Le darò mille, anzi milleduecento, per quel cane, signore!"

«آقا، من برای آن سگ هزار ـ نه، هزار و دویست ـ به شما می‌دهم.»

Thornton si alzò lentamente in piedi, con gli occhi brillanti di emozione.

تورنتون به آرامی از جایش بلند شد، چشمانش از شدت احساسات برق می‌زد.

Le lacrime gli rigavano le guance senza alcuna vergogna.

اشک‌هایش بی‌هیچ شرمی، آشکارا از گونه‌هایش سرازیر شدند.

"Signore", disse al re della panchina di Skookum, con fermezza e fermezza

آقا: «او با قاطعیت و آرامش به پادشاه سکوکوم گفت»

"No, signore. Può andare all'inferno, signore. Questa è la mia risposta definitiva."

«نه، آقا.می‌توانید بروید به جهنم، آقا ـ.این آخرین جواب من است ـ.»

Buck afferrò delicatamente la mano di Thornton tra le sue forti mascelle.

باک دست تورنتون را به آرامی با آرواره‌های قوی‌اش گرفت.

Thornton lo scosse scherzosamente; il loro legame era più profondo che mai.

تورنتون با شیطنت او را تکان داد، پیوندشان مثل همیشه عمیق بود.

La folla, commossa dal momento, fece un passo indietro in silenzio.

جمعیت که لحظه به لحظه تحت تأثیر قرار گرفته بودند، در سکوت قدمی به عقب برداشتند.

Da quel momento in poi nessuno osò più interrompere un affetto così sacro.

از آن به بعد، هیچ کس جرأت نکرد چنین محبت مقدسی را قطع کند.

Il suono della chiamata
صدای اذان

Buck aveva guadagnato milleseicento dollari in cinque minuti.

باک در عرض پنج دقیقه هزار و ششصد دلار به دست آورده بود.

Il denaro permise a John Thornton di saldare alcuni dei suoi debiti.

این پول به جان تورنتون اجازه داد تا بخشی از بدهی‌هایش را پرداخت کند.

Con il resto del denaro si diresse verso est insieme ai suoi soci.

با بقیه پول، او به همراه شرکایش به سمت شرق حرکت کرد.

Cercarono una leggendaria miniera perduta, antica quanto il paese stesso.

آنها به دنبال یک معدن گمشده افسانه‌ای بودند، به قدمت خود کشور.

Molti uomini avevano cercato la miniera, ma pochi l'avevano trovata.

بسیاری از مردان به دنبال معدن گشته بودند، اما تعداد کمی آن را پیدا کرده بودند.

Molti uomini erano scomparsi durante la pericolosa ricerca.

بیش از چند مرد در طول این جستجوی خطرناک ناپدید شده بودند.

Questa miniera perduta era avvolta nel mistero e nella vecchia tragedia.

این معدن گمشده، هم در رمز و راز و هم در تراژدی قدیمی پیچیده شده بود.

Nessuno sapeva chi fosse stato il primo uomo a scoprire la miniera.

هیچکس نمی‌دانست اولین کسی که معدن را پیدا کرد چه کسی بود.

Le storie più antiche non menzionano nessuno per nome.

قدیمی‌ترین داستان‌ها از کسی به نام یاد نمی‌کنند.

Lì c'era sempre stata una vecchia capanna fatiscente.

همیشه یک کلبه‌ی قدیمی و فرسوده آنجا وجود داشت.

I moribondi avevano giurato che vicino a quella vecchia capanna ci fosse una miniera.

مردان در حال مرگ قسم خورده بودند که معدنی در کنار آن کلبه قدیمی وجود دارد.

Hanno dimostrato le loro storie con un oro che non ha eguali altrove.

آنها داستان‌های خود را با طلایی اثبات کردند که هیچ جای دیگری پیدا نمی‌شود.

Nessuna anima viva aveva mai saccheggiato il tesoro da quel luogo.

هیچ موجود زنده‌ای تا به حال گنج آن مکان را غارت نکرده بود.

I morti erano morti e i morti non raccontano storie.

مردگان، مردگان بودند و مردگان قصه نمی‌گویند.

Così Thornton e i suoi amici si diressero verso Est.

بنابراین تورنتون و دوستانش به سمت شرق حرکت کردند.

Si unirono a noi Pete e Hans, portando con sé Buck e sei cani robusti.

پیت و هانس به آنها ملحق شدند و باک و شش سگ قوی هیکل را نیز با خود آوردند.

Si avviarono lungo un sentiero sconosciuto dove altri avevano fallito.

آنها در مسیری ناشناخته قدم گذاشتند که دیگران در آن شکست خورده بودند.

Percorsero in slitta settanta miglia lungo il fiume Yukon ghiacciato.

آنها هفتاد مایل روی رودخانه یخزده یوکان سورتمه‌سواری کردند.

Girarono a sinistra e seguirono il sentiero verso lo Stewart.

آنها به چپ پیچیدند و مسیر را تا داخل رودخانه استوارت دنبال کردند.

Superarono il Mayo e il McQuestion e proseguirono oltre.

آنها از کنار مایو و مک‌کوییستین گذشتند و بیشتر به جلو رفتند.

Lo Stewart si restringeva fino a diventare un ruscello, infilandosi tra cime frastagliate.

استوارت به نهری تبدیل شد که قله‌های ناهموارش را به هم پیوند می‌داد.

Queste vette aguzze rappresentavano la spina dorsale del continente.

این قله‌های تیز، ستون فقرات قاره را مشخص می‌کردند.

John Thornton pretendeva poco dagli uomini e dalla terra selvaggia.

جان تورنتون از انسان‌ها یا سرزمین وحشی چیز زیادی نمی‌خواست.

Non temeva nulla della natura e affrontava la natura selvaggia con disinvoltura.

او در طبیعت از هیچ چیز نمی‌ترسید و با سهولت با طبیعت وحشی روبرو می‌شد.

Con solo del sale e un fucile poteva viaggiare dove voleva.

او فقط با نمک و یک تفنگ می‌توانست به هر کجا که می‌خواست سفر کند.

Come gli indigeni, durante il viaggio cacciava per procurarsi il cibo.

مانند بومیان، او در طول سفر غذا شکار می‌کرد.

Se non prendeva nulla, continuava ad andare avanti, confidando nella fortuna che lo attendeva.

اگر چیزی گیرش نمی‌آمد، به راهش ادامه می‌داد و به شانس پیش رو توکل می‌کرد.

Durante questo lungo viaggio, la carne era l'alimento principale di cui si nutrivano.

در این سفر طولانی، گوشت غذای اصلی آنها بود.

La slitta trasportava attrezzi e munizioni, ma non c'era un orario preciso.

سورتمه حامل ابزار و مهمات بود، اما هیچ جدول زمانی دقیقی نداشت.

Buck amava questo vagabondare, la caccia e la pesca senza fine.

باک عاشق این پرسه زدن بود؛ شکار و ماهیگیری بی‌پایان.

Per settimane viaggiarono senza sosta, giorno dopo giorno.

هفته‌ها بود که آنها هر روز و هر روز به طور مداوم در سفر بودند.

Altre volte si accampavano e restavano fermi per settimane.

بعضی وقت‌ها هم چادر می‌زدند و هفته‌ها بی‌حرکت می‌ماندند.

I cani riposarono mentre gli uomini scavavano nel terreno ghiacciato.

سگ‌ها استراحت می‌کردند در حالی که مردان در میان خاک یخزده کندوکاو می‌کردند.

Scaldavano le padelle sul fuoco e cercavano l'oro nascosto.

آنها تابه‌ها را روی آتش گرم می‌کردند و به دنبال طلای پنهان می‌گشتند.

C'erano giorni in cui pativano la fame, altri in cui banchettavano.

بعضی روزها گرسنگی می‌کشیدند و بعضی روزها جشن می‌گرفتند.

Il loro pasto dipendeva dalla selvaggina e dalla fortuna della caccia.

وعده‌های غذایی آنها به شکار و شانس شکار بستگی داشت.

Con l'arrivo dell'estate, uomini e cani caricavano carichi
sulle spalle.

وقتی تابستان از راه رسید، مردان و سگ‌ها بارها را بر پشت خود بستند.

Fecero rafting sui laghi azzurri nascosti nelle foreste di
montagna.

آنها با قایق از میان دریاچه‌های آبی پنهان در جنگل‌های کوهستانی عبور
کردند.

Navigavano su imbarcazioni sottili su fiumi che nessun
uomo aveva mai mappato.

آنها با قایق‌های باریک بر روی رودخانه‌هایی حرکت می‌کردند که
هیچ‌کس تا به حال نقشه آنها را ترسیم نکرده بود.

Quelle barche venivano costruite con gli alberi che avevano
segato in natura.

آن قایق‌ها از درختانی ساخته شده بودند که در طبیعت اره کرده بودند.

Passarono i mesi e loro viaggiarono attraverso terre selvagge
e sconosciute.

ماه‌ها گذشت و آنها در سرزمین‌های وحشی و ناشناخته پیچ و تاب
می‌خوردند.

Non c'erano uomini lì, ma vecchie tracce lasciavano
intendere che alcuni di loro fossero presenti.

هیچ مردی آنجا نبود، اما آثار قدیمی نشان می‌داد که مردانی آنجا بوده‌اند.

Se la Capanna Perduta fosse esistita davvero, allora altre
persone in passato erano passate da lì.

اگر کلبه گمشده واقعی بود، پس دیگران هم زمانی از این مسیر آمده
بودند.

Attraversavano passi alti durante le bufere di neve, anche
d'estate.

آنها حتی در طول تابستان، در کولاک از گردنه‌های مرتفع عبور
می‌کردند.

Rabbrividivano sotto il sole di mezzanotte sui pendii brulli
delle montagne.

آنها زیر آفتاب نیمه‌شب، در دامنه‌های برهنه کوهستان، از سرما
می‌لرزیدند.

Tra il limite degli alberi e i campi di neve, salivano
lentamente.

بین خط درختان و زمین‌های برفی، آنها به آرامی بالا می‌رفتند.

Nelle valli calde, scacciavano nuvole di moscerini e mosche.

در دره‌های گرم، آنها به سمت ابرهای پشه و مگس حمله می‌کردند.

Raccolsero bacche dolci vicino ai ghiacciai nel pieno della fioritura estiva.

آنها در تابستان، در نزدیکی یخچال‌های طبیعی، توت‌های شیرین می‌چیدند.

I fiori che trovarono erano belli quanto quelli del Southland.

گل‌هایی که پیدا کردند به زیبایی گل‌های سرزمین جنوبی بودند.

Quell'autunno giunsero in una regione solitaria piena di laghi silenziosi.

پاییز آن سال، آنها به منطقه‌ای خلوت و پر از دریاچه‌های خاموش رسیدند.

La terra era triste e vuota, un tempo brulicava di uccelli e animali.

سرزمینی غمگین و خالی بود، سرزمینی که زمانی پر از پرندگان و جانوران بود.

Ora non c'era più vita, solo il vento e il ghiaccio che si formava nelle pozze.

حالا دیگر هیچ حیاتی وجود نداشت، فقط باد و یخهایی که در گودال‌ها تشکیل می‌شدند.

Le onde lambivano le rive deserte con un suono dolce e lugubre.

امواج با صدایی نرم و حزن‌انگیز به سواحل خالی برخورد می‌کردند.

Arrivò un altro inverno e loro seguirono di nuovo deboli e vecchi sentieri.

زمستان دیگری از راه رسید و آنها دوباره از مسیرهای قدیمی و کم‌رمق عبور کردند.

Erano le tracce di uomini che avevano cercato molto prima di loro.

اینها رد پای مردانی بود که مدت‌ها پیش از آنها جستجو کرده بودند.

Una volta trovarono un sentiero che si inoltrava nel profondo della foresta oscura.

یک روز آنها مسیری را پیدا کردند که در اعماق جنگل تاریک بریده شده بود.

Era un vecchio sentiero e sentivano che la baita perduta era vicina.

مسیر قدیمی بود و آنها احساس می‌کردند کلبه گمشده نزدیک است.

Ma il sentiero non portava da nessuna parte e si perdeva nel fitto del bosco.

اما رد پا به جایی نرسید و در میان انبوه درختان محو شد.

Nessuno sapeva chi avesse tracciato il sentiero e perché lo avesse fatto.

هیچ‌کس نمی‌دانست چه کسی این مسیر را ساخته و چرا آن را ساخته است.

Più tardi trovarono i resti di una capanna nascosta tra gli alberi.

بعداً، آنها لاشه یک کلبه را که در میان درختان پنهان شده بود، پیدا کردند.

Coperte marce erano sparse dove un tempo qualcuno aveva dormito.

پتوهای پوسیده، جایی که زمانی کسی خوابیده بود، پخش و پلا بودند.

John Thornton trovò sepolto all'interno un fucile a pietra focaia a canna lunga.

جان تورنتون یک تفنگ چخماقی لوله بلند را که در داخل دفن شده بود، پیدا کرد.

Sapeva fin dai primi tempi che si trattava di un cannone della Hudson Bay.

او از همان روزهای اول معاملات می‌دانست که این اسلحه متعلق به هادسون بی است.

A quei tempi, tali armi venivano barattate con pile di pelli di castoro.

در آن روزها چنین اسلحه‌هایی با انبوهی از پوست سگ آبی معامله می‌شدند.

Questo era tutto: non rimaneva alcuna traccia dell'uomo che aveva costruito la loggia.

همین بود - هیچ سرنخی از مردی که کلبه را ساخته بود، باقی نمانده بود.

Arrivò di nuovo la primavera e non trovarono traccia della Capanna Perduta.

بهار دوباره از راه رسید و آنها هیچ نشانه‌ای از کلبه گمشده پیدا نکردند.

Invece trovarono un'ampia valle con un ruscello poco profondo.

در عوض، آنها دره‌ای وسیع با جویباری کم‌عمق یافتند.

L'oro si stendeva sul fondo della pentola come burro giallo e liscio.

طلا مثل کره‌ی زرد و نرم، کف ماهیتابه‌ها را پوشانده بود.

Si fermarono lì e non cercarono oltre la cabina.

آنها آنجا توقف کردند و دیگر دنبال کلبه نگشتند.

Ogni giorno lavoravano e ne trovavano migliaia di pezzi in polvere d'oro.

هر روز آنها کار می‌کردند و هزاران طلا در خاک طلا پیدا می‌کردند.

Confezionarono l'oro in sacchi di pelle di alce, da cinquanta libbre ciascuno.

آنها طلاها را در کیسه‌های پوست گوزن شمالی، هر کدام به وزن پنجاه پوند، بسته‌بندی کردند.

I sacchi erano accatastati come legna da ardere fuori dal loro piccolo rifugio.

کیسه‌ها مثل هیزم بیرون کلبه‌ی کوچکشان روی هم چیده شده بودند.

Lavoravano come giganti e i giorni trascorrevano veloci come sogni.

آنها مثل غول‌ها کار می‌کردند و روزها مثل رویاهای سریع می‌گذشتند.

Accumularono tesori mentre gli infiniti giorni trascorrevano rapidamente.

آنها همچنان که روزهای بی‌پایان به سرعت می‌گذشتند، گنج‌ها را انباشته می‌کردند.

I cani avevano ben poco da fare, se non trasportare la carne di tanto in tanto.

سگ‌ها کار زیادی نداشتند جز اینکه هر از گاهی گوشت جمع کنند.

Thornton cacciò e uccise la selvaggina, mentre Buck si sdraiò accanto al fuoco.

تورنتون شکار را شکار کرد و کشت، و باک کنار آتش دراز کشیده بود.

Trascorse lunghe ore in silenzio, perso nei pensieri e nei ricordi.

او ساعت‌های طولانی را در سکوت، غرق در فکر و خاطره گذراند.

L'immagine dell'uomo peloso tornava sempre più spesso alla mente di Buck.

تصویر مرد پشمالو بیشتر به ذهن باک خطور می‌کرد.

Ora che il lavoro scarseggiava, Buck sognava mentre sbatteva le palpebre verso il fuoco.

حالا که کار کم بود، باک در حالی که به آتش چشمک می‌زد، رویا می‌دید.

In quei sogni, Buck vagava con l'uomo in un altro mondo.

در آن خواب‌ها، باک به همراه آن مرد در دنیای دیگری پرسه می‌زد.

La paura sembrava il sentimento più forte in quel mondo lontano.

ترس، قوی‌ترین احساس در آن دنیای دوردست به نظر می‌رسید.

Buck vide l'uomo peloso dormire con la testa bassa.

باک مرد پشمالو را دید که با سری خمیده خوابیده بود.

Aveva le mani giunte e il suo sonno era agitato e interrotto.

دستانش در هم گره خورده بود و خوابش آشفته و بریده بود.

Si svegliava di soprassalto e fissava il buio con timore.

او قبلاً با تکان از خواب بیدار می‌شد و با ترس به تاریکی خیره می‌شد.

Poi aggiungeva altra legna al fuoco per mantenere viva la fiamma.

سپس چوب بیشتری روی آتش می‌ریخت تا شعله را روشن نگه دارد.

A volte camminavano lungo una spiaggia in riva a un mare grigio e infinito.

گاهی اوقات آنها در امتداد ساحلی کنار دریایی خاکستری و بی‌کران قدم می‌زدند.

L'uomo peloso raccolse i frutti di mare e li mangiò mentre camminava.

مرد پشمالو صدف می‌چید و همانطور که راه می‌رفت آنها را می‌خورد.

I suoi occhi cercavano sempre pericoli nascosti nell'ombra.

چشمانش همیشه در تاریکی‌ها به دنبال خطرات پنهان می‌گشت.

Le sue gambe erano sempre pronte a scattare al primo segno di minaccia.

پاهایش همیشه آماده بودند تا با اولین نشانه‌ی تهدید، با سرعت بدوند.

Avanzavano furtivamente nella foresta, silenziosi e cauti, uno accanto all'altro.

آنها در جنگل، ساکت و محتاط، در کنار هم، یواشکی پیش می‌رفتند.

Buck lo seguì alle calcagna, ed entrambi rimasero all'erta.

باک پشت سر او رفت و هر دو هوشیار ماندند.

Le loro orecchie si muovevano e si contraevano, i loro nasi fiutavano l'aria.

گوش‌هایشان تکان می‌خورد و حرکت می‌کرد، بینی‌هایشان هوا را بو می‌کشید.

L'uomo riusciva a sentire e ad annusare la foresta in modo altrettanto acuto quanto Buck.

آن مرد می‌توانست به تیزی باک، صدای جنگل را بشنود و بو بکشد.

L'uomo peloso si lanciò tra gli alberi a velocità improvvisa.

مرد پشمالو با سرعتی ناگهانی از میان درختان گذشت.

Saltava da un ramo all'altro senza mai perdere la presa.

او از شاخه‌ای به شاخه‌ی دیگر می‌پرید و لحظه‌ای دستش را از دست نمی‌داد.

Si muoveva con la stessa rapidità con cui si muoveva sopra e sopra il terreno.

او با همان سرعتی که روی زمین حرکت می‌کرد، روی آن نیز حرکت می‌کرد.

Buck ricordava le lunghe notti passate sotto gli alberi a fare la guardia.

باک شب‌های طولانی زیر درختان را به یاد آورد که در آنها نگهبانی می‌داد.

L'uomo dormiva appollaiato sui rami, aggrappandosi forte.

مرد در حالی که محکم به شاخه‌ها چسبیده بود، در میان آنها لانه کرده و خوابیده بود.

Questa visione dell'uomo peloso era strettamente legata al richiamo profondo.

این رؤیای مرد پشمالو ارتباط نزدیکی با ندای عمیق داشت.

Il richiamo risuonava ancora nella foresta con una forza inquietante.

آن صدا هنوز با نیرویی و هم‌آور در جنگل طنین‌انداز بود.

La chiamata riempì Buck di desiderio e di un inquieto senso di gioia.

این تماس، باک را سرشار از اشتیاق و حس شادی بی‌قراری کرد.

Sentì strani impulsi e stimoli a cui non riusciva a dare un nome.

او امیال و هیجانات عجیبی را احساس می‌کرد که نمی‌توانست نامی برای آنها بگذارد.

A volte seguiva la chiamata inoltrandosi nel silenzio dei boschi.

گاهی اوقات او این ندا را تا اعماق جنگل آرام دنبال می‌کرد.

Cercava il richiamo, abbaiando piano o bruscamente mentre camminava.

او به دنبال صدا می‌گشت، و در حین رفتن، آرام یا تند پارس می‌کرد.

Annusò il muschio e il terreno nero dove cresceva l'erba.

او خزه و خاک سیاهی را که علف‌ها روییده بودند، بو کشید.

Sbuffò di piacere sentendo i ricchi odori della terra profonda.

او با لذت از بوهای غنی اعماق زمین پوزخندی زد.

Rimase accovacciato per ore dietro i tronchi ricoperti di funghi.

او ساعت‌ها پشت تنه‌های پوشیده از قارچ چمباتمه زد.

Rimase immobile, ascoltando con gli occhi sgranati ogni minimo rumore.

او بی‌حرکت ماند و با چشمانی گشاد شده به هر صدای کوچکی گوش داد.

Forse sperava di sorprendere la cosa che aveva emesso la chiamata.

شاید امیدوار بود موجودی که این تماس را برقرار کرده بود، غافلگیر کند.

Non sapeva perché si comportava in quel modo: lo faceva e basta.

او نمی‌دانست چرا این‌طور رفتار می‌کند ـ او صرفاً این کار را می‌کرد.

Questi impulsi provenivano dal profondo, al di là del pensiero o della ragione.

این تمایلات از اعماق وجودم، فراتر از فکر یا عقل، می‌آمدند.

Buck fu colto da impulsi irresistibili, senza preavviso o motivo.

میل و اشتیاقی مقاومت‌ناپذیر، بدون هیچ هشدار یا دلیلی، باک را فرا گرفت.

A volte sonnecchiava pigramente nell'accampamento, sotto il caldo di mezzogiorno.

گاهی اوقات او در اردوگاه، زیر گرمای ظهر، تنبلانه چرت می‌زد.

All'improvviso sollevò la testa e le sue orecchie si drizzarono in allerta.

ناگهان سرش را بالا آورد و گوش‌هایش تیز شد و به هوش آمد.

Poi balzò in piedi e si lanciò nella natura selvaggia senza fermarsi.

سپس از جا پرید و بدون مکث به دل طبیعت وحشی زد.

Corse per ore attraverso sentieri forestali e spazi aperti.

او ساعت‌ها در مسیرهای جنگلی و فضاهای باز دوید.

Amava seguire i letti asciutti dei torrenti e spiare gli uccelli sugli alberi.

او عاشق دنبال کردن بستر‌های خشک نهر‌ها و جاسوسی کردن از پرندگان روی درختان بود۔

Poteva restare nascosto tutto il giorno, osservando le pernici che si pavoneggiavano in giro.

او می‌توانست تمام روز پنهان بماند و کبک‌هایی را که در اطراف می‌غریدند تماشا کند۔

Suonavano i tamburi e marciavano, ignari della presenza immobile di Buck.

آنها طبل می‌زدند و رژه می‌رفتند، بی‌خبر از حضور بی‌حرکت باک۔

Ma ciò che amava di più era correre al crepuscolo estivo.

اما چیزی که او بیش از همه دوست داشت، دویدن در گرگ و میش تابستان بود۔

La luce fioca e i suoni assonnati della foresta lo riempivano di gioia.

نور کم و صداهای خواب‌آلود جنگل او را سرشار از شادی کرد۔

Leggeva i cartelli della foresta con la stessa chiarezza con cui un uomo legge un libro.

او تابلو‌های جنگل را به وضوحی که یک نفر کتاب می‌خواند، می‌خواند۔

E cercava sempre la strana cosa che lo chiamava.

و او همیشه به دنبال آن چیز عجیب که او را صدا می‌زد، می‌گشت ۔

Quella chiamata non si è mai fermata: lo raggiungeva sia da sveglio che nel sonno.

آن ندا هرگز متوقف نشد ۔ چه در خواب و چه در بیداری به گوش او می‌رسید۔

Una notte si svegliò di soprassalto, con gli occhi acuti e le orecchie tese.

یک شب، با وحشت از خواب پرید، چشمانش تیزبین و گوش‌هایش تیز شده بود۔

Le sue narici si contrassero mentre la sua criniera si rizzava in onde.

سوراخ‌های بینی‌اش تکان می‌خوردند، در حالی که یال‌هایش موج می‌زدند و سیخ می‌شدند۔

Dal profondo della foresta giunse di nuovo quel suono, il vecchio richiamo.

از اعماق جنگل دوباره صدا آمد، همان ندای قدیمی۔

Questa volta il suono risuonò chiaro, un ululato lungo, inquietante e familiare.

این بار صدا به وضوح طنین انداز شد، زوزه ای طولانی، دلهره آور و آشنا.

Era come il verso di un husky, ma dal tono strano e selvaggio.

مثل جیغ هاسکی بود، اما لحنی عجیب و وحشی داشت.

Buck riconobbe subito quel suono: lo aveva già sentito molto tempo prima.

باک فوراً صدا را شناخت ـ او دقیقاً همان صدا را مدت‌ها پیش شنیده بود.

Attraversò con un balzo l'accampamento e scomparve rapidamente nel bosco.

او از میان اردوگاه پرید و به سرعت در جنگل ناپدید شد.

Avvicinandosi al suono, rallentò e si mosse con cautela.

همین که به صدا نزدیک شد، سرعتش را کم کرد و با احتیاط حرکت کرد.

Presto raggiunse una radura tra fitti pini.

خیلی زود به فضای بازی بین درختان کاج انبوه رسید.

Lì, ritto sulle zampe posteriori, sedeva un lupo grigio alto e magro.

آنجا، یک گرگ جنگلی قدبلند و لاغر، روی پاهایش ایستاده بود.

Il naso del lupo puntava verso il cielo, continuando a riecheggiare il richiamo.

بینی گرگ رو به آسمان بود و هنوز صدایش را منعکس می‌کرد.

Buck non aveva emesso alcun suono, eppure il lupo si fermò e ascoltò.

باک هیچ صدایی از خودش درنیاورده بود، با این حال گرگ ایستاد و گوش داد.

Percependo qualcosa, il lupo si irrigidì e scrutò l'oscurità.

گرگ که چیزی را حس کرده بود، منقبض شد و در تاریکی به جستجو پرداخت.

Buck si fece avanti furtivamente, con il corpo basso e i piedi ben appoggiati al terreno.

باک، با بدنی خمیده و پاهایی آرام روی زمین، یواشکی وارد میدان دید شد.

La sua coda era dritta e il suo corpo era teso e teso.

دمش صاف بود و بدنش از شدت فشار، محکم در هم پیچیده بود.

Manifestava sia un atteggiamento minaccioso che una sorta di rude amicizia.

او هم تهدید و هم نوعی دوستی خشن را نشان داد.

Era il saluto cauto tipico delle bestie selvatiche.

این همان سلام و احوالپرسی محتاطانه‌ای بود که حیوانات وحشی با هم رد و بدل می‌کردند.

Ma il lupo si voltò e fuggì non appena vide Buck.

اما گرگ به محض دیدن باک برگشت و فرار کرد.

Buck si lanciò all'inseguimento, saltando selvaggiamente, desideroso di raggiungerlo.

باک، در حالی که وحشیانه می‌پرید و مشتاق بود از آن سبقت بگیرد، به دنبالش دوید.

Seguì il lupo in un ruscello secco bloccato da un ingorgo di tronchi.

او گرگ را تا نهر خشکی که با توده‌ای از الوار مسدود شده بود، دنبال کرد.

Messo alle strette, il lupo si voltò e rimase fermo.

گرگ که در گوشه‌ای گیر افتاده بود، چرخید و سر جایش ایستاد.

Il lupo ringhiò e schioccò i denti come un husky intrappolato in una rissa.

گرگ مثل یک سگ هاسکی که در دام دعوا گرفتار شده باشد، غرید و جیغ کشید.

I denti del lupo schioccarono rapidamente e il suo corpo si irrigidì per la furia selvaggia.

دندان‌های گرگ به سرعت به هم می‌خوردند و بدنش از خشم وحشی‌اش مورمور می‌شد.

Buck non attaccò, ma girò intorno al lupo con attenta cordialità.

باک حمله نکرد، اما با احتیاط و دوستانه دور گرگ حلقه زد.

Cercò di bloccargli la fuga con movimenti lenti e innocui.

او سعی کرد با حرکات آهسته و بی‌ضرر، راه فرارش را سد کند.

Il lupo era cauto e spaventato: Buck lo superava di peso tre volte.

گرگ محتاط و ترسیده بود—باک سه برابر از او سنگین‌تر بود.

La testa del lupo arrivava a malapena all'altezza della spalla massiccia di Buck.

سر گرگ به زحمت به شانه‌ی عظیم باک می‌رسید.

Il lupo, attento a individuare un varco, si lanciò e l'inseguimento ricominciò.

گرگ که به دنبال جایی برای باز شدن می‌گشت، فرار کرد و تعقیب و گریز دوباره آغاز شد.

Buck lo mise alle strette più volte e la danza si ripeté.

باک چندین بار او را گیر انداخت و رقص تکرار شد.

Il lupo era magro e debole, altrimenti Buck non avrebbe potuto catturarlo.

گرگ لاغر و ضعیف بود، وگرنه باک نمی‌توانست او را بگیرد.

Ogni volta che Buck si avvicinava, il lupo si girava di scatto e lo affrontava spaventato.

هر بار که باک نزدیک می‌شد، گرگ می‌چرخید و با ترس به او نزدیک می‌شد.

Poi, alla prima occasione, si precipitò di nuovo nel bosco.

سپس در اولین فرصتی که به دست آورد، دوباره به جنگل دوید.

Ma Buck non si arrese e alla fine il lupo imparò a fidarsi di lui.

اما باک تسلیم نشد و بالاخره گرگ به او اعتماد کرد.

Annusò il naso di Buck e i due diventarono giocosi e attenti.

او بینی باک را بو کشید و هر دو بازیگوش و هوشیار شدند.

Giocavano come animali selvaggi, feroci ma timidi nella loro gioia.

آنها مثل حیوانات وحشی بازی می‌کردند، در عین حال که در شادی خود خجالتی بودند، درنده نیز بودند.

Dopo un po' il lupo trotterellò via con calma e decisione.

بعد از مدتی، گرگ با آرامش و هدفی مشخص، یورتمه رفت.

Dimostrò chiaramente a Buck che intendeva essere seguito.

او به وضوح به باک نشان داد که قصد دارد از او پیروی شود.

Correvano fianco a fianco nel buio della sera.

آنها در تاریکی گرگ و میش، دوشادوش هم می‌دویدند.

Seguirono il letto del torrente fino alla gola rocciosa.

آنها بستر نهر را تا بالای تنگه سنگی دنبال کردند.

Attraversarono un freddo spartiacque nel punto in cui aveva avuto origine il fiume.

آنها از یک شکاف سرد، جایی که جویبار شروع می‌شد، عبور کردند.

Sul pendio più lontano trovarono un'ampia foresta e molti corsi d'acqua.

در دامنه دوردست، جنگل وسیع و نهرهای زیادی یافتند۔

Corsero per ore senza fermarsi attraverso quella terra immensa.

آنها ساعت‌ها بدون توقف در این سرزمین پهناور دویدند۔

Il sole saliva sempre più alto, l'aria si faceva calda, ma loro continuavano a correre.

خورشید بالاتر آمد، هوا گرم شد، اما آنها به دویدن ادامه دادند۔

Buck era pieno di gioia: sapeva di aver risposto alla sua chiamata.

باک سرشار از شادی بود ـ می‌دانست که به ندای درونش پاسخ می‌دهد۔

Corse accanto al fratello della foresta, più vicino alla fonte della chiamata.

او در کنار برادر جنگلی‌اش دوید و به منبع صدا نزدیک‌تر شد۔

I vecchi sentimenti ritornano, potenti e difficili da ignorare.

احساسات قدیمی برگشتند، قدرتمند و غیرقابل چشم‌پوشی۔

Queste erano le verità nascoste nei ricordi dei suoi sogni.

اینها حقایق پشت خاطرات رویاهایش بودند۔

Tutto questo lo aveva già fatto in un mondo lontano e oscuro.

او همه این کارها را قبلاً در دنیایی دور و سایه‌وار انجام داده بود۔

Questa volta lo fece di nuovo, scatenandosi con il cielo aperto sopra di lui.

حالا او دوباره این کار را انجام داد، و با سرعتی دیوانه‌وار در آسمان باز بالای سرش می‌دوید۔

Si fermarono presso un ruscello per bere l'acqua fredda che scorreva.

آنها کنار جویباری توقف کردند تا از آب خنک و روان آن بنوشند۔

Mentre beveva, Buck si ricordò improvvisamente di John Thornton.

باک همین‌طور که داشت جرعه جرعه می‌نوشید، ناگهان به یاد جان تورنتون افتاد۔

Si sedette in silenzio, lacerato dal sentimento di lealtà e dalla chiamata.

او در سکوت نشست، در حالی که کشش وفاداری و رسالت وجودش را فرا گرفته بود۔

Il lupo continuò a trottare, ma tornò indietro per incitare Buck ad andare avanti.

گـرگ به راهش ادامه داد، اما برگشت تا باک را به جلو هل دهد.

Gli annusò il naso e cercò di convincerlo con gesti gentili.

بینی‌اش را بالا کشید و سعی کرد با حرکات نرم او را اغوا کند.

Ma Buck si voltò e riprese a tornare indietro per la strada da cui era venuto.

اما باک برگشت و از همان راهی که آمده بود، شروع به بازگشت کرد.

Il lupo gli corse accanto per molto tempo, guaiando piano.

گـرگ مدت زیادی در کنارش دوید و آرام ناله می‌کرد.

Poi si sedette, alzò il naso ed emise un lungo ululato.

سپس نشست، دماغش را بالا کشید و زوزه بلندی کشید.

Era un grido lugubre, che si addolcì mentre Buck si allontanava.

ناله‌ای سوزناک بود که با دور شدن باک، آرام‌تر شد.

Buck ascoltò mentre il suono del grido svaniva lentamente nel silenzio della foresta.

باک گوش داد که صدای گریه به آرامی در سکوت جنگل محو شد.

John Thornton stava cenando quando Buck irruppe nell'accampamento.

جان تورنتون داشت شام می‌خورد که باک ناگهان وارد اردوگاه شد.

Buck gli saltò addosso selvaggiamente, leccandolo, mordendolo e facendolo rotolare.

باک وحشیانه به سمت او پرید، او را لیس زد، گاز گرفت و غلتاند.

Lo fece cadere, gli saltò sopra e gli baciò il viso.

او را برانداز کرد، رویش پرید و صورتش را بوسید.

Thornton lo definì con affetto "fare il buffone".

تورنتون این کار را »بازی کردن نقش ژنرال با محبت «نامید.

Nel frattempo, imprecava dolcemente contro Buck e lo scuoteva avanti e indietro.

در تمام این مدت، او به آرامی باک را نفرین می‌کرد و او را به عقب و جلو تکان می‌داد.

Per due interi giorni e due notti, Buck non lasciò l'accampamento nemmeno una volta.

باک دو شبانه‌روز تمام، حتی یک بار هم از اردوگاه بیرون نرفت.

Si teneva vicino a Thornton e non lo perdeva mai di vista.

او همیشه نزدیک تورنتون بود و هرگز او را از نظر دور نمی‌کرد.

Lo seguiva mentre lavorava e lo osservava mentre mangiava.

او هنگام کار او را دنبال می‌کرد و هنگام غذا خوردن او را تماشا می‌کرد.

Di notte vedeva Thornton avvolto nelle sue coperte e ogni mattina lo vedeva uscire.

او تورنتون را می‌دید که شب‌ها پتوهایش را می‌پوشید و هر روز صبح بیرون می‌آمد.

Ma presto il richiamo della foresta ritornò, più forte che mai.

اما خیلی زود آوای جنگل، بلندتر از همیشه، بازگشت.

Buck si sentì di nuovo irrequieto, agitato dal pensiero del lupo selvatico.

باک دوباره بی‌قرار شد، افکار گرگ وحشی او را به تکاپو انداخته بود.

Ricordava la terra aperta e le corse fianco a fianco.

او زمین باز و دویدن در کنار هم را به یاد آورد.

Ricominciò a vagare nella foresta, solo e vigile.

او دوباره، تنها و هوشیار، شروع به پرسه زدن در جنگل کرد.

Ma il fratello selvaggio non tornò e l'ululato non fu udito.

اما برادر وحشی برنگشت و زوزه هم شنیده نشد.

Buck cominciò a dormire all'aperto, restando lontano anche per giorni interi.

باک شروع به خوابیدن در فضای باز کرد و گاهی اوقات چند روز از خانه بیرون می‌رفت.

Una volta attraversò l'alto spartiacque dove aveva origine il torrente.

یک بار از شکاف بلندی که نهر از آن شروع می‌شد، عبور کرد.

Entrò nella terra degli alberi scuri e dei grandi corsi d'acqua.

او وارد سرزمین جنگل‌های تیره و نهرهای پهن و روان شد.

Vagò per una settimana alla ricerca di tracce del fratello selvaggio.

او یک هفته پرسه زد و به دنبال نشانه‌ای از برادر وحشی گشت.

Uccideva la propria carne e viaggiava a passi lunghi e instancabili.

او گوشت خودش را شکار می‌کرد و با گام‌های بلند و خستگی‌ناپذیر سفر می‌کرد.

Pescò salmoni in un ampio fiume che arrivava fino al mare.

او در رودخانه‌ای وسیع که به دریا می‌رسید، ماهی قزل‌آلا صید می‌کرد.

Lì lottò e uccise un orso nero reso pazzo dagli insetti.

در آنجا، او با یک خرس سیاه که از حشرات دیوانه شده بود، جنگید و او را کشت.

L'orso stava pescando e corse alla cieca tra gli alberi.

خرس مشغول ماهیگیری بود و کورکورانه از میان درختان می‌دوید.

La battaglia fu feroce e risvegliò il profondo spirito combattivo di Buck.

نبرد، نبردی سهمگین بود و روحیه‌ی جنگندگی عمیق باک را بیدار کرد.

Due giorni dopo, Buck tornò e trovò dei ghiottoni nei pressi della sua preda.

دو روز بعد، باک برگشت و دید که ولورین‌ها در شکارگاهش هستند.

Una dozzina di loro litigarono furiosamente e rumorosamente per la carne.

دوازده نفر از آنها با خشم و هیاهو بر سر گوشت دعوا می‌کردند.

Buck caricò e li disperse come foglie al vento.

باک حمله کرد و آنها را مانند برگ‌هایی در باد پراکنده کرد.

Due lupi rimasero indietro: silenziosi, senza vita e immobili per sempre.

دو گرگ پشت سر ماندند ـ ساکت، بی‌جان و بی‌حرکت برای همیشه.

La sete di sangue divenne più forte che mai.

عطش خون بیش از پیش در او شعله‌ور شد.

Buck era un cacciatore, un assassino, che si nutriva di creature viventi.

باک یک شکارچی بود، یک قاتل، که از موجودات زنده تغذیه می‌کرد.

Sopravvisse da solo, affidandosi alla sua forza e ai suoi sensi acuti.

او به تنهایی و با تکیه بر قدرت و حواس تیز خود زنده ماند.

Prosperava nella natura selvaggia, dove solo i più forti potevano sopravvivere.

او در طبیعت وحشی، جایی که فقط سرسخت‌ترین‌ها می‌توانستند زندگی کنند، رشد کرد.

Da ciò nacque un grande orgoglio che riempì tutto l'essere di Buck.

از این رو، غروری عظیم برخاست و تمام وجود باک را فرا گرفت.

Il suo orgoglio traspariva da ogni passo, dal fremito di ogni muscolo.

غرورش در هر قدمش، در موج هر عضله‌اش نمایان بود.

Il suo orgoglio era evidente, come si vedeva dal suo comportamento.

غرورش به روشنی کلامش بود، و از رفتارش پیدا بود.

Persino il suo spesso mantello appariva più maestoso e splendeva di più.

حتی کت ضخیمش هم باشکوهتر به نظر می‌رسید و برق بیشتری می‌زد۔

Buck avrebbe potuto essere scambiato per un lupo grigio gigante.

ممکن بود باک را با یک گرگ جنگلی غول‌پیکر اشتباه گرفته باشند۔

A parte il marrone sul muso e le macchie sopra gli occhi.

به جز قهوه‌ای روی پوزه و لکه‌های بالای چشمانش۔

E la striscia bianca di pelo che gli correva lungo il centro del petto.

و رگه سفید خز که از وسط سینه‌اش پایین می‌آمد ۔

Era addirittura più grande del più grande lupo di quella feroce razza.

او حتی از بزرگترین گرگ آن نژاد درنده هم بزرگتر بود۔

Suo padre, un San Bernardo, gli ha trasmesso la stazza e la corporatura robusta.

پدرش، یک سنت برنارد، به او جثه بزرگ و هیکل درشتی داد۔

Sua madre, una pastorella, plasmò quella mole conferendole la forma di un lupo.

مادرش، که یک چوپان بود، آن جثه را به شکل گرگ درآورد۔

Aveva il muso lungo di un lupo, anche se più pesante e largo.

او پوزه بلند گرگ را داشت، هرچند سنگین‌تر و پهن‌تر بود۔

La sua testa era quella di un lupo, ma di dimensioni enorми e maestose.

سرش به شکل سر گرگ بود، اما در مقیاسی عظیم و باشکوه ساخته شده بود۔

L'astuzia di Buck era l'astuzia del lupo e della natura selvaggia.

حیله‌گری باک، حیله‌گری گرگ و حیات وحش بود۔

La sua intelligenza gli venne sia dal Pastore Tedesco che dal San Bernardo.

هوش او هم از سگ ژرمن شپرد و هم از سگ سنت برنارد نشأت می‌گرفت۔

Tutto ciò, unito alla dura esperienza, lo rese una creatura temibile.

همه اینها، به علاوه تجربیات سخت، او را به موجودی ترسناک تبدیل کرده بود.

Era formidabile quanto qualsiasi animale che vagasse nelle terre selvagge del nord.

او به اندازه هر جانوری که در طبیعت وحشی شمال پرسه می‌زد، مهیب بود.

Nutrendosi solo di carne, Buck raggiunse l'apice della sua forza.

باک که فقط با گوشت زندگی می‌کرد، به اوج قدرت خود رسید.

Trasudava potenza e forza maschile in ogni fibra del suo corpo.

او در هر ذره وجودش سرشار از قدرت و نیروی مردانه بود.

Quando Thornton gli accarezzò la schiena, i peli brillarono di energia.

وقتی تورنتون پشتش را نوازش کرد، موهایش از انرژی برق زدند.

Ogni capello scricchiolava, carico del tocco di un magnetismo vivente.

هر تار مو، با لمس مغناطیس زنده، خش خش می‌کرد.

Il suo corpo e il suo cervello erano sintonizzati sulla tonalità più fine possibile.

بدن و مغز او با بهترین زیر و بمی ممکن تنظیم شده بود.

Ogni nervo, ogni fibra e ogni muscolo lavoravano in perfetta armonia.

هر عصب، فیبر و عضله با هماهنگی کامل کار می‌کرد.

A qualsiasi suono o visione che richiedesse un intervento, rispondeva immediatamente.

به هر صدا یا منظره‌ای که نیاز به اقدام داشت، فوراً واکنش نشان می‌داد.

Se un husky saltava per attaccare, Buck poteva saltare due volte più velocemente.

اگر یک سگ هاسکی برای حمله می‌پرید، باک می‌توانست دو برابر سریع‌تر بپرد.

Reagì più rapidamente di quanto gli altri potessero vedere o sentire.

او سریع‌تر از آنچه دیگران می‌توانستند ببینند یا بشنوند، واکنش نشان داد.

Percezione, decisione e azione avvennero tutte in un unico, fluido istante.

ادراک، تصمیم و عمل، همه در یک لحظه سیال رخ دادند.

In realtà si tratta di atti separati, ma troppo rapidi per essere notati.

در حقیقت، این اعمال از هم جدا بودند، اما خیلی سریع اتفاق می‌افتادند و قابل تشخیص نبودند.

Gli intervalli tra questi atti erano così brevi che sembravano uno solo.

فاصله‌ی بین این دو پرده آنقدر کوتاه بود که گویی یکی بودند.

I suoi muscoli e il suo essere erano come molle strettamente avvolte.

عضلات و وجودش مانند فنرهایی بودند که محکم به هم پیچیده شده بودند.

Il suo corpo traboccava di vita, selvaggia e gioiosa nella sua potenza.

بدنش سرشار از زندگی بود، وحشی و شاد در قدرتش.

A volte aveva la sensazione che la forza stesse per esplodere completamente dentro di lui.

گاهی اوقات احساس می‌کرد که این نیرو می‌خواهد کاملاً از وجودش بیرون بپرد.

"Non c'è mai stato un cane simile", disse Thornton un giorno tranquillo.

تورنتون یک روز آرام گفت: «هیچ‌وقت چنین سگی وجود نداشته است.»

I soci osservarono Buck uscire fiero dall'accampamento.

شرکا باک را تماشا می‌کردند که با غرور و افتخار از اردوگاه خارج می‌شد.

"Quando è stato creato, ha cambiato il modo in cui un cane può essere", ha detto Pete.

پیت گفت: «وقتی او ساخته شد، ماهیت یک سگ را تغییر داد.»

"Per Dio! Lo penso anch'io", concordò subito Hans.

هانس فوراً موافقت کرد: «به عیسی مسیح قسم-خودم هم همین فکر را می‌کنم.»

Lo videro allontanarsi, ma non il cambiamento che avvenne dopo.

آنها رفتن او را دیدند، اما تغییری که پس از آن رخ داد را ندیدند.

Non appena entrò nel bosco, Buck si trasformò completamente.

به محض اینکه باک وارد جنگل شد، کاملاً دگرگون شد.

Non marciava più, ma si muoveva come uno spettro selvaggio tra gli alberi.

او دیگر رژه نمی‌رفت، بلکه مانند روحی وحشی در میان درختان حرکت می‌کرد.

Divenne silenzioso, come un gatto, un bagliore che attraversava le ombre.

او ساکت شد، مثل گربه راه می‌رفت، مثل سوسویی که از میان سایه‌ها عبور می‌کرد.

Usava la copertura con abilità, strisciando sulla pancia come un serpente.

او با مهارت از پوشش استفاده می‌کرد و مانند مار روی شکمش می‌خزید.

E come un serpente, sapeva balzare in avanti e colpire in silenzio.

و مانند یک مار، می‌توانست به جلو بپرد و در سکوت حمله کند .

Potrebbe rubare una pernice bianca direttamente dal suo nido nascosto.

او می‌توانست یک مرغ باران را مستقیماً از لانه پنهانش بدزدد.

Uccideva i conigli addormentati senza emettere alcun suono.

او خرگوش‌های خوابیده را بدون هیچ صدایی کشت.

Riusciva a catturare gli scoiattoli a mezz'aria anche se fuggivano troppo lentamente.

او می‌توانست سنجاب‌ها را در هوا بگیرد، چون خیلی آهسته فرار می‌کردند.

Nemmeno i pesci nelle pozze riuscivano a sfuggire ai suoi attacchi improvvisi.

حتی ماهی‌های توی برکه‌ها هم نمی‌توانستند از ضربات ناگهانی او در امان بمانند.

Nemmeno i furbi castori impegnati a riparare le dighe erano al sicuro da lui.

حتی سگ‌های آبی باهوش که سدها را تعمیر می‌کردند هم از دست او در امان نبودند.

Uccideva per nutrirsi, non per divertirsi, ma preferiva uccidere le proprie vittime.

او برای غذا می‌کُشت، نه برای تفریح ـ اما شکارهای خودش را بیشتر دوست داشت.

Eppure, un umorismo subdolo permeava alcune delle sue cacce silenziose.

با این حال، نوعی طنز زیرکانه در برخی از شکارهای خاموش او موج می‌زد۔

Si avvicinò furtivamente agli scoiattoli, solo per lasciarli scappare.

او یواشکی به سنجاب‌ها نزدیک شد، اما آنها را فراری داد۔

Stavano per fuggire tra gli alberi, chiacchierando con rabbia e paura.

آنها در حالی که از ترس و خشم با هم پچ پچ می‌کردند، می‌خواستند به سمت درختان فرار کنند۔

Con l'arrivo dell'autunno, le alci cominciarono ad apparire in numero maggiore.

با فرا رسیدن پاییز، تعداد گوزن‌های شمالی بیشتر شد۔

Si spostarono lentamente verso le basse valli per affrontare l'inverno.

آنها به آرامی به سمت دره‌های پست حرکت کردند تا به استقبال زمستان بروند۔

Buck aveva già abbattuto un giovane vitello randagio.

باک قبلاً یک گوساله جوان و ولگرد را از پا درآورده بود۔

Ma lui desiderava ardentemente affrontare prede più grandi e pericolose.

اما او آرزو داشت با طعمه‌های بزرگتر و خطرناک‌تری روبرو شود۔

Un giorno, sul crinale, alla sorgente del torrente, trovò la sua occasione.

روزی در سراشیبی رودخانه، در ابتدای نهر، فرصت مناسبی پیدا کرد۔

Una mandria di venti alci era giunta da terre boscose.

گله ای متشکل از بیست گوزن شمالی از سرزمین های جنگلی عبور کرده بودند۔

Tra loro c'era un possente toro, il capo del gruppo.

در میان آنها یک گاو نر قدرتمند بود؛ رهبر گروه۔

Il toro era alto più di due metri e mezzo e appariva feroce e selvaggio.

گاو نر بیش از شش فوت قد داشت و وحشی و درنده به نظر می‌رسید۔

Lanciò le sue grandi corna, le cui quattordici punte si diramavano verso l'esterno.

شاخهای پهنش را که چهارده نوکشان به بیرون منشعب شده بود، پرتاب کرد۔

Le punte di quelle corna si estendevano per due metri.

نوک آن شاخها هفت فوت (حدود دو متر)امتداد داشت.

I suoi piccoli occhi ardevano di rabbia quando vide Buck lì vicino.

وقتی باک را در همان نزدیکی دید، چشمان کوچکش از خشم سوختند.

Emise un ruggito furioso, tremando di rabbia e dolore.

او غرش خشمگینی سر داد و از خشم و درد می‌لرزید.

Vicino al suo fianco spuntava la punta di una freccia, appuntita e piumata.

نوک پیکانی نزدیک پهلویش بیرون زده بود، پردار و تیز.

Questa ferita contribuì a spiegare il suo umore selvaggio e amareggiato.

این زخم به توضیح خلق و خوی وحشی و تلخ او کمک کرد.

Buck, guidato dall'antico istinto di caccia, fece la sua mossa.

باک، که غریزه شکار باستانی‌اش او را هدایت می‌کرد، حرکتش را انجام داد.

Il suo obiettivo era separare il toro dal resto della mandria.

او قصد داشت گاو نر را از بقیه گله جدا کند.

Non era un compito facile: richiedeva velocità e una grande astuzia.

این کار آسانی نبود ـ به سرعت و زیرکی شدید نیاز داشت.

Abbaiava e danzava vicino al toro, appena fuori dalla sua portata.

او نزدیک گاو نر، درست خارج از محدوده‌ی دیدش، پارس کرد و رقصید.

L'alce si lanciò con enormi zoccoli e corna mortali.

گوزن شمالی با سم‌های عظیم و شاخهای کشنده‌اش به سرعت حمله کرد.

Un colpo avrebbe potuto porre fine alla vita di Buck in un batter d'occhio.

یک ضربه می‌توانست در یک چشم به هم زدن به زندگی باک پایان دهد.

Incapace di abbandonare la minaccia, il toro si infuriò.

گاو نر که نمی‌توانست تهدید را پشت سر بگذارد، دیوانه شد.

Lui caricava con furia, ma Buck riusciva sempre a sfuggirgli.

او با خشم حمله کرد، اما باک همیشه فرار می‌کرد.

Buck finse di essere debole, allontanandosi ulteriormente dalla mandria.

باک وانمود به ضعف کرد و او را از گله دورتر کشاند.

Ma i giovani tori sarebbero tornati alla carica per proteggere il capo.

اما گاوهای نر جوان قصد داشتند برای محافظت از رهبر، حمله کنند.

Costrinsero Buck a ritirarsi e il toro a ricongiungersi al gruppo.

آنها باک را مجبور به عقب‌نشینی و گاو نر را مجبور به پیوستن مجدد به گروه کردند.

C'è una pazienza nella natura selvaggia, profonda e inarrestabile.

در طبیعت وحشی، صبری عمیق و توقف‌ناپذیر وجود دارد.

Un ragno resta immobile nella sua tela per innumerevoli ore.

یک عنکبوت ساعت‌های بی‌شماری بی‌حرکت در تار خود منتظر می‌ماند.

Un serpente si avvolge su se stesso senza contrarsi e aspetta il momento giusto.

مار بدون تکان خوردن چنبره می‌زند و منتظر می‌ماند تا زمانش فرا برسد.

Una pantera è in agguato, finché non arriva il momento.

پلنگی در کمین است، تا لحظه موعود فرا رسد.

Questa è la pazienza dei predatori che cacciano per sopravvivere.

این صبر شکارچیانی است که برای بقا شکار می‌کنند.

La stessa pazienza ardeva dentro Buck mentre gli restava accanto.

همان صبر و شکیبایی در درون باک شعله‌ور بود، همچنان که نزدیک او می‌ماند.

Rimase vicino alla mandria, rallentandone la marcia e incutendo timore.

او نزدیک گله ماند، حرکتشان را کند کرد و ترس را در آنها برانگیخت.

Provocava i giovani tori e molestava le mucche madri.

او گاوهای نر جوان را اذیت می‌کرد و گاوهای ماده را آزار می‌داد.

Spinse il toro ferito in una rabbia ancora più profonda e impotente.

او گاو نر زخمی را به خشمی عمیق‌تر و درمانده‌تر فرو برد.

Per mezza giornata il combattimento si trascinò senza alcuna tregua.

نصف روز، جنگ بدون هیچ استراحتی ادامه یافت.

Buck attaccò da ogni angolazione, veloce e feroce come il vento.

باک از هر زاویه‌ای حمله کرد، سریع و خشمگین چون باد.

Impedì al toro di riposare o di nascondersi con la mandria.

او مانع از استراحت یا پنهان شدن گاو نر با گله‌اش شد.

Buck logorò la volontà dell'alce più velocemente del suo corpo.

باک اراده‌ی گوزن را سریع‌تر از بدنش تحلیل برد.

Il giorno passò e il sole tramontò basso nel cielo a nord-ovest.

روز گذشت و خورشید در آسمان شمال غربی فرو رفت.

I giovani tori tornarono più lentamente per aiutare il loro capo.

گاو‌های نر جوان آهسته‌تر برگشتند تا به رهبرشان کمک کنند.

Erano tornate le notti autunnali e il buio durava ormai sei ore.

شب‌های پاییزی دوباره برگشته بودند و تاریکی حالا شش ساعت طول می‌کشید.

L'inverno li spingeva verso valli più sicure e calde.

زمستان آنها را به سمت دره‌های امن‌تر و گرم‌تر هل می‌داد.

Ma non riuscirono comunque a sfuggire al cacciatore che li tratteneva.

اما هنوز هم نمی‌توانستند از شکارچی که آنها را عقب نگه داشته بود، فرار کنند.

Era in gioco solo una vita: non quella del branco, ma quella del loro capo.

فقط یک جان در خطر بود - نه جان گله، فقط جان رهبرشان.

Ciò rendeva la minaccia lontana e non una loro preoccupazione urgente.

این باعث شد تهدید دور از دسترس آنها باشد و دیگر دغدغه فوری آنها نباشد.

Col tempo accettarono questo prezzo e lasciarono che Buck prendesse il vecchio toro.

با گذشت زمان، آنها این هزینه را پذیرفتند و اجازه دادند باک گاو نر پیر را تصاحب کند.

Mentre calava il crepuscolo, il vecchio toro rimase in piedi con la testa bassa.

همین که گرگ و میش غروب فرا رسید، گاو نر پیر سرش را پایین انداخته بود و ایستاده بود.

Guardò la mandria che aveva guidato svanire nella luce morente.

او ناپدید شدن گله ای را که هدایت کرده بود در نور رو به زوال تماشا کرد.

C'erano mucche che aveva conosciuto, vitelli che un tempo aveva generato.

گاوهایی بودند که او می‌شناخت، گوساله‌هایی که زمانی پدرشان بود.

C'erano tori più giovani con cui aveva combattuto e che aveva dominato nelle stagioni passate.

گاوهای نر جوان‌تری هم بودند که او در فصل‌های گذشته با آنها جنگیده و پیروز شده بود.

Non poteva seguirli, perché davanti a lui era di nuovo accovacciato Buck.

او نمی‌توانست آنها را دنبال کند ـ زیرا باک دوباره جلوی او چمباتمه زده بود.

Il terrore spietato e zannuto gli bloccava ogni via che potesse percorrere.

وحشت بی‌رحم و نیش‌دار، هر مسیری را که او می‌توانست انتخاب کند، مسدود می‌کرد.

Il toro pesava più di trecento chili di potenza densa.

گاو نر بیش از سیصد کیلوگرم وزن داشت و قدرت متراکمی داشت.

Aveva vissuto a lungo e lottato duramente in un mondo di difficoltà.

او عمری دراز کرده و در دنیایی از مبارزه، سخت جنگیده بود.

Eppure, alla fine, la morte gli venne commessa da una bestia molto più bassa di lui.

با این حال، اکنون، در پایان، مرگ از سوی هیولایی بسیار پایین‌تر از او فرا رسید.

La testa di Buck non arrivò nemmeno alle enormi ginocchia noccate del toro.

سر باک حتی به زانوهای بزرگ و گره خورده‌ی گاو نر هم نرسید.

Da quel momento in poi, Buck rimase con il toro notte e giorno.

از آن لحظه به بعد، باک شب و روز در کنار گاو ماند.

Non gli dava mai tregua, non gli permetteva mai di brucare o bere.

او هرگز به او استراحت نداد، هرگز اجازه نداد علف بخورد یا آب بنوشد.

Il toro cercò di mangiare giovani germogli di betulla e foglie di salice.

گاو نر سعی کرد شاخه‌های جوان توس و برگ‌های بید را بخورد.

Ma Buck lo scacciò, sempre all'erta e sempre all'attacco.

اما باک او را از خود راند، همیشه هوشیار و همیشه در حال حمله.

Anche nei torrenti che scorrevano, Buck bloccava ogni assetato tentativo.

حتی در کنار جویبارهای جاری، باک هر تلاش تشنه‌ای را مسدود می‌کرد.

A volte, in preda alla disperazione, il toro fuggiva a tutta velocità.

گاهی اوقات، از روی ناچاری، گاو نر با تمام سرعت فرار می‌کرد.

Buck lo lasciò correre, avanzando tranquillamente dietro di lui, senza mai allontanarsi troppo.

باک گذاشت او بدود، و آرام و بی‌صدا، درست پشت سرش، بدون اینکه خیلی دور شود، جست و خیز می‌کرد.

Quando l'alce si fermò, Buck si sdraiò, ma rimase pronto.

وقتی گوزن مکث کرد، باک دراز کشید، اما آماده ماند.

Se il toro provava a mangiare o a bere, Buck colpiva con tutta la sua furia.

اگر گاو نر سعی می‌کرد چیزی بخورد یا بنوشد، باک با خشم کامل او را می‌زد.

La grande testa del toro si abbassava sotto le enormi corna.

سر بزرگ گاو نر زیر شاخ‌های پهنش پایین‌تر خم شده بود.

Il suo passo rallentò, il trotto divenne pesante, un'andatura barcollante.

قدم‌هایش کند شد، یورتمه سنگین شد؛ قدم‌هایی که تلوتلو می‌خوردند.

Spesso restava immobile con le orecchie abbassate e il naso rivolto verso il terreno.

او اغلب با گوش‌های افتاده و بینی به زمین، بی‌حرکت می‌ایستاد.

In quei momenti Buck si prese del tempo per bere e riposare.

در آن لحظات، باک زمانی را برای نوشیدن و استراحت اختصاص می‌داد.

Con la lingua fuori e gli occhi fissi, Buck sentì che la terra stava cambiando.

باک در حالی که زبانش را بیرون آورده بود و چشمانش خیره مانده بود، احساس کرد که زمین در حال تغییر است.

Sentì qualcosa di nuovo muoversi nella foresta e nel cielo.

او احساس کرد چیز جدیدی در جنگل و آسمان در حال حرکت است.

Con il ritorno delle alci tornarono anche altre creature selvatiche.

همزمان با بازگشت گوزن شمالی، سایر موجودات وحشی نیز بازگشتند.

La terra sembrava viva di una presenza invisibile ma fortemente nota.

سرزمین با حضور، نادیده اما کاملاً شناخته شده، زنده به نظر می‌رسید.

Buck non lo sapeva tramite l'udito, la vista o l'olfatto.

باک این را نه از طریق صدا، نه از طریق دید و نه از طریق بو نمی‌دانست.

Un sentimento più profondo gli diceva che nuove forze erano in movimento.

حسی عمیق‌تر به او می‌گفت که نیروهای جدیدی در راهند.

Una strana vita si agitava nei boschi e lungo i corsi d'acqua.

زندگی عجیبی در جنگل‌ها و در امتداد نهرها موج می‌زد.

Decise di esplorare questo spirito una volta completata la caccia.

او تصمیم گرفت پس از اتمام شکار، این روح را کشف کند.

Il quarto giorno, Buck riuscì finalmente a catturare l'alce.

روز چهارم، باک بالاخره گوزن را پایین آورد.

Rimase nei pressi della preda per un giorno e una notte interi, nutrendosi e riposandosi.

او یک شبانه‌روز کامل کنار شکار ماند، غذا خورد و استراحت کرد.

Mangiò, poi dormì, poi mangiò ancora, finché non fu forte e sazio.

او غذا خورد، سپس خوابید، سپس دوباره غذا خورد، تا اینکه قوی و سیر شد.

Quando fu pronto, tornò indietro verso l'accampamento e Thornton.

وقتی آماده شد، به سمت کمپ و تورنتون برگشت.

Con passo costante iniziò il lungo viaggio di ritorno verso casa.

با سرعتی ثابت، سفر طولانی بازگشت به خانه را آغاز کرد.

Correva con la sua andatura instancabile, ora dopo ora, senza mai smarrirsi.

او با سرعت خستگی‌ناپذیرش، ساعت‌ها می‌دوید، و حتی یک لحظه هم از مسیر منحرف نمی‌شد.

Attraverso terre sconosciute, si muoveva dritto come l'ago di una bussola.

در سرزمین‌های ناشناخته، او همچون عقربه قطب‌نما، مستقیم حرکت می‌کرد.

Il suo senso dell'orientamento faceva sembrare deboli, al confronto, l'uomo e la mappa.

حس جهت‌یابی او باعث می‌شد که انسان و نقشه در مقایسه با او ضعیف به نظر برسند.

Mentre Buck correva, sentiva sempre più forte l'agitazione nella terra selvaggia.

باک همچنان که می‌دوید، جنب و جوش بیشتری را در آن سرزمین وحشی احساس می‌کرد.

Era un nuovo tipo di vita, diverso da quello dei tranquilli mesi estivi.

این نوع جدیدی از زندگی بود، برخلاف زندگی ماه‌های آرام تابستان.

Questa sensazione non giungeva più come un messaggio sottile o distante.

این احساس دیگر به عنوان یک پیام ظریف یا دور از دسترس به گوش نمی‌رسید.

Ora gli uccelli parlavano di questa vita e gli scoiattoli chiacchieravano.

حالا پرندگان از این زندگی صحبت می‌کردند و سنجاب‌ها در مورد آن پچ‌پچ می‌کردند.

Persino la brezza sussurrava avvertimenti tra gli alberi silenziosi.

حتی نسیم هم از میان درختان خاموش، هشدارهایی را زمزمه می‌کرد.

Più volte si fermò ad annusare l'aria fresca del mattino.

چندین بار ایستاد و هوای تازه صبحگاهی را استنشاق کرد.

Lì lesse un messaggio che lo fece fare un balzo in avanti più velocemente.

او پیامی را آنجا خواند که باعث شد سریع‌تر به جلو بپرد.

Fu pervaso da un forte senso di pericolo, come se qualcosa fosse andato storto.

احساس خطر شدیدی وجودش را فرا گرفت، انگار که اشتباهی رخ داده باشد.

Temeva che la calamità stesse per arrivare, o che fosse già arrivata.

او می‌ترسید که فاجعه‌ای در راه باشد ـ یا قبلاً اتفاق افتاده باشد.

Superò l'ultima cresta ed entrò nella valle sottostante.

از آخرین یال عبور کرد و وارد دره پایین دست شد.

Si muoveva più lentamente, attento e cauto a ogni passo.

او با هر قدم، آهسته‌تر، هوشیارتر و محتاط‌تر حرکت می‌کرد.

Dopo tre miglia trovò una pista fresca che lo fece irrigidire.

سه مایل دورتر، رد تازه‌ای پیدا کرد که باعث شد خشکش بزند.

I peli sul collo si rizzarono e si rizzarono in segno di allarme.

موهای گردنش از ترس سیخ و سیخ شدند.

Il sentiero portava dritto all'accampamento dove Thornton aspettava.

مسیر مستقیماً به سمت اردوگاهی که تورنتون منتظرش بود، منتهی می‌شد.

Buck ora si muoveva più velocemente, con passi silenziosi e rapidi.

باک حالا سریع‌تر حرکت می‌کرد، گام‌هایش هم بی‌صدا و هم چابک بود.

I suoi nervi si irrigidirono mentre leggeva segnali che altri non avrebbero notato.

وقتی نشانه‌هایی را می‌خواند که دیگران از دست می‌دادند، اعصابش به هم می‌ریخت.

Ogni dettaglio del percorso raccontava una storia, tranne l'ultimo pezzo.

هر جزئیات در مسیر، داستانی را روایت می‌کرد ـ به جز قطعه آخر.

Il suo naso gli raccontò della vita che aveva trascorso lì.

بینی‌اش از زندگی‌ای که به این شکل گذشته بود برایش می‌گفت.

L'odore gli fornì un'immagine mutevole mentre lo seguiva da vicino.

این بو تصویر متفاوتی به او داد، در حالی که با فاصله کمی پشت سر او را دنبال می‌کرد.

Ma la foresta stessa era diventata silenziosa, innaturalmente immobile.

اما خود جنگل ساکت شده بود؛ به طرز غیرطبیعی ساکت.

Gli uccelli erano scomparsi, gli scoiattoli erano nascosti, silenziosi e immobili.

پرندگان ناپدید شده بودند، سنجاب‌ها پنهان شده بودند، ساکت و بی‌حرکت.

Vide solo uno scoiattolo grigio, sdraiato su un albero morto.

او فقط یک سنجاب خاکستری دید که روی درختی خشک افتاده بود.

Lo scoiattolo si mimetizzava, rigido e immobile come una parte della foresta.

سنجاب، خشک و بی‌حرکت، مثل بخشی از جنگل، خودش را قاطی کرد.

Buck si muoveva come un'ombra, silenzioso e sicuro tra gli alberi.

باک مثل سایه، ساکت و مطمئن از میان درختان حرکت می‌کرد.

Il suo naso si mosse di lato come se fosse stato tirato da una mano invisibile.

بینی‌اش طوری به پهلو تکان خورد که انگار دستی نامرئی آن را می‌کشید.

Si voltò e seguì il nuovo odore nel profondo di un boschetto.

او برگشت و بوی جدید را تا اعماق بیشه دنبال کرد.

Lì trovò Nig, steso morto, trafitto da una freccia.

آنجا نیگ را یافت که مرده افتاده بود و تیری به بدنش خورده بود.

La freccia gli attraversò il corpo, lasciando ancora visibili le piume.

چوب به وضوح از بدنش عبور کرد، پرهایش هنوز نمایان بودند.

Nig si era trascinato fin lì, ma era morto prima di riuscire a raggiungere i soccorsi.

نیگ خودش را به آنجا کشانده بود، اما قبل از رسیدن کمک جان باخت.

Cento metri più avanti, Buck trovò un altro cane da slitta.

صد یارد آن طرف‌تر، باک یک سگ سورتمه‌سوار دیگر پیدا کرد.

Era un cane che Thornton aveva comprato a Dawson City.

سگی بود که تورنتون از داوسون سیتی دوباره خریده بود.

Il cane lottava con tutte le sue forze, dimenandosi violentemente sul sentiero.

سگ در حال تقلا برای مرگ بود و در مسیر به شدت تقلا می‌کرد.

Buck gli passò accanto senza fermarsi, con gli occhi fissi davanti a sé.

باک از کنارش گذشت، نایستاد و چشمانش را به روبرو دوخته بود.

Dalla direzione dell'accampamento proveniva un canto lontano e ritmico.

از سمت اردوگاه، صدای آهنگین و آهنگینی از دوردست‌ها می‌آمد۔

Le voci si alzavano e si abbassavano con un tono strano, inquietante, cantilenante.

صداها با لحنی عجیب، وهم‌آور و آهنگین بالا و پایین می‌رفتند۔

Buck strisciò in silenzio fino al limite della radura.

باک در سکوت به سمت لبه‌ی محوطه‌ی باز خزید۔

Lì vide Hans disteso a faccia in giù, trafitto da numerose frecce.

در آنجا هانس را دید که رو به زمین افتاده و تیرهای زیادی به بدنش خورده بود۔

Il suo corpo sembrava quello di un porcospino, irto di penne.

بدنش شبیه جوجه تیغی بود، پوشیده از پرهای زبر۔

Nello stesso momento, Buck guardò verso la capanna in rovina.

در همان لحظه، باک به سمت کلبه‌ی ویران‌شده نگاه کرد۔

Quella vista gli fece rizzare i capelli sul collo e sulle spalle.

این منظره باعث شد مو به تن و شانه‌هایش سیخ شود۔

Un'ondata di rabbia selvaggia travolse tutto il corpo di Buck.

طوفانی از خشم وحشی تمام وجود باک را فرا گرفت۔

Ringhiò forte, anche se non ne era consapevole.

او با صدای بلند غرید، هرچند خودش نمی‌دانست که این کار را کرده است۔

Il suono era crudo, pieno di una furia terrificante e selvaggia.

صدا خام بود، پر از خشمی وحشتناک و وحشیانه۔

Per l'ultima volta nella sua vita, Buck perse la ragione a causa delle emozioni.

برای آخرین بار در زندگی‌اش، باک منطق را به احساسات ترجیح داد۔

Fu l'amore per John Thornton a spezzare il suo attento controllo.

عشق به جان تورنتون بود که کنترل دقیق او را از بین برد۔

Gli Yeehats ballavano attorno alla baita in legno di abete rosso distrutta.

یی‌هات‌ها دور کلبه‌ی صنوبر ویران‌شده می‌رقصیدند۔

Poi si udì un ruggito e una bestia sconosciuta si lanciò verso di loro.

سپس غرشی آمد - و جانوری ناشناخته به سمت آنها حمله کرد.

Era Buck: una furia in movimento, una tempesta vivente di vendetta.

باک بود؛ خشمی در حرکت؛ طوفانی زنده از انتقام.

Si gettò in mezzo a loro, folle di voglia di uccidere.

او در حالی که از نیاز به کشتن دیوانه شده بود، خود را به میان آنها انداخت.

Si lanciò contro il primo uomo, il capo Yeehat, e colpì nel segno.

او به سمت اولین مرد، رئیس قبیله یی‌هات، پرید و ضربه‌اش واقعی بود.

La sua gola era squarciata e il sangue schizzava a fiotti.

گلویش پاره شده بود و خون از گلویش فوران می‌کرد.

Buck non si fermò, ma con un balzo squarciò la gola dell'uomo successivo.

باک نایستاد، بلکه با یک جهش گلوی نفر بعدی را پاره کرد.

Era inarrestabile: squarciava, tagliava, non si fermava mai a riposare.

او توقف‌ناپذیر بود - می‌درید، تکه‌تکه می‌کرد، و هرگز برای استراحت مکث نمی‌کرد.

Si lanciò e balzò così velocemente che le loro frecce non riuscirono a toccarlo.

او آنقدر سریع و چابک می‌پرید که تیرهای آنها به او نمی‌رسید.

Gli Yeehats erano in preda al panico e alla confusione.

یی‌هات‌ها در وحشت و سردرگمی خود گرفتار شده بودند.

Le loro frecce non colpirono Buck e si colpirono tra loro.

تیرهایشان به باک نخورد و به جای آن به یکدیگر برخورد کردند.

Un giovane scagliò una lancia contro Buck e colpì un altro uomo.

یکی از جوانان نیزه‌ای به سمت باک پرتاب کرد و به مرد دیگری برخورد کرد.

La lancia gli trapassò il petto e la punta gli trafisse la schiena.

نیزه از سینه‌اش گذشت و نوک آن به پشتش فرو رفت.

Il terrore travolse gli Yeehats, che si diedero alla ritirata.

وحشت یی‌هات‌ها را فرا گرفت و آنها کاملاً عقب‌نشینی کردند.

Urlarono allo Spirito Maligno e fuggirono nelle ombre della foresta.

آنها از روح شیطانی فریاد زدند و به سایه‌های جنگل گریختند.

Buck era davvero come un demone mentre inseguiva gli Yeehats.

واقعاً، باک مثل یک دیو بود وقتی که یی‌هات‌ها را تعقیب می‌کرد.

Li inseguì attraverso la foresta, abbattendoli come cervi.

او در جنگل به دنبال آنها دوید و آنها را مانند گوزن به زمین زد.

Divenne un giorno di destino e terrore per gli spaventati Yeehats.

آن روز، برای یی‌هات‌های وحشت‌زده، به روز سرنوشت و وحشت تبدیل شد.

Si dispersero sul territorio, fuggendo in ogni direzione.

آنها در سراسر سرزمین پراکنده شدند و از هر سو گریختند.

Passò un'intera settimana prima che gli ultimi sopravvissuti si incontrassero in una valle.

یک هفته کامل گذشت تا آخرین بازماندگان در دره‌ای به هم رسیدند.

Solo allora contarono le perdite e raccontarono quanto accaduto.

تنها در آن زمان بود که ضرر هایشان را شمردند و از آنچه اتفاق افتاده بود صحبت کردند.

Buck, stanco dell'inseguimento, ritornò all'accampamento in rovina.

باک، پس از خسته شدن از تعقیب و گریز، به اردوگاه ویران‌شده بازگشت.

Trovò Pete, ancora avvolto nelle coperte, ucciso nel primo attacco.

او پیت را در حالی که هنوز پتوهایش را به تن داشت و در حمله اول کشته شده بود، پیدا کرد.

I segni dell'ultima lotta di Thornton erano visibili nella terra lì vicino.

نشانه‌هایی از آخرین تقلاهای تورنتون روی خاک‌های اطراف مشخص بود.

Buck seguì ogni traccia, annusando ogni segno fino al punto finale.

باک هر ردی را دنبال می‌کرد و هر نشان را تا آخرین نقطه بو می‌کشید.

Sul bordo di una profonda pozza trovò il fedele Skeet,
immobile.

در لبه‌ی برکه‌ای عمیق، او اسکیت وفادار را یافت که بی‌حرکت دراز
کشیده بود.

La testa e le zampe anteriori di Skeet erano nell'acqua,
immobili nella morte.

سر و پنجه‌های جلوی اسکیت در آب بودند و بی‌حرکت، بی‌جان،
بی‌حرکت.

La piscina era fangosa e contaminata dai liquidi di scarico
delle chiuse.

استخر گل‌آلود و آلوده به رواناب از دریچه‌های آب‌بند بود.

La sua superficie torbida nascondeva ciò che si trovava sotto,
ma Buck conosceva la verità.

سطح ابری آن، آنچه را که در زیر آن بود، پنهان می‌کرد، اما باک
حقیقت را می‌دانست.

Seguì l'odore di Thornton nella piscina, ma non lo portò da
nessun'altra parte.

او رد بوی تورنتون را تا داخل استخر دنبال کرد ـ اما آن بو به جای
دیگری راه نداشت.

Non c'era alcun odore che provenisse, solo il silenzio
dell'acqua profonda.

هیچ بویی به مشام نمی‌رسید ـ فقط سکوت آب‌های عمیق به مشام می‌رسید.

Buck rimase tutto il giorno vicino alla piscina, camminando
avanti e indietro per l'accampamento, addolorato.

باک تمام روز نزدیک استخر ماند و با اندوه در اردوگاه قدم زد.

Vagava irrequieto o sedeva immobile, immerso nei suoi
pensieri.

او بی‌قرار پرسه می‌زد یا در سکوت می‌نشست و غرق در افکار سنگین
بود.

Conosceva la morte, la fine della vita, la scomparsa di ogni
movimento.

او مرگ را می‌شناخت؛ پایان زندگی را؛ محو شدن تمام حرکت‌ها را.

Capì che John Thornton se n'era andato e non sarebbe mai
più tornato.

او فهمید که جان تورنتون رفته است و دیگر هرگز برنمی‌گردد.

La perdita lasciò in lui un vuoto che pulsava come la fame.

این فقدان، فضایی خالی در او ایجاد کرد که مانند گرسنگی ضربان می‌زد.

Ma questa era una fame che il cibo non riusciva a placare, non importava quanto ne mangiasse.

اما این گرسنگی‌ای بود که غذا نمی‌توانست آن را تسکین دهد، مهم نبود چقدر می‌خورد.

A volte, mentre guardava i cadaveri di Yeehats, il dolore si attenuava.

گاهی اوقات، همین که به یی‌هات‌های مرده نگاه می‌کرد، دردش فروکش می‌کرد.

E poi dentro di lui nacque uno strano orgoglio, feroce e totale.

سپس غرور عجیبی در درونش جوانه زد، شدید و تمام عیار.

Aveva ucciso l'uomo, la preda più alta e pericolosa di tutte.

او انسان را کشته بود، که این بالاترین و خطرناک‌ترین شکار بود.

Aveva ucciso in violazione dell'antica legge del bastone e della zanna.

او برخلاف قانون باستانی چماق و دندان نیش، مرتکب قتل شده بود.

Buck annusò i loro corpi senza vita, curioso e pensieroso.

باک، کنجکاو و متفکر، بدن‌های بی‌جان آنها را بو کشید.

Erano morti così facilmente, molto più facilmente di un husky in combattimento.

آنها خیلی راحت مرده بودند—خیلی راحت‌تر از یک سگ هاسکی در یک دعوا.

Senza le armi non avrebbero avuto vera forza né avrebbero rappresentato una minaccia.

بدون سلاح‌هایشان، آنها هیچ قدرت یا تهدید واقعی نداشتند.

Buck non avrebbe più avuto paura di loro, a meno che non fossero stati armati.

باک دیگر هرگز از آنها نمی‌ترسید، مگر اینکه مسلح باشند.

Stava attento solo quando portavano clave, lance o frecce.

فقط وقتی چماق، نیزه یا تیر حمل می‌کردند، احتیاط می‌کرد.

Calò la notte e la luna piena spuntò alta sopra le cime degli alberi.

شب فرا رسید و ماه کامل از بالای درختان بالا آمد.

La pallida luce della luna avvolgeva la terra in un tenue e
spettrale chiarore, come se fosse giorno.

نور کم‌رنگ ماه، زمین را در تابشی ملایم و شبح‌وار، مانند روز، غرق
کرده بود.

Mentre la notte avanzava, Buck continuava a piangere
presso la pozza silenziosa.

همچنان که شب عمیق‌تر می‌شد، باک هنوز در کنار برکه‌ی خاموش
سوگواری می‌کرد.

Poi si accorse di un diverso movimento nella foresta.

سپس او متوجه جنب و جوش متفاوتی در جنگل شد.

L'agitazione non proveniva dagli Yeehats, ma da qualcosa di
più antico e profondo.

این هیجان از سوی یی‌هات‌ها نبود، بلکه از چیزی قدیمی‌تر و عمیق‌تر
بود.

Si alzò in piedi, drizzò le orecchie e tastò con attenzione la
brezza con il naso.

او بلند شد، گوش‌هایش را بالا گرفت و با دقت نسیم را با بینی‌اش امتحان
کرد.

Da lontano giunse un debole e acuto grido che squarciò il
silenzio.

از دوردست‌ها، صدای ناله‌ای ضعیف و تیز آمد که سکوت را شکست.

Poi un coro di grida simili seguì subito dopo il primo.

سپس، کمی پس از فریاد اول، صدای دسته‌جمعی فریادهای مشابهی
شنیده شد.

Il suono si avvicinava sempre di più, diventando sempre più
forte con il passare dei minuti.

صدا نزدیک‌تر می‌شد و هر لحظه بلندتر می‌شد.

Buck conosceva quel grido: proveniva da quell'altro mondo
nella sua memoria.

باک این فریاد را می‌شناخت ـ از آن دنیای دیگر در خاطراتش می‌آمد.

Si recò al centro dello spazio aperto e ascoltò attentamente.

او به مرکز فضای باز رفت و با دقت گوش داد.

L'appello risuonò più forte che mai, più sentito e più potente
che mai.

این فراخوان، بسیار مورد توجه قرار گرفت و قدرتمندتر از همیشه به
گوش رسید.

E ora, più che mai, Buck era pronto a rispondere alla sua chiamata.

وحالا، بیش از هر زمان دیگری، باک آماده بود تا به ندای درونش پاسخ دهد۔

John Thornton era morto e in lui non era rimasto alcun legame con l'uomo.

جان تورنتون مرده بود، و هیچ پیوندی با بشر در او باقی نمانده بود۔

L'uomo e tutte le pretese umane erano svaniti: era finalmente libero.

انسان و تمام ادعاهای انسانی از بین رفته بودند ـ او سرانجام آزاد شده بود۔

Il branco di lupi era a caccia di carne, proprio come un tempo avevano fatto gli Yeehats.

گلّه گرگ‌ها مثل زمانی که یی‌هات‌ها دنبال گوشت بودند، دنبال گوشت می‌گشتند۔

Avevano seguito le alci mentre scendevano dalle terre boscose.

آنها گوزن‌ها را از زمین‌های پوشیده از درخت دنبال کرده بودند۔

Ora, selvaggi e affamati di prede, attraversarono la sua valle.

حالا، وحشی و گرسنه برای شکار، از دره او عبور کردند۔

Giunsero nella radura illuminata dalla luna, scorrendo come acqua argentata.

آنها به فضای باز مهتابی آمدند، همچون آب نقره‌ای روان۔

Buck rimase immobile al centro, in attesa.

باک بی‌حرکت در مرکز ایستاده بود و منتظر آنها بود۔

La sua presenza calma e imponente lasciò il branco senza parole, tanto da farlo restare per un breve periodo in silenzio.

حضور آرام و عظیم او، جمعیت را در سکوتی کوتاه فرو برد۔

Allora il lupo più audace gli saltò addosso senza esitazione.

سپس جسورترین گرگ بدون هیچ تردیدی مستقیماً به سمت او پرید۔

Buck colpì rapidamente e spezzò il collo del lupo con un solo colpo.

باک سریع حمله کرد و گردن گرگ را با یک ضربه شکست۔

Rimase di nuovo immobile mentre il lupo morente si contorceva dietro di lui.

او دوباره بی‌حرکت ایستاد، در حالی که گرگ در حال مرگ پشت سرش می‌پیچید.

Altri tre lupi attaccarono rapidamente, uno dopo l'altro.

سه گرگ دیگر به سرعت، یکی پس از دیگری، حمله کردند.

Ognuno di loro si ritrasse sanguinante, con la gola o le spalle tagliate.

هر کدام در حالی که خونریزی داشتند، عقب‌نشینی کردند، گلو یا شانه‌هایشان بریده شده بود.

Ciò fu sufficiente a scatenare una carica selvaggia da parte dell'intero branco.

همین کافی بود تا تمام گروه به یک حمله‌ی وحشیانه دست بزنند.

Si precipitarono tutti insieme, troppo impazienti e troppo ammassati per colpire bene.

آنها با هم هجوم آوردند، خیلی مشتاق و شلوغ بودند که نتوانند خوب حمله کنند.

La velocità e l'abilità di Buck gli permisero di anticipare l'attacco.

سرعت و مهارت باک به او اجازه می‌داد تا از حمله جلوتر بماند.

Girò sulle zampe posteriori, schioccando i denti e colpendo in tutte le direzioni.

او روی پاهای عقبش چرخید، تق‌تق می‌کرد و به همه جهات ضربه می‌زد.

Ai lupi sembrò che la sua difesa non si fosse mai aperta o avesse vacillato.

برای گرگ‌ها، این طوری به نظر می‌رسید که خط دفاعی او هرگز باز نشده یا متزلزل نشده است.

Si voltò e colpì così velocemente che non riuscirono a raggiungerlo alle spalle.

او برگشت و آنقدر سریع حمله کرد که آنها نتوانستند از پشت سرش رد شوند.

Ciononostante, il loro numero lo costrinse a cedere terreno e a ritirarsi.

با این وجود، تعداد زیاد آنها او را مجبور به عقب‌نشینی و عقب‌نشینی کرد.

Superò la piscina e scese nel letto roccioso del torrente.

او از کنار برکه گذشت و به بستر سنگی نهر رسید.

Lì si imbatté in un ripido pendio di ghiaia e terra.

در آنجا به تپه‌ای شیب‌دار از شن و خاک رسید۔

Si è infilato in un angolo scavato durante i vecchi scavi dei minatori.

او در حین حفاری قدیمی معدنچیان، به گوشه‌ای از زمین برخورد کرد۔

Ora, protetto su tre lati, Buck si trovava di fronte solo al lupo frontale.

حالا، باک که از سه طرف محافظت می‌شد، فقط با گرگ جلویی روبرو بود۔

Lì rimase in attesa, pronto per la successiva ondata di assalto.

او آنجا، در موقعیتی امن، آماده برای موج بعدی حمله، ایستاده بود۔

Buck mantenne la posizione con tanta ferocia che i lupi indietreggiarono.

باک چنان سرسختانه موضع خود را حفظ کرد که گرگ‌ها عقب‌نشینی کردند۔

Dopo mezz'ora erano sfiniti e visibilmente sconfitti.

بعد از نیم ساعت، آنها خسته و به وضوح شکست خورده بودند۔

Le loro lingue pendevano fuori e le loro zanne bianche brillavano alla luce della luna.

زبان‌هایشان بیرون بود و دندان‌های نیش سفیدشان در نور ماه می‌درخشید۔

Alcuni lupi si sdraiano, con la testa alzata e le orecchie dritte verso Buck.

چند گرگ دراز کشیدند، سرهایشان را بالا گرفتند و گوش‌هایشان را به سمت باک تیز کردند۔

Altri rimasero immobili, attenti e osservarono ogni suo movimento.

دیگران بی‌حرکت، هوشیار و گوش به زنگ ایستاده بودند و تمام حرکات او را زیر نظر داشتند۔

Qualcuno si avvicinò alla piscina e bevve l'acqua fredda.

چند نفر به سمت استخر رفتند و آب سرد را سر کشیدند۔

Poi un lupo grigio, lungo e magro, si fece avanti furtivamente, con passo gentile.

سپس یک گرگ خاکستری بلند و لاغر با ملایمت به جلو خزید۔

Buck lo riconobbe: era il fratello selvaggio di prima.

باک او را شناخت ـ همان برادر وحشی قبلی بود۔

Il lupo grigio uggiolò dolcemente e Buck rispose con un guaito.

گرگ خاکستری ناله آرامی کرد و باک هم با ناله ای پاسخ داد.

Si toccarono il naso, silenziosamente, senza timore o minaccia.

آنها بینی‌هایشان را لمس کردند، بی‌صدا و بدون تهدید یا ترس.

Poi venne un lupo più anziano, scarno e segnato dalle numerose battaglie.

بعد گرگ پیرتری آمد، لاغر و زخمی از نبردهای بسیار.

Buck cominciò a ringhiare, ma si fermò e annusò il naso del vecchio lupo.

باک شروع به غرش کرد، اما مکثی کرد و بینی گرگ پیر را بو کشید.

Il vecchio si sedette, alzò il naso e ululò alla luna.

پیرمرد نشست، دماغش را بالا کشید و رو به ماه زوزه کشید.

Il resto del branco si sedette e si unì al lungo ululato.

بقیه‌ی گله نشستند و به زوزه‌ی طولانی پیوستند.

E ora la chiamata giunse a Buck, inequivocabile e forte.

وحالا باک را فراخواندند، بی‌چون و چرا و قوی.

Si sedette, alzò la testa e ululò insieme agli altri.

نشست، سرش را بلند کرد و با دیگران زوزه کشید.

Quando l'ululato cessò, Buck uscì dal suo riparo roccioso.

وقتی زوزه تمام شد، باک از پناهگاه سنگی‌اش بیرون آمد.

Il branco si strinse attorno a lui, annusando con gentilezza e cautela.

گله دور او جمع شد و با مهربانی و احتیاط بو کشید.

Allora i capi lanciarono un grido e si precipitarono nella foresta.

سپس رهبران فریاد زدند و به سمت جنگل دویدند.

Gli altri lupi li seguirono, guaendo in coro, selvaggi e veloci nella notte.

گرگ‌های دیگر هم با زوزه‌های هماهنگ، وحشی و تند در دل شب، به دنبالش آمدند.

Buck corse con loro, accanto al suo selvaggio fratello, ululando mentre correva.

باک در حالی که زوزه می‌کشید، در کنار برادر وحشی‌اش، با آنها می‌دوید.

Qui la storia di Buck giunge al termine.

اینجا، داستان باک به خوبی به پایان می‌رسد.

Negli anni a seguire, gli Yeehats notarono degli strani lupi.

در سال‌های بعد، یی‌هات‌ها متوجه گرگ‌های عجیبی شدند.

Alcuni avevano la testa e il muso marroni e il petto bianco.

بعضی‌ها سر و پوزه‌شان قهوه‌ای و سینه‌شان سفید بود.

Ma ancora di più temevano la presenza di una figura spettrale tra i lupi.

اما حتی بیشتر از آن، آنها از یک چهره شبح مانند در میان گرگ‌ها می‌ترسیدند.

Parlavano a bassa voce del Cane Fantasma, il capo del branco.

آنها با زمزمه از گوست داگ، رهبر گروه، صحبت می‌کردند.

Questo Ghost Dog era più astuto del più audace cacciatore di Yeehat.

این گوست داگ از جسورترین شکارچی یی‌هات هم حیله‌گرتر بود.

Il cane fantasma rubava dagli accampamenti nel cuore dell'inverno e faceva a pezzi le loro trappole.

سگ شبح در زمستان سخت از اردوگاه‌ها دزدی می‌کرد و تله‌هایشان را پاره می‌کرد.

Il cane fantasma uccise i loro cani e sfuggì alle loro frecce senza lasciare traccia.

سگ شبح، سگ‌های آنها را کشت و بدون هیچ ردی از تیر هایشان فرار کرد.

Perfino i guerrieri più coraggiosi avevano paura di affrontare questo spirito selvaggio.

حتی شجاع‌ترین جنگجویان آنها از رویارویی با این روح وحشی می‌ترسیدند.

No, la storia diventa ancora più oscura con il passare degli anni trascorsi nella natura selvaggia.

نه، داستان همچنان تاریک‌تر می‌شود، با گذشت سال‌ها در طبیعت وحشی.

Alcuni cacciatori scompaiono e non fanno più ritorno ai loro accampamenti lontani.

بعضی از شکارچیان ناپدید می‌شوند و هرگز به اردوگاه‌های دوردست خود باز نمی‌گردند.

Altri vengono trovati con la gola squarciata, uccisi nella neve.

برخی دیگر با گلوی پاره شده و در حالی که در برف کشته شده بودند، پیدا شدند.

Intorno ai loro corpi ci sono delle impronte più grandi di quelle che un lupo potrebbe mai lasciare.

دور بدنشان ردپاهایی هست—بزرگتر از هر گرگی که بتواند ردی ایجاد کند.

Ogni autunno, gli Yeehats seguono le tracce dell'alce.

هر پاییز، یی‌هات‌ها رد گوزن شمالی را دنبال می‌کنند.

Ma evitano una valle perché la paura è scolpita nel profondo del loro cuore.

اما آنها از یک دره با ترسی که در اعماق قلبشان حک شده است، اجتناب می‌کنند.

Si dice che la valle sia stata scelta dallo Spirito Maligno come sua dimora.

آنها می‌گویند که این دره توسط روح شیطان برای خانه‌اش انتخاب شده است.

E quando la storia viene raccontata, alcune donne piangono accanto al fuoco.

ووقتی داستان تعریف می‌شود، چند زن کنار آتش گریه می‌کنند.

Ma d'estate, c'è un visitatore che giunge in quella valle sacra e silenziosa.

اما در تابستان، یک بازدیدکننده به آن دره آرام و مقدس می‌آید.

Gli Yeehats non lo conoscono e non potrebbero capirlo.

یی‌هات‌ها او را نمی‌شناسند و نمی‌توانند بفهمند.

Il lupo è un animale grandioso, ricoperto di gloria, come nessun altro della sua specie.

گرگ، گرگی بزرگ و باشکوه است، که هیچ گرگ دیگری در نوع خود مانند آن را ندارد.

Lui solo attraversa il bosco verde ed entra nella radura della foresta.

او به تنهایی از میان درختان سبز عبور می‌کند و وارد پهنه جنگل می‌شود.

Lì, la polvere dorata contenuta nei sacchi di pelle d'alce si infiltra nel terreno.

آنجا، غبار طلایی از کیسه‌های پوست گوزن شمالی به خاک نفوذ می‌کند.

L'erba e le foglie vecchie hanno nascosto il giallo del sole.

علف‌ها و برگ‌های پیر، رنگ زرد را از آفتاب پنهان کرده‌اند.

Qui il lupo resta in silenzio, pensando e ricordando.

اینجا، گرگ در سکوت ایستاده، فکر می‌کند و به یاد می‌آورد.

Urla una volta sola, a lungo e lugubremente, prima di girarsi e andarsene.

قبل از اینکه برگردد و برود، یک بار زوزه می‌کشد - طولانی و غم‌انگیز.

Ma non è sempre solo nella terra del freddo e della neve.

با این حال او همیشه در سرزمین سرما و برف تنها نیست.

Quando le lunghe notti invernali scendono sulle valli più basse.

وقتی شب‌های طولانی زمستان بر دره‌های پست فرود می‌آیند.

Quando i lupi seguono la selvaggina attraverso il chiaro di luna e il gelo.

وقتی گرگ‌ها در مهتاب و یخبندان شکار را دنبال می‌کنند.

Poi corre in testa al gruppo, saltando in alto e in modo selvaggio.

سپس او در حالی که بالا و وحشی می‌پرد، به سمت جلوی گله می‌دود.

La sua figura svetta sulle altre, la sua gola risuona di canto.

هیکلش بر دیگران می‌چربد، گلویش از آواز زنده است.

È il canto del mondo più giovane, la voce del branco.

این آهنگ دنیای جوان‌تر است، صدای گله.

Canta mentre corre: forte, libero e per sempre selvaggio.

او هنگام دویدن آواز می‌خواند——قوی، آزاد و همیشه وحشی.

www.ingramcontent.com/pod-product-compliance
Lightning Source LLC
Chambersburg PA
CBHW011733020426
42333CB00024B/2875